审前证据收集与案件事实发现

民事证据丛书　丛书主编　肖建华

本书为教育部人文社会科学重点研究基地（中国政法大学诉讼法学研究院）重大项目"民事诉讼证据规则重点问题研究"（项目编号：17JJD820008）阶段性成果，同时受中国政法大学青年教师学术创新团队支持计划资助（编号：18CXTD04）。

审前证据收集与案件事实发现

赵言荣　著

北京大学出版社
PEKING UNIVERSITY PRESS

图书在版编目(CIP)数据

审前证据收集与案件事实发现/赵言荣著.—北京：北京大学出版社，2019.12

（民事证据丛书）

ISBN 978-7-301-30892-9

Ⅰ.①审… Ⅱ.①赵… Ⅲ.①民事诉讼—证据—研究 Ⅳ.①D915.213.04

中国版本图书馆 CIP 数据核字（2019）第 233549 号

书　　　名	审前证据收集与案件事实发现
	SHENQIAN ZHENGJU SHOUJI YU ANJIAN SHISHI FAXIAN
著作责任者	赵言荣　著
丛 书 策 划	陆建华
责 任 编 辑	陆建华　焦春玲
标 准 书 号	ISBN 978-7-301-30892-9
出 版 发 行	北京大学出版社
地　　　址	北京市海淀区成府路 205 号　100871
网　　　址	http://www.pup.cn　http://www.yandayuanzhao.com
电 子 信 箱	yandayuanzhao@163.com
新 浪 微 博	@北京大学出版社　@北大出版社燕大元照法律图书
电　　　话	邮购部 010-62752015　发行部 010-62750672
	编辑部 010-62117788
印 刷 者	大厂回族自治县彩虹印刷有限公司
经 销 者	新华书店
	965 毫米×1300 毫米　16 开本　16.25 印张　245 千字
	2019 年 12 月第 1 版　2019 年 12 月第 1 次印刷
定　　　价	59.00 元

未经许可，不得以任何方式复制或抄袭本书之部分或全部内容。

版权所有，侵权必究

举报电话：010-62752024　电子信箱：fd@pup.pku.edu.cn

图书如有印装质量问题，请与出版部联系，电话：010-62756370

序

证据收集和事实发现是民事诉讼的核心问题之一。"经验已经充分表明在我们的诉讼中100个案件源自于事实争议,而只有1个源自法律上的争论。"①诉讼过程本质上是一个证明案件事实的过程。一个完整的证明过程,包含证据收集、质证和法官判断证据等环节。证据收集作为证明过程的基础,是民事诉讼能否获得公正判决的保障。

1982年《中华人民共和国民事诉讼法(试行)》以发现案件客观真实为目标,法官完全控制案件事实发现和法律适用,在民事诉讼中全面地收集和调查证据;而当事人的事实主张和证据提交不能约束法庭的判决范围。在这种所谓强职权主义民事诉讼模式下,当事人提起诉讼后,大部分工作由法官承担。在诉讼数量爆炸式增长后,法官少而案件多的现实让法院不堪重负,审判力量与审判任务的矛盾越来越突出。而强职权主义民事诉讼模式所带来的法官腐败以及当事人权利缺乏程序保障的现实使得当事人和法院对其产生了强烈的不满。因此,"20世纪80年代末到整个90年代,民事诉讼理论猛烈地批判中国超职权主义的诉讼模式,并把西方发达国家的诉讼法律图景作为中国诉讼法律的理想图景"②。司法实践回应改革要求,通过限缩法院职权,增强当事人的辩论权和程序处分权来推进民事诉讼朝着当事人支配的方向发展。1991年《中华人民共和国民事诉讼法》对法院和当事人之间的证据收集权限进行了划分。法官主动的证据收集权被限制,当事人的举证责任被加强。但法院仍然保留相当大的自由裁量权来决定是否"有必要"主动收集证据。在当事人和法官历史角色定位的

---

① 〔德〕米夏埃尔·施蒂尔纳编:《德国民事诉讼法学文萃》,赵秀举译,中国政法大学出版社2005年版,第687页。

② 参见邓正来:《中国法学向何处去(续)——对梁治平"法律文化论"的批判》,载《政法论坛》2005年第4期,转引自肖建华主编:《民事诉讼立法研讨与理论探索》,法律出版社2008年版,第1页。

惯性作用下,司法实践中当事人仍然依赖法院收集证据。

随着我国经济的继续发展以及人们权利意识的继续增强,加之法院自身希望当事人承担起证据收集的义务,在民事诉讼法学者介绍的西方法学理论尤其是美国对抗制诉讼模式的影响下,2001年最高人民法院发布了《关于民事诉讼证据的若干规定》(以下简称《民事证据规定》),通过司法解释的方式对民事诉讼程序再次进行了重大改革,最显著的改革仍然集中在当事人证据收集制度上。首先,引入当事人的举证责任,对举证不能的后果进行了明确规定。其次,再一次对法院主动收集证据的权力进行限制,将人民法院主动收集的证据限定于涉及社会公益或他人利益以及与程序有关的事项。其他事项则必须通过当事人的申请,人民法院才会进行证据收集。在诉讼程序构造方面,在向美国的程序构造学习的基础上,《民事证据规定》将民事诉讼程序分为诉前准备程序和集中庭审程序,并规定了举证期限、附随的失权效果以及当事人之间的证据交换程序。通过理论论证、司法引导和实践诉求的共同作用,"无论是中国民事诉讼理论研究还是司法实践,在司法改革或审判方式改革的旗帜下,都走向了同一个目标,就是建立当事人主义诉讼模式"[①],或者说建立美国式的对抗制民事诉讼模式。

但是,证据规定的适用效果并不理想。当事人举证责任并没有当事人充分的、自主的证据收集手段相配合。在严格限制法院主动收集证据的现实下,当事人唯一能够利用的申请人民法院帮助收集证据的手段却因为适用条件的不明确而成为一些法官向当事人索取贿赂的工具。因此,不管法律修正的法理依据如何表述,从本质上来说,"审判改革的基本方法就是转移司法正义的经济成本和正义得不到发现而发生的风险,把发现案件真实的风险交给当事人"[②]。理想中的司法改革在现实中却出现了"审判权缺位"与"审判权失范"的严重问题。[③] 通过强调法官的消极中立,审判者本应当发挥审判职能,但却在批判职权主义的观念下怠于行使权力,在事实发现领域以及程序指挥

[①] 肖建华主编:《民事诉讼立法研讨与理论探索》,法律出版社2008年版,第1页。

[②] 同上书,第5页。

[③] 同上注。

和管理领域出现不作为行为,"放弃了发现案件事实的目标"①,从而使审判公正的价值目标落空。换言之,审判权缺位就是由于过分强调当事人的积极性而导致案件审理中审判者的不作为,从而产生了与预期目标和社会效果的巨大反差。②比审判权缺位更严重的是审判权失范。在通过举证责任逃避法官积极地追求案件事实发现的背景下,法官权力并没有被限制,相反却出现了"逃避和背离法律程序自律而产生的审判权无序和滥用的权力异化状态"③。审判权失范严重背离了公认的法律原则、诉讼规则和操作流程。因为权力的失范,法官的程序权力肆意扩张和恣意行使。

我国司法体制改革通过限缩法院的调查取证权,将证据收集的义务转移给当事人,同时使当事人承担举证不能的后果,这一思路并无问题。但是,民事诉讼立法因没有规定充分的证据收集手段而导致当事人法律权利不能得到司法保护的问题屡屡发生。因此,必须比较研究和借鉴各国和地区证据收集制度以完善我国的民事诉讼立法。

证据收集制度作为证据制度的基础,指导整个民事诉讼程序构建的重要民事诉讼理论都能在证据收集制度的设置中反映出来。例如,民事诉讼的目的是为了保障当事人权利的实现还是为了纠纷的快速解决,不同的目的论决定了不同的证据收集制度价值取向的选择——是保障案件真实的发现还是侧重于尊重当事人的合意。对于诉讼程序价值的不同选择也决定了证据收集制度的设计方向。发现案件真实还是追求诉讼的效率和效益对证据收集制度的设置影响甚重。证据收集制度中关于证据收集的两个重要主体——当事人和人民法院,二者在证据收集上的角色配置也反映出当今中国理论研究和司法改革的重点——民事诉讼结构问题。

本书主要通过比较分析和历史分析的方法,通过对当今世界代表大陆法系的德国和代表英美法系的美国的证据收集制度的全面研究,对站在美国和德国中间点的日本的证据收集制度的深入研究,以及对吸收日本和德国民事诉讼理论,同时又有自己特色的中国台湾地区民

---

① 肖建华主编:《民事诉讼立法研讨与理论探索》,法律出版社2008年版,第6页。

② 同上注。

③ 同上书,第7页。

事证据收集制度的研究,为中国的证据收集制度寻找有益的借鉴,试图找到一个适合自己特色的证据收集制度,以保障案件事实的发现,促进司法正义的实现。

赵言荣是我在中国政法大学招录的第一个博士研究生,她亦在国外学习多年,在比利时布鲁塞尔自由大学获得欧盟法与比较法硕士学位,并在澳大利亚新南威尔士大学政治学专业进行法学和政治学的交叉研究,获得政治学博士学位。在这部论著中,她运用了很多第一手的外文资料,得出的观点也比较有说服力。祝愿她在民事诉讼法研究领域取得更多的成果。

肖建华

2019 年 10 月 8 日

目 录

第一章　诉讼结构(模式)与证据收集概述 …………………… 1
　一、证据收集的含义 ……………………………………………… 1
　二、当事人主义诉讼与证据收集 ………………………………… 5
　三、协同主义诉讼与证据收集 …………………………………… 9
　四、职权主义诉讼与证据收集 …………………………………… 10

第二章　美国证据收集制度 ………………………………………… 13
　一、美国司法体系根源于对抗制 ………………………………… 13
　二、律师在美国民事诉讼中的角色 ……………………………… 20
　三、美国证据收集制度的程序设置:通过合作缓解对抗制
　　　的固有缺陷 …………………………………………………… 21
　四、证据开示方法 ………………………………………………… 29
　五、证据开示范围及免证特权 …………………………………… 37
　六、对证据开示制度的改革 ……………………………………… 40

第三章　德国证据收集制度 ………………………………………… 46
　一、从自由主义的民事诉讼到社会的民事诉讼
　　　——德国民事诉讼法的历史沿革 …………………………… 46
　二、通过当事人之间和法院之间的合作推进案件事实的发现
　　　——民事诉讼的目的对证据收集制度的影响 ……………… 55
　三、证据收集中当事人、律师及法院的不同分工 ……………… 61
　四、德国证据收集制度的程序配置 ……………………………… 70
　五、德国证据收集手段 …………………………………………… 73

六、证据收集的范围 ·· 95

第四章　美国与德国证据收集制度之比较 ········· 99
一、不同的诉讼结构
　　——以自由主义为基点的不同的路径选择 ········· 99
二、两国证据收集制度的特点及其背后存在的深层次
　　原因 ·· 102
三、以当事人自治和合作为基础,发现案件的实质
　　真实 ·· 107
四、两国能否互换证据收集模式 ·························· 111

第五章　日本证据收集制度(介于大陆法系和英美法系之间) ·· 120
一、日本民事诉讼法的特点源于日本文化的特性 ······ 120
二、日本民事诉讼法的历史发展 ·························· 122
三、证据收集制度的程序配置 ····························· 129
四、日本证据收集手段 ······································ 136

第六章　中国台湾地区证据收集制度 ················ 156
一、公正程序请求权及武器平等原则的引入 ··········· 157
二、由辩论主义转向发现案件真实的协同主义 ········ 159
三、诉讼促进义务及证据开示 ····························· 162
四、具体的程序配置 ··· 165
五、扩充当事人收集证据之手段 ·························· 166

第七章　中国证据收集制度之完善 ···················· 197
一、中国民事诉讼法的历史发展 ·························· 197
二、中国证据收集的程序配置 ····························· 202
三、中国证据收集规范存在的问题 ······················· 203

第八章　中国证据收集制度之重构 ···················· 213
一、确保发现事实之诉讼目的的实现 ···················· 215
二、明确当事人和法官的角色分配 ······················· 218
三、完善相关程序配置 ······································ 232
四、完善证据收集的具体方法 ····························· 234

第一章 诉讼结构(模式)与证据收集概述

一、证据收集的含义

"民事诉讼中法官与当事人相互之间的地位问题,是一切民事诉讼制度的中心问题,它揭示了民事诉讼与人类历史上对一些重要的政治、思想问题不断变化的解决方式之间的密切联系。"①

国家和地区通过法院涉入诉讼解决人们之间的纠纷。进入诉讼程序领域,纠纷主要体现为对案件事实的不同主张以及法律的适用。法院为了正确解决案件,作出公正的判决,必须通过收集到的证据作为判定案件事实的基础。因此证据收集是"整栋诉讼大厦的基石,是整个诉讼旅程的始发点",从更广阔的视野上,证据收集是"维护社会公正进而促进和谐社会构建的一条可视通道"②。

(一) 中国民事证据收集的概念

何为证据收集?对证据收集的概念界定一直比较混乱和模糊。查阅不同年代出版的各种版本的教科书,可以发现对证据收集的概念的界定各异,甚至名称也不同。

1. 词语使用上的差异

教科书中大致用以下表述来界定证据的收集和调查活动:"证据收集""收集证据""提供证据""证据的收集、调查"等。

对这些词语的运用在含义的层级关系上各不相同。有人认为,证

---

① 〔意〕卡佩莱蒂等:《当事人基本程序保障权与未来的民事诉讼》,徐昕译,法律出版社2000年版,第53页。

② 肖晗:《民事证据收集制度研究》,西南政法大学2008年博士学位论文。

据收集包含证据的收集和证据的调查,因此证据的调查包含在证据的收集概念之下。有人则将证据的收集、调查界定为一个不可分割的概念,认为其是指诉讼主体对进行诉讼所需要的各种证据,依照法定程序收集和调查的活动及程序……对于当事人来说,它与举证责任密切相关,当事人提供证据证明自己的主张,需要以获取并占有一定的证据为前提;对于法院来说,它是法院审查、核实证据的基础,并且关系到法院对案件的最终裁判。① 有人则在平行关系上使用证据收集、证据调查概念,认为是两个不同的收集证据的主体在平行收集证据。例如证据收集即当事人提供证据,是指当事人向人民法院提供自己占有的和通过收集取得的各种证据和证据线索。证据调查则是指人民法院在诉讼中依职权调查收集证据。② 还有人使用提供证据和收集证据两个概念,认为收集证据与提供证据是两个不同的概念。提供证据是指诉讼当事人或其他公民把自己所掌握的书证、物证等,交给有关司法机关……但提供证据并不是收集证据,因为它是提供者将自己所掌握的书证、物证等交给司法机关,一般是履行自己的举证责任;而收集证据是收集者主动去发现和收取自己并不掌握的证据。③

2. 对证据收集主体界定上的差异

在证据收集的主体上,有人认为,证据的收集只是法院的行为。例如刘家兴教授认为,证据的收集,是指审判人员为了查明案件事实,按照法定的程序调查取证的行为。④ 常怡教授认为,收集证据,是指审判人员根据法定程序,在一定条件下对能证明案件的事实,予以提供、提取或者固定的诉讼行为。⑤ 其进而解释,审判人员收集调查证据的行为是一种职权行为,其主观动机是为了查明案情,保护当事人的合

---

① 参见常怡主编:《民事诉讼法学》(修订版),中国政法大学出版社2002年版,第212页。

② 参见江伟主编:《民事诉讼法学》,高等教育出版社、北京大学出版社2000年版,第178页。

③ 同上书,第228页。

④ 参见刘家兴主编:《民事诉讼法学教程》,北京大学出版社2001年版,第133页。

⑤ 参见常怡主编:《民事诉讼法学》(第3版),中国政法大学出版社1999年版,第207页。

法利益。审判人员收集证据的行为是对当事人举证不能的一种补充。

有人则认为,证据收集包含当事人和法院对证据的收集调查。①

3. 关于证据收集时间上的界定

中国的教科书中一般认为证据收集是诉讼系属后的一种诉讼活动。"在日常生活中,我们讲收集证据,包括诉讼中收集证据和诉讼外收集证据。本章讲的收集证据,是在诉讼过程中进行的,因此是一种诉讼活动。"②

对证据收集或者证据调查收集概念界定的混乱,在一定程度上反映了中国在证据收集制度研究上的薄弱或者说轻视。

从法律规定上来看,关于证据收集的规定来源于《中华人民共和国民事诉讼法》(以下简称《民事诉讼法》)第64条,该条规定,"当事人对自己提出的主张,有责任提供证据。当事人及其诉讼代理人因客观原因不能自行收集的证据,或者人民法院认为审理案件需要的证据,人民法院应当调查收集"。对这条规定进行字面上的分析,可以看出将证据展示给法官有三条途径:当事人自己提供证据、当事人自行收集证据、人民法院调查收集证据。

《民事诉讼法》第61条使用了"调查收集证据"的表述,规定"代理诉讼的律师和其他诉讼代理人有权调查收集证据";最高人民法院《关于民事诉讼证据的若干规定》(以下简称《民事证据规定》)第16条也用了"调查收集证据"这一表述,规定"人民法院调查收集证据,应当依当事人的申请进行"。因此,从这两条规定来看,调查收集证据的主体既包括人民法院,也包括诉讼代理人。

之所以对教科书和法条中证据收集的用语进行详细罗列,只是为了表明我们在表达关于证明活动的第一个阶段③,即证据材料的收集和提供阶段时用词的混乱和随意。

---

① 参见常怡主编:《民事诉讼法学》(修订版),中国政法大学出版社2002年版,第212页。
② 同上书,第228页。
③ 根据李浩在《民事证明责任研究》(法律出版社2003年版,第79页)一书中的表述,在民事诉讼中,证明活动大致可以分为三个阶段:证据材料的收集和提供;证据材料的审查核实;运用证据对案件事实作出认定。

4. 中国台湾地区学者对证据收集的界定

中国台湾地区学者一般将证据收集分为两个层次。在第一个层次上,"证据调查"一般指裁判者要求证据源交出证据,而"证据收集"则站在当事人角度,表明当事人直接要求证据源交出证据或开示其内容。然而无论是哪个主体收集到的证据,都必须让法院知悉并予以适用才可以作为案件事实裁判的根据。因此,证据材料的收集和提供还有第二个层次的含义,关注如何让收集到的证据让法院知道。在这一层次上,法院作为主体,通过"证据调查"得到的证据自然无须其他程序即知悉其内容。但是当事人作为主体收集到的证据,则必须经过"提出该证据于法院"的程序(此时也称为"证据调查",但所涉的为第二个层次的意义),才可以作为裁判的依据。

从中国台湾地区学者对证据调查和证据收集的界定和提供上,可以得出以下启示:

证据调查和证据收集在第一个层次上只是为界定不同权限主体而使用,实质目的都是为使持有证据或掌握案件相关信息的当事人或案外第三人将证据提交或开示信息。提交或开示的信息有益于促进当事人纠纷的自主解决。但如果纠纷不能够在第一个层次上通过和解而结案,则必须经过提交于法院的程序,即通过第二个层次,才能助益于案件的最终解决。

(二) 本书关于证据收集的概念

收集即获取、掌握。证据收集就是对证据的获取和掌握。笔者在此使用"证据收集"这个词语,只是将其作为研究的一个工具,其在应用上包含中国台湾地区学者所指的两个层次。具体而言,笔者认为,在应用上,"证据收集"有下列含义。

1. 证据收集权限的主体

证据收集权限在强职权主义国家和地区完全由法院掌握;在古典对抗制国家和地区完全由当事人及其律师掌握;在辩论主义国家和地区如德国,则原则上由当事人掌握,但法院也拥有特定情况下主动收集证据以及依当事人申请收集证据的权力。因此笔者所指的证据收集权限主体包括当事人和法院。

2. 证据收集的客体

证据收集的客体即与案件有关的事实和相关信息。这既包括当事人自己占有的证据和信息资料,也包括对方当事人和案外第三人占有的证据和信息资料。当然也包括政府机关团体等占有的证据和信息资料。

3. 证据收集的方式

通过法律赋予的证据收集方法进行合法的证据收集。但重点在于证据收集手段的介绍,非法证据排除规则属于法官认证时考虑的因素。

4. 实施证据收集的时间点

虽然证据收集主要在诉讼系属后进行,但根据美国、德国、日本等国家和地区的立法例可以看出,诉前证据收集已经成为扩充当事人证据收集手段,提早明确争点,助益于当事人和解的有益工具。证据收集的截止点在不同的国家和地区有不同的法律规定。美国的证据收集完全集中在庭审前的证据收集程序;而德国虽然通过司法改革,设置审前准备程序,意图审理的集中进行,但是在庭审中如果发现仍然存在争议的案件事实,还可以中止庭审,通过证据调查令等方式进行证据收集。

笔者所说的证据收集包括中国台湾地区意义上的第一个和第二个层次的证据收集,但不包括对证据的实质审查判断的认证阶段。在词语运用上,证据收集同时包括当事人和法院的证据调查、收集。

二、当事人主义诉讼与证据收集

证据收集制度的程序设计与不同民事诉讼模式或诉讼结构有极为重要的关系。"诉讼模式"一词可以说是中国近年来在民事诉讼理论界使用频率最高的词汇之一。那么何谓模式,有学者给出这样的解释:"模式是对某一事物或某一系统内部各要素及其相互关系,经高度抽象后的外化形式,它描述该事物或系统的基本结构,具有反映其本质的特征。"[1]模式是事物或系统本质的外在表现,在与结构的关系上,结构决定模式,模式是结构的表现形式。相应的,诉讼模式在民事诉讼领域是指:"在民事诉讼程序中,法院与当事人诉讼权限的配置关系模式。民事诉讼模式是对民事诉讼制度的抽象和概括,反映了民事诉讼的本质特征。"[2]民事诉讼模式即是"对特定或某一类民事诉讼基本制度的揭示……不能离开对法院和当事人这一基本法律关系的剖析"。而张卫平教授用"体制"这个词来描述"一定社会规范系统的总体性和抽象性"[3],民事诉讼体制"反映了民事诉讼系统的总体框架和结构,抽象地表达了一定民事诉讼系统的总体性。特定的民事诉讼体制反映了特定的基本关系的样态,反映了不同的运作机制"[4]。

关于对抗制与非对抗制之间的区别,在事实认定方面,二者通常借助两种程序模式的比较得以明确:在一种程序模式中,证据的收集、调查由双方当事人负责;在另一种程序模式中(非对抗制程序),这些任务则属于官方的职责。[5] 实际的程序结构则属于两种程序折中而成的混合体,它们或倾向这一端或偏向那一端,因而处于从对抗制到非对抗制之间的某个位置。[6] 这两种程序结构中,哪一个更可能产生准确的事实认定,是一个激烈争论但至今尚未解决的经验性问题——这是对认知科学的巨大挑战。[7]

(一) 英美法系对抗主义的民事诉讼

英文 adversary system 有几种不同的翻译方法。有人采用直译的

---

[1] 常怡主编:《比较民事诉讼法》(修订版),中国政法大学出版社2002年版,第73页。
[2] 同上书,第74页。
[3] 张卫平:《转换的逻辑——民事诉讼体制转型分析》,法律出版社2004年版,第21页。
[4] 同上注。
[5] 参见〔美〕米尔吉安·R.达马斯卡:《比较法视野中的证据制度》,吴宏耀、魏晓娜等译,中国人民公安大学出版社2006年版,第8页。
[6] 同上注。
[7] 同上注。

方法,称之为"对抗制";也有的翻译为"对抗式辩论原则";还有人称之为"当事人主义"①。对民事诉讼模式问题进行过全面彻底的研究的张卫平教授将之称为"对抗制"而不是译成"当事人主义",主要是"为了将英美的民事诉讼体制与大陆法系的民事诉讼体制相区别",因为其"把大陆法系的民事诉讼体制也纳入到当事人主义民事诉讼体制之中"②。基于英美法学者在抽象的特征描述以及概念界定方面的欠缺,虽然对抗制毋庸置疑的是英美法系民事诉讼制度最为重要的基本原则,但要对其下一个能被普遍接受的定义仍然非常困难。有美国学者这样介绍对抗制的概念:"当我们在讨论当事人对抗制度最狭义的含义时,我们是在说明一个特定的审理哲学,一个在法庭中进行审判所应采用的进行方式的概念,一个在纷争解决时律师、法官及陪审团所应扮演的角色的观点。"③通过这个概念,可以得出一个最根本的点,即对抗制是一种关注审判形式的制度。

张卫平教授通过对具体的民事诉讼制度的静态和动态的考察,总结出对抗制的具体特征:

① 从诉讼体制的结构来看,对抗制是一种当事人全面对抗的体制。法官在诉讼中尽可能消极,由当事人及其律师启动程序、推动程序的发展,通过对抗揭示案件事实。

② 诉讼的实质是通过揭示案件事实,由裁判者适用法律作出裁决。而揭示案件的事实和途径反映了某一诉讼体制的特征。在对抗制诉讼体制下,当事人利益的对立和维护使案件事实的充分揭示成为可能。

③ 陪审制作为对抗制诉讼体制的基本特征,其存在强化了英美诉讼的对抗制。

④ 律师在对抗制国家和地区有比在其他国家和地区更重要的社会

---

① 参见〔日〕谷口安平:《程序的正义与诉讼》,王亚新、刘荣军译,中国政法大学出版社1996年版,第27页。

② 张卫平:《转换的逻辑——民事诉讼体制转型分析》,法律出版社2004年版,第21页。

③ Lon L. Fuller, "The Adversary System", in Talks on American Law edited by Harold J. Berman. —Vintage Books, A Division of Random House, New York, 1961, X, 235 blz. Prijs ＄1,25. [J]. Netherlands International Law Review, 1964, 11(03):283.

地位。美国律师和对抗制互相成就,互相塑造,存在着"血肉关系"。①

由于笔者研究的重点在于事实认定中的证据收集制度,因此将对抗制的概念集中在事实认定的层次上,可以界定其为在民事诉讼中,在中立的裁判者的主持下,由对立的当事人决定并负责纷争的范围,并由其收集证据支持各自的主张并提出抗辩及支持抗辩的证据。在对抗制审判模式下,证据通过对立的双方当事人在律师的帮助下进行收集,法官在诉讼中保持消极中立。

(二) 大陆法系辩论主义的民事诉讼

辩论制,又称为辩论主义,由德国学者肯纳于1801年首创。大陆法系的辩论制通过辩论原则和处分原则来体现。

按照日本民事诉讼法学家新堂幸司的理解:"将为了确定作为裁判基础之事实所必需资料之提出(主张事实、提出证据申请)作为当事人权能及责任(来予以对待)的原则就是辩论主义。与此相对,将确定事实所必需资料之探寻作为法院职责(来予以对待)的原则就是职权探知主义。"②

关于辩论原则的具体内容,日本的兼子一博士认为,辩论原则的基本要求是:其一,直接决定法律效果发生或消灭的必要事实必须在当事人的辩论中出现,法官不能以当事人没有主张的事实作为裁判的依据;其二,法官应将当事人双方没有争议的事实作为判决的事实依据;其三,法官对证据事实的调查只限于当事人在辩论程序中所提出的事实,对于当事人没有在辩论中所主张的事实,即使法官通过职权调查得到了心证,该事实依然不能作为裁判的依据。③

兼子一博士对辩论原则的三原则的界定,是基于德国民事诉讼法

---

① 参见张卫平:《转换的逻辑——民事诉讼体制转型分析》,法律出版社2004年版,第26—28页。
② 〔日〕新堂幸司:《新民事诉讼法》,弘文堂1998年版,第379页,转引自张卫平:《转换的逻辑——民事诉讼体制转型分析》,法律出版社2004年版,第30页。
③ 参见〔日〕高桥宏志:《论辩论主义》,载《法学教室》1990年第121期,转引自张卫平:《转换的逻辑——民事诉讼体制转型分析》,法律出版社2004年版,第31页。

中的辩论原则。在传统的辩论主义国家和地区,证据依然由当事人收集,法官不能主动收集证据,应以当事人的申请为限。同时,传统的辩论主义还延伸出一个最重要的原则,即民事诉讼当事人并无义务提供对对方当事人有利的事实证据。诉讼当事人必须对自己的主张及支持其主张的证据负提出责任,但同时也"仅"就此部分负责任。但是适用辩论主义的国家和地区基本上都对辩论主义有所修正,为了追求案件事实的发现而强调法官和当事人协力进行诉讼的模式。

处分原则与辩论原则不同,它的基本规范作用在于,首先,程序的启动只能基于当事人的诉讼行为,法院不能依职权启动。其次,在审判范围、形态和限度方面,当事人没有向法院主张的事项,法院不能对此裁判。当事人对诉的对象、范围和限度不明确的,法院不能裁判而只能以诉不合法予以驳回。最后,在诉讼终结方面,当事人也有主导权。限于处分原则对证据收集制度关涉不多,在此不多讨论。

三、协同主义诉讼与证据收集

协同主义"是指民事诉讼中法院(法官)运用职权发挥能动作用,与当事人实现充分地相互沟通与合作,从而使法官和当事人在事实发现、程序促进等方面共同推进民事诉讼程序的一种模式"[1]。协同主义是针对传统辩论主义的不足,通过确保法官权力运用于责任强化,促进法官与当事人在诉讼中的互动。

但必须明确,协同主义也是建立在辩论主义的基础之上的。辩论主义的基本要素不能改变。当事人未提出的主要事实,法院不得作为裁判的基础,当事人之间的自认应获得法律认可。协同主义的主要因素包括:法官阐明权(义务);法官为形成心证、发现真实所必要的一些权力;法官有指出要适用的法律的义务;当事人有真实陈述的义务;当事人有诉讼促进的义务等。[2]

---

[1] 肖建华主编:《民事诉讼立法研讨与理论探索》,法律出版社2008年版,第4页。
[2] 同上注。

协同主义强调在案件事实发现和程序推进上的法官的阐明权和当事人的真实义务,从而对大陆法系的辩论主义三原则进行了修正,尤其是对第三个原则即"法院不得依职权调查证据,其可调查的证据以当事人申请为限"进行了修正。现在德国、日本及中国台湾地区的相关规定中都有为了事实发现而使法官主动调查证据的规定。

针对改革后的德国民事诉讼法,虽然很多学者依然强调德国的民事诉讼基本模式仍然建立在辩论主义之上,出现的只是对辩论主义的修正。但也有很多学者开始呼吁要把合作主义修改为德国民事诉讼的基本原则。① 而中国台湾地区学者认为他们的民事诉讼模式是协同主义民事诉讼模式。

四、职权主义诉讼与证据收集

在职权主义诉讼模式下,法院有权直接干预案件事实的揭示。职权主义诉讼模式主要表现在以下方面:从法院与当事人的关系来看,法院调查核实的事实范围不受当事人对事实主张的限制;从收集证据提供的主体来看,除了当事人以外,法院可以依职权主动调查收集证据,这些证据既可能是当事人主张的,也可能是当事人没有主张的。②

职权主义诉讼模式的理论支撑点在于追求案件客观真实。法院有责任彻底查明案件的真实情况,具体体现在证据收集方面,允许法院可以在当事人事实主张以外调查其他的事实情况,与此相应,法院当然在证据收集上占据主导地位。苏联民事诉讼法学家多勃洛沃里斯基认为:"苏联的证明制度的一个突出特征就在于不仅当事人(原告人、被告人、参加案件的检察长或者被吸收参加案件的第三人)等有责任向法院提出能够证明自己要求的证据,而且法院也有权自己主动收

---

① 参见〔德〕鲁道夫·瓦塞尔曼:《从辩论主义到合作主义》,载〔德〕米夏埃尔·施蒂尔纳编:《德国民事诉讼法学文萃》,赵秀举译,中国政法大学出版社2005年版,第361页。

② 参见张卫平:《转换的逻辑——民事诉讼体制转型分析》,法律出版社2004年版,第97页。

集证据以便查明当事人真实的相互关系。"①

职权主义在发现案件的真实上的确有比当事人主义更为强大的功能,这也是苏联采用职权主义的正当性基础。美国的沃克和林德教授曾做过一次对比实验。他们将美国某大学法律专业一年级的学生分为两部分:一半人扮演律师,代表一方当事人参加诉讼、收集证据,目的是为委托人获得有利的裁决,他们的报酬随着委托人的胜诉而增加。另一半人承担的任务是受法官委托而收集证据,向法官提供正确而完整的案件事实,法官如认为他们的工作出色,就发给他们奖金。实验结果显示,解决真实之争,最好选择采用职权调查方式的非对抗程序,因为在收集和提供证据方面,非对抗结果较之对抗式结果更为真实可靠,不容易受到人为的歪曲。②

但这种对案件事实的发现能力是有前提条件的。在职权主义诉讼模式中,"法官作用大而当事人作用小、法官主动而当事人消极、法官权力大而当事人权利小是职权主义诉讼模式的基本特征"③,这一特征决定:案件能否正确解决、事实能否查清、法律能否被正确适用都取决于法官能否中立、公正地进行职权调查活动,是否具有正确适用法律的法律素质。法官的素质和品格对职权主义诉讼模式的影响极大,是这种模式能否带来公正、能够带来多大程度公正的决定性因素。"只有当法官因其公正无私而在社会上享有崇高威望时,职权主义诉讼模式才能够获得其正当性,也只有当法官具有良好素质时,职权主义诉讼模式才能够在实现实体公正方面发挥积极作用。"④

"法官的良好素质和人格魅力是职权主义程序模式具有正当性和实现实体公正的不可或缺的条件和保障。"⑤认为职权主义在发现真

---

① 〔苏〕多勃洛沃里斯基等:《苏维埃民事诉讼法》,李衍译,法律出版社1985年版,第200—201页,转引自常怡主编:《比较民事诉讼法》(修订版),中国政法大学出版社2002年版,第85页。

② 参见陈敏:《程序模式的实验效应分析》,载《中外法学》1992年第3期。

③ 李浩:《法官素质与民事诉讼模式的选择》,载《法学研究》1998年第3期。

④ 同上注。

⑤ 同上注。

实上优越于当事人主义,更能实现实体公正的观念正是基于对法官公正无私、有丰富的执法经验和能够严格执法的信赖。匈牙利学者涅瓦伊等在阐述审判员客观公正的立场与客观真实原则的关系时指出:"为了查明案件的客观真实,一切事实,不管它们证明哪一方有利,法院都应当加以收集和调查。审判员必须毫无偏私地解决与认定事实和适用法律有联系的各种问题。审理和解决案件的审判人员的客观态度,是保证实现客观真实原则的重要条件。"①

司法公正分为实体公正和程序公正,各有独立的评价标准。实体公正通过诉讼结果来验证,是一种结果公正。"单就实现实体公正而言,职权主义不仅不逊色于当事人主义,而且有时比当事人主义更容易达成实体公正的目标,在当事人收集证据的能力、质证和辩论的能力弱的情况下尤其如此。"②但是,由于职权主义对当事人主体地位的弱化,无法保证当事人的程序公正,因此现在的职权主义诉讼模式已经被很多国家和地区摒弃。笔者在本书中不再讨论职权主义诉讼模式。一般认为,苏联和东欧国家的民事诉讼模式属于职权主义诉讼模式。1982年的《中华人民共和国民事诉讼法(试行)》也属于职权主义诉讼模式阵营。

诉讼模式关注民事诉讼中当事人和法官在案件事实发现中的角色定位。对证据收集制度而言,不同诉讼模式中的当事人和法官在证据收集中的地位和角色也各不相同,因此,在接下来的比较研究中,美国、德国、日本及中国台湾地区的民事诉讼模式都将是笔者研究的重点,希望能通过对诉讼模式的研究,为中国的证据收集模式提供有益的借鉴。

---

① 〔匈〕涅瓦伊等:《经互会成员国民事诉讼的基本原则》,刘家辉译,法律出版社1980年版,第41页,转引自李浩:《法官素质与民事诉讼模式的选择》,载《法学研究》1998年第3期。

② 同上注。

第二章 美国证据收集制度

一、美国司法体系根源于对抗制

"必须牢记,美国司法体系根源于对抗制。"①

人类形象(das Bild des Menschen)又称为人的形象或图像或类型,主要在于探讨法秩序中所设定的、所追求的理想的"人类形象"到底是什么。这个看似空泛的概念却涉及法规范秩序体系中诸多更为基本的设定。比如,个人在什么标准下应该对自我行为负责,个体对他人应履行的义务如何,个体对国家和社会负有何种责任,国家和社会又应给个体何种保障。这些制定人类规范体系最基本的问题最终都归于法秩序中所设定的"人类形象"这一问题上。正如有学者所云:"任何法律制度总是有意无意地仰赖一种法学理论,而任何法学理论又总仰赖关于人的理论。"②

自由主义是西方近现代的主导性意识形态。有西方学者对此进行总结,西方现代思想其实只有一套学说,那就是自由主义。保守主义是要"保守"自由主义取得的成就,而激进主义则是企图用更激烈的方式实现极端化了的自由主义思想。"从某种意义上,西方近代思想史就是一部自由主义形成、发展、受到挑战的历史。"③体现在程序法

---

① Jack H. Friedenthal, Mary Kay Kane, Arthur R. Miller, Civil Procedure (Second Edition), West Publishing Co., 1993, p.2.

② Iredell Jenkins, "Law and the Image of Man", in Iredell Jenkins, Social Order and the Limits of Law: A Theoretical Essay, Princeton University Press, 1980, p.314.

③ Anthony Arblaster, The Rise and Decline of Western Liberalism, Oxford: Blackwell, p.6, 转引自李强:《自由主义》,中国社会科学出版社1998年版,第25页,又转引自徐昕:《程序自由主义及其局限——以民事诉讼为考察中心》,载江伟主编:《比较民事诉讼法国际研讨会论文集》,中国政法大学出版社2004年版,第495页。

上,程序自由主义即是自由主义在程序法中的表现或者说是程序法中的自由主义理念。

自由主义的基础是个人主义,即个体存在先于集体,个人利益高于集体利益。任何集体最终都是为服务个人利益而发展起来的。① 因此,由个体组成的社会大于国家和政府,政府和社会权力不能侵犯个人不可剥夺的天赋权利。"自由主义的核心目标,就在于以自由主义原则及其衍生的制度构架解决个人、政府与社会之间的冲突。"②

建立个人主义对抗制的基本前提是公民个人的自治性和主动性。由诉讼当事人或其律师向法院展示事实,提出辩论,这反映了一种信念,即"与争议具有直接利害关系的人们(当事人自己)具有更为强烈的动力通过全面调查和收集对他们最有利的案件事实。由于当事人双方均与案件结果具有自身的利害关系,因此可以推定,所有相关的事实都会得到呈示,而事实'真相'也由此可以揭示出来"③。

在平等问题上,个人主义所指的人就是抽象的、普遍的、无特权的人,"自由主义本质上是一种普遍主义,它自始至终强调权利平等、形式平等"④。萨皮罗指出:"平等是自由主义的另一条基本原则。自由主义宣布所有人一律平等。当然,不应忘记,这种平等并不意味着所有人有同样的能力、同样的道德理解力或同样的个人魅力。它的含义是,所有人在法律面前有同等的权利,有权享受同等的公民自由。人和法律都不得授予一些人特权或强加给另一些人特殊的歧视;不论一项法律的目的是援助、保护或惩罚,它必须对所有人一视同仁。自由主义向所有特权发起无休止的攻击,不管这些特权是基于出身、财富、种族、教义或性

---

① 参见〔英〕卡尔·波普:《开放社会及其敌人》,杜汝楫、戴雅民译,山西高校联合出版社1992年版,第105—106页,转引自徐昕:《程序自由主义及其局限——以民事诉讼为考察中心》,载江伟主编:《比较民事诉讼法国际研讨会论文集》,中国政法大学出版社2004年版,第492页。

② 徐昕:《程序自由主义及其局限——以民事诉讼为考察中心》,载江伟主编:《比较民事诉讼法国际研讨会论文集》,中国政法大学出版社2004年版,第492页。

③ 〔美〕史蒂文·苏本、〔美〕玛格瑞特(绮剑)·伍:《美国民事诉讼的真谛:从历史、文化、实务的视角》,蔡彦敏、徐卉译,法律出版社2002年版,第30页。

④ 徐昕:《程序自由主义及其局限——以民事诉讼为考察中心》,载江伟主编:《比较民事诉讼法国际研讨会论文集》,中国政法大学出版社2004年版,第500页。

别。在自由主义看来,这些特权是对个人发展的人为障碍。"①

一部分古典自由主义者主张"最小国家",政府作用仅限于消极地保护个人权利,即扮演所谓"守夜人"角色,政府不应提供任何社会性服务,也不应试图实现社会正义。② 这种国家观念相应地引申出管事最少的法院,即除中立性裁判权能之外再无其他功能的法院,法院职权主义在道德上无法得到正当性证明。③

因此,在17世纪至19世纪古典自由主义的背景下,自由成为程序的内在精神,程序进行遵循自由主义理念,以绝对的辩论主义、处分权主义、公开主义、言词主义、自由心证主义为理想范式的程序自由主义达到巅峰,实行程序自治,当事人双方拥有完全自由之意志,作为对立和对抗的两造,运用各种竞技手段相互攻击和防御。

相较于"最小国家"理念,大部分古典自由主义者主张的是"有限政府",即国家、政府的权力有限并受制约。体现在司法上,司法应以维护诉讼程序顺利展开为基本理念。法院掌握有限的职权,引导诉讼程序进行,以维护基本的司法公正,保障程序机制顺利运作。④

美国之所以发展出建立在自由主义基础上的对抗制民事诉讼原则是有其历史原因的。

对美国的历史及人员结构进行研究可以发现,继土著美洲印第安人来到之后,从英格兰来的第一批永久性居住者于1607年踏上了如今被称为弗吉尼亚的土地。从此以后,英格兰的普通法成为美国建国之初的法律蓝本。然而,美国移民人口最显著的特点在于其多元化,当然,其宗教信仰也呈现出多元化的特点。⑤ 同时,存在于欧洲殖民者

---

① J. Salwyn Schapiro, Liberalism, Its Meaning and History, Frinceton: D. Van Nostrand Co., 1958, p.10,转引自徐昕:《程序自由主义及其局限——以民事诉讼为考察中心》,载江伟主编:《比较民事诉讼法国际研讨会论文集》,中国政法大学出版社2004年版,第500页。

② 参见徐昕:《程序自由主义及其局限——以民事诉讼为考察中心》,载江伟主编:《比较民事诉讼法国际研讨会论文集》,中国政法大学出版社2004年版,第496页。

③ 同上注。

④ 同上注。

⑤ 参见〔美〕史蒂文·苏本、〔美〕玛格瑞特(绮剑)·伍:《美国民事诉讼的真谛:从历史、文化、实务的视角》,蔡彦敏、徐卉译,法律出版社2002年版,第4—5页。

观念与意识形态中的固有矛盾也影响着法律的建设。正如一位考察美国历史背景的作家迈克尔·卡门(Michael Kammen)在其《自相矛盾的人民——对美国文明起源的探究》一书中指出的,殖民者领袖的信仰中存在难以调和的张力,其中包括:"既相信命运天定,又坚信个人可以发奋图强来改变自己的生存环境;殖民者确信现实生活的重要性,同时,又坚信可以在天堂得到永久的救赎;对个人主义的狂热信仰与对加入组织形成社区的深切渴望之间形成激烈的矛盾;同时,抽象的对个人的明示信任,然而却在内心深处存在着对人民整体上的不信任;信仰机会均等,但同时又对经济、社会和智力上的平等持保留态度;与法院和法院秩序的建立最为相关的是,祈求安定和秩序与相信个人应享有行动自由之间的相互矛盾……既崇信法律又需要偶尔的无法无天,与对法院的需要相伴的是对法院的不信任,如果说不是对法院厌恶的话。"①

对于宪法的起草者们来说,他们对人性本善深感怀疑。他们深信,"私利在很大程度上(如果说不是全部的话)是人类行为的核心"②。正如汉密尔顿等在《联邦党人文集》一书中所写,"野心、贪婪、私仇、党派的对立,以及其他许多比这些更不值得称赞的动机,不仅容易对反对问题正确一面的人起作用,也容易对支持问题正确一面的人起作用"③。他们既不信任人性,又不信任人民,也不信任权力集中于少数人,同时,州与州之间也互不信任。因此,必须构建一种制度,此制度能够遏制民众和派系集团难以避免的自利性。同时,由于个体的自利性将使得财产的拥有者更期望获得保护以免受政府和非财产所有人对其财产的侵犯。为此,法律起草者们采取了一系列的制衡与平

---

① Michael Kammen, People of Paradox: an Inquiry Concerning the Origins of American Civilization, New York: Knopf, 1972,转引自〔美〕史蒂文·苏本、〔美〕玛格瑞特(绮剑)·伍:《美国民事诉讼的真谛:从历史、文化、实务的视角》,蔡彦敏、徐卉译,法律出版社2002年版,第6页。

② 〔美〕史蒂文·苏本、〔美〕玛格瑞特(绮剑)·伍:《美国民事诉讼的真谛:从历史、文化、实务的视角》,蔡彦敏、徐卉译,法律出版社2002年版,第8页。

③ Alexander Hamilton, James Madison, John Jay, The Federalist Papers, New York: A Mentor Book, The New American Library, 1961, p.34,转引自〔美〕史蒂文·苏本、〔美〕玛格瑞特(绮剑)·伍:《美国民事诉讼的真谛:从历史、文化、实务的视角》,蔡彦敏、徐卉译,法律出版社2002年版,第8页。

衡的措施以保护财产和公民免受多数人和少数人的专横统治。

随着时代的发展,美国出现了政府规模缩减而法院管辖范围扩大的趋势。这种趋势体现为法院开始处理更多的涉及社会的问题,比如处理烟草对人体的危害案件、石棉造成上万人死亡案件、药品滥用案件、环境污染案件,等等。对这些争点的确定,由于证据开示程序的存在,法院有着大量的发现手段。一些在社会上引起广泛争议的问题被引入诉讼程序解决,例如烟草是否会致人死亡,学校是否应取消种族隔离,甚至关于认定微软公司是不是构成了对软件业的垄断等问题,对这些案件事实的确定"花费了律师们十几年的时间,几千位证人被传唤,制作了上万项笔录证言和质问书;等等,这一切都是为了发现这些案件的实际情况是怎样的,这样才能做到公平"①。

对抗制也根植于英美的法律和政治传统。据说对抗制的前身是以竞斗为形式,即以决斗的结果来解决争端的"诺曼审判"。然而,更深层次的原因在于对抗制不仅是一种审判理论,它同样也是英美法律制度对国家权力予以重要限制的政治理论的写照。

同时,基于美国宪法,所有的诉讼当事人都享有特定的基本权利,包括正当程序权利、受到法律平等保护的权利以及在特定案件中享有陪审团审判的权利等。所谓"平等保护"意味着所有的诉讼当事人,不论是个人还是大的商业机构,不论是富有还是贫穷,也不论政治地位高低,都应当依照法律被同等对待。根据这些基本权利,对抗制程序被认为给当事人提供了在法院挑战政府并民主地主张被保护的权利的机会。

对抗制存在的最根本原因还是在于市场经济所固有的自由和公开竞争的特性,从而使"在呈示证据和辩论中的自由与公开竞争"成为"美国法律制度的栋梁"②。

就民事诉讼而言,程序自由已成为其内在精神,即程序进行应遵循自由主义理念。程序自由理念在英美法系基本上一直占据主导地位。程序自由理念体现在民事诉讼的如下方面:首先,民事诉讼被视

---

① 江伟主编:《比较民事诉讼法国际研讨会论文集》,中国政法大学出版社2004年版,第327页。

② 〔美〕史蒂文·苏本、〔美〕玛格瑞特(绮剑)·伍:《美国民事诉讼的真谛:从历史、文化、实务的视角》,蔡彦敏、徐卉译,法律出版社2002年版,第30页。

为私人的事情。法院和法官作为裁判机构,是以公平为核心的组织保障,因此法院应当从当事人及其案件中游离出来,具备超越当事人及其案件之地位。其次,在组织程序上,裁判机构在审判活动中必须遵循特定的基本程序规则,以听讯权为核心。① 在民事诉讼的程序构建中,应当实行当事人主义诉讼模式,集中体现为辩论主义和处分原则。最后,在对抗制诉讼结构中,当事人可以争斗,但对抗中仍存在合作,当事人拥有以合意机制处理纠纷的自主权。

因此,体现在诉讼机构上,对抗制包含以下两层内涵:第一,诉讼当事人一方只负责自己的主张和证明,没有义务提出有利于对方当事人的主张及证据。第二,法官不会主动介入调查纠纷事实。

自由主义主张的形式平等正是民事诉讼所需要的程序平等和对等,即当事人双方在形式上、程序上完全平等,享受完全对等的诉讼权利,可以绝对形式公平地运用程序技巧进行诉讼争斗。"一位勤奋的律师进入法庭时可能对自己的案件已做充分准备,但对于对方案件的确切性质却常常一无所知,因而关于如何应对也就毫无准备,突然袭击乃是审判中的合法策略。诉讼被视为一种比赛或比武,每一方的律师都竭力为其当事人而奋战。比赛的原理是:当司法战场上尘埃落定时,正义自然会以审理者的姿态显现。这种诉讼的缺陷在于,最终的裁决常常是对律师的杰出技巧的奖赏,而不是对案件的实质所作的审判。"②

随着19世纪末20世纪初垄断资本主义的兴起,自由主义风光不再。程序自由主义的局限主要体现在以下方面。

1. 程序权的滥用

以绝对程序自由为理念的传统对抗制诉讼结构中,诉讼进程由当事人及律师控制,法院作为裁判者消极中立。当事人也控制着诉讼的强度和诉讼的时间。当事人、律师为自身利益,经常滥用程序权和诉

---

① 参见徐昕:《程序自由主义及其局限——以民事诉讼为考察中心》,载江伟主编:《比较民事诉讼法国际研讨会论文集》,中国政法大学出版社2004年版,第497页。

② M. Green, "The Business of the Trial Courts", in Jones ed., The Court, The Public and the Law Explosion, 1965, pp. 721-722,转引自徐昕:《程序自由主义及其局限——以民事诉讼为考察中心》,载江伟主编:《比较民事诉讼法国际研讨会论文集》,中国政法大学出版社2004年版,第501页。

讼武器,从而人为使诉讼程序更加复杂,诉讼拖延,费用增加,以之作为拖垮对方当事人,迫使其接受不利和解的武器,或者令迟来的正义对他方毫无效用。

2. 形式平等与实质正义的矛盾

程序自由主义追求形式平等和程序平等,但在现实生活中,形式平等并不意味着实质的平等,应考虑当事人各方经济实力并由此制约的诉讼能力的差别。诉讼并非一场战争,也不是一场游戏。诉讼的目的,旨在实现对立当事人之间真正的公平和公正。因此,现代诉讼法原理认为,"一切有关诉讼的事实必须展示于法庭,追求'客观真实',保障当事人真正平等和对等地接近实质性正义……而如果法院未完全掌握全部相关信息,则无法实现司法公正之目标"[①]。

卡佩莱蒂指出:"社会已经发生了深刻的变化,我们这个时代的主要问题不再是涉及基本上为个人主义的、静态的'私法'及其个人权利之问题,而是映射出工业化社会、动态社会、多元化社会的问题,包括诸如劳资冲突、社会和运输保险、环境污染、消费者权益保护和跨国公司等问题。"[②]并进而指出:"如果解决争议的司法功能要扩大,要囊括类似上述新型的挑战性课题,那么,司法机构和司法程序本身则必须要变革。旧的、形式主义的司法机构和技术常常适应不了新的角色。在一个快速转型的社会,法律必须迅速变化,而鉴于立法过程不可避免是漫长的,且难以面面俱到,因此,其他决策者必须致力于制定顺应社会新型需求和愿望的法律。由于传统法官及其程序不可能完成这一使命,故其他机构将在这一逐渐显露的角色扩张中取法院而代之。"[③]

在上述论述中,当事人实质公平问题被论及,同时指出法院的功能:为社会提供纠纷解决服务。英国法院行政署在2001年1月《民事法院的现代化》文件中,把民事法院现代化的目标定位为法院服务的

---

① 徐昕:《程序自由主义及其局限——以民事诉讼为考察中心》,载江伟主编:《比较民事诉讼法国际研讨会论文集》,中国政法大学出版社2004年版,第507页。

② 〔意〕卡佩莱蒂等:《当事人基本程序保障权与未来的民事诉讼》,徐昕译,法律出版社2000年版,第40页。

③ 同上注。

现代化,"即以客户为中心,通过运用现代科技和构架重组,提供公正、快捷、经济、优质的纠纷解决服务"①。因此,一种真正现代的司法裁判制度的基本特征之一必须是司法时效性能为所有人接近。② 也就是说,当纠纷出现后,当事人能够顺利启动和利用国家设置的审判程序公正地解决纠纷。

二、律师在美国民事诉讼中的角色

"在美国,律师形成了一股既不足惧又难于察觉的力量;这股力量没有自己的旗帜;它能够极其灵活地迎合时代的要求并不加抵抗地顺应社会的一切运动;但是,这股力量延展至整个社会,渗透于每一阶层,潜移默化地影响并推动着社会的发展,最终以自己的意愿塑造了社会。"③

由于对抗制所固有的程序技巧,也由于实体法的繁多复杂,在美国的民事诉讼中,律师代理了绝大多数的案件。

美国律师的数量十分庞大。1997 年,律师的数量是 945 500 人,比 1966 年的 313 500 人增加了约两倍。④ 据统计,现今的美国律师人数已超过 133 万人,或者说大约每 250 名美国人中就有一名律师。⑤

---

① 徐昕:《信息社会的挑战:英国民事诉讼中现代科技之运用》,载中国法学网(http://www.iolaw.org.cn/shownews.asp? id = 13584),访问日期:2019 年 3 月 27 日。

② 参见〔意〕卡佩莱蒂等:《当事人基本程序保障权与未来的民事诉讼》,徐昕译,法律出版社 2000 年版,第 40 页。

③ Aelxis de Tocqueville, Democracy in America, translated by George Lawrence, J. P. Mayer ed. , New York: Doubleday Anchor, 1969, p. 270,转引自〔美〕史蒂文·苏本、〔美〕玛格瑞特(绮剑)·伍:《美国民事诉讼的真谛:从历史、文化、实务的视角》,蔡彦敏、徐卉译,法律出版社 2002 年版,第 28 页。

④ Daniel J. Meador, "A Perspective on Change in the Litigation System", Alabama Law Review, Vol. 49, No. 7, 1997, p. 13.

⑤ 参见 American Bar Association, "ABA National Lawyer Population Survey – Lawyer Population by State (Year 2018)", https://www.americanbar.org/content/dam/aba/administrative/market_research/National_Lawyer_Population_by_State_2018.pdf,访问日期:2019 年 3 月 25 日。

美国私人执业一直是律师的主要就业方式。在民事诉讼中,客户单独聘请律师并支付报酬。代理被告的律师通常会同意以小时计酬,而代理原告的律师则往往采用"胜诉酬金制"的付费方案。① 一般情况下不存在律师费的败诉补偿制。

在20世纪70年代之前,法律职业相对稳定。同时,从事法律工作也是一项让人"颇为得意的职业",被认为是一种与普通职业有别的"绅士职业"②。但是,到了20世纪七八十年代,随着现代技术和更多的律师的出现,法律职业日益变得更有竞争性。随着大型跨国公司的出现,大规模的律师事务所也相继出现,律师们赚钱的压力变大。律师在执业过程中,对抗性的策略在增加。

三、美国证据收集制度的程序设置:通过合作缓解对抗制的固有缺陷

在《美国联邦地区法院民事诉讼规则》(以下简称《美国联邦民事诉讼规则》)制定之前,美国民事诉讼程序从主流上来说只有诉答程序和庭审程序两个阶段,诉答程序结束后直接进入庭审程序,缺乏必要的庭前准备。③ 当事人之间的证据调查和收集完全依靠当事人自己的能力并且相互保密。在庭审之前,当事人之间究竟有何证据互不清楚,他们通过庭审中的证据突袭来赢得诉讼。在这种诉讼程序模式下,实质正义很难实现。

随着人们的形式公平观逐渐被实质公平观所代替,诉讼程序中对证据发现和调查的机制逐步受到重视。1938年在制定《美国联邦民事诉讼规则》的时候,美国综合各地的地方性经验,规定了证据发现程序。美国的诉讼程序由此分成三个阶段,即诉答程序、证据发现程序

---

① 参见〔美〕史蒂文·苏本、〔美〕玛格瑞特(绮剑)·伍:《美国民事诉讼的真谛:从历史、文化、实务的视角》,蔡彦敏、徐卉译,法律出版社2002年版,第36页。

② 同上书,第80页。

③ 参见汤维建:《论美国民事诉讼中的证据调查与证据交换(上)——兼与我国作简单比较》,载中国民商法律网(http://old.civillaw.com.cn/article/default.asp?id=9624),访问日期:2019年3月25。

和庭审程序。其中,诉答程序和证据发现程序构成了所谓的审前程序——美国民事诉讼最重要的步骤之一。

(一) 诉答程序

诉答程序作为美国民事诉讼程序的第一个阶段,顾名思义就是指原告起诉和被告答辩的程序。通过双方当事人起诉状和答辩状的交换,从而确定双方当事人之间争议的焦点问题。

在普通法时期,诉答程序在英美法系的民事诉讼程序中处于至关重要的地位。令状制度及令状的标准化导致了诉讼形式的发展。每一种令状最终体现为一种包括请求的实体理由和获得救济的程序的诉讼格式。诉讼必须根据"程序上的分类架"分门别类,不同的诉讼形式,有不同的程序与之相适应。被告的答辩形式也有专门法律进行细化的分类。由于所谓的单一争点理念的要求以及诉讼形式分门别类的严格性,导致到了19世纪,在诉答程序中所作的努力已经呈现出非常复杂的特征。其结果是"诉答程序成为普通法诉讼的核心焦点,案件常常因为律师的诉答技巧而决定胜诉或败诉"[1]。曾有评论者如此评论道:"律师界的一半劳力,皆奉献给了诉答之问题。误用了诉讼形式的律师,有时只因为这个原因便败了他的案件,案件的实体问题往往被全盘忽略,而永远到不了审判阶段。"[2]

19世纪下半叶,美国和英国的程序改革使诉答程序从与其他程序和实体事项的纠缠中解放出来并赋予其一个明确的功能:现代诉答程序将阐明当事人的事实主张,以便在案件未决时自始至终引导法庭和当事人。诉答程序将成为实现公正判决的手段。[3]

当今的美国存在两种类型的诉答程序,通常被称为"事实"诉答程序和"告知"诉答程序。《美国联邦民事诉讼规则》提出了告知式诉答程序。在此主要介绍告知式诉答程序,又称为联邦式诉答程序。

---

[1] 汤维建:《美国民事司法制度与民事诉讼程序》,中国法制出版社2001年版,第307页。

[2] 同上书,第306页。

[3] 参见 C. Clark, Code Pleading 54(2d ed. 1947),转引自[美]杰克·H. 弗兰德泰尔、[美]玛丽·凯·凯恩、[美]阿瑟·R. 米勒:《民事诉讼法》(第3版),夏登峻、黄娟、唐前宏等译,中国政法大学出版社2003年版,第221页。

告知式诉答程序是英美法系历史上出现的最为自由的诉答制度,它为美国联邦法院及采纳《美国联邦民事诉讼规则》的州法院所利用。根据《美国联邦民事诉讼规则》第8条第(a)款第(2)项的规定,它要求一个当事人"对表明诉辩人有权获得救济的诉讼请求做一个简明陈述"。因此告知式诉答程序的关键在于,起诉状是否展示了足够的信息,以便被告能够答辩,并且理解他何以被诉。

《美国联邦民事诉讼规则》消除了诉答程序技术性问题最后的残余,从而使"告知"概念牢固树立。它只关注对方当事人能否得到关于诉讼请求(或答辩)的充足告之,从而能够进行应对准备。① 美国联邦法院案件一贯坚持,无论当事人在何时拥有一项有效的权利主张,即使当事人的律师在诉答程序阶段未能认识到该权利主张的适当根据,他仍然会被允许获得救济。②

依照这种自由主义的方法论,原告可以提出选择性的和不相一致的诉答,甚至在同一争点项的范围之内,原告也可以作如此诉答。同样的,尽管原告必须提出包括一项救济的请求,但是法院在争议的案件中,也可以不受该请求的限制,而判给任何适当的救济。对此的唯一例外,是在一些特别典型案件中,根据特别规则,要求更多的事实细节。③

通过这种所谓的现代的诉答程序或者简单的诉答程序的规定,避免了在法典制度下发生的某些诉答——动议程序,从而避免了在案件实体问题解决之前便需要花费大量的时间和金钱在技术性问题上。并且,通过这种联邦制的告知式诉答程序理念,使得法院几乎不可能根据诉答状便在早期驳回诉讼,从而保护了当事人诉权的真正行使。

按照现代诉答程序原理,答辩书既可以用于确定被告打算在庭审时对起诉书中的哪些主张进行答辩,也可允许被告将补充事项作为答

---

① 参见 Learherman v. Tarrant Country Narcotics Intelligence and Coordination Unit, 507 U.S 163, 113 S. Ct. 1160, 122 L. Ed. 2d 517(1993),转引自〔美〕杰克·H. 弗兰德泰尔、〔美〕玛丽·凯·凯恩、〔美〕阿瑟·R. 米勒:《民事诉讼法》(第3版),夏登峻、黄娟、唐前宏等译,中国政法大学出版社2003年版,第236页。

② 参见5 C. Wright and A. Miller, Civil 2d 1219,转引自〔美〕杰克·H. 弗兰德泰尔、〔美〕玛丽·凯·凯恩、〔美〕阿瑟·R. 米勒:《民事诉讼法》(第3版),夏登峻、黄娟、唐前宏等译,中国政法大学出版社2003年版,第236页。

③ 参见汤维建:《美国民事司法制度与民事诉讼程序》,中国法制出版社2001年版,第315页。

辩理由或者权利主张提出。① 同时也允许被告提出某些技术性答辩，而不涉及案件是非曲直，可对一些事项——诸如法院管辖权或管辖区域、错误的共同诉讼或缺乏诉因而对当事人进行合并，以及诉讼文书送达的有效性——提出异议。②

(二) 证据开示程序

1. 证据开示程序为完善对抗制而出现

通过诉答程序，当事人和法院互相沟通诉讼已经发生以及诉讼为何物，诉讼程序被开启。而证据开示程序，也可称为发现程序，是指各方当事人在庭审之前从对方当事人处获取证言、文件以及其他证据的一种程序。③ 证据开示程序介于诉答程序和庭审程序之间，主要规定当事人交换证据和收集证据的权利和机制。在此基础上，通过法院主持的审前会议，律师在同法官进行非正式的会谈之后，就案件争点达成一致，从而根据争点为庭审设计证据和证人。

在复杂的诉讼中，法院可能会召开一系列审前会议来安排证据开示的日程，并组织审理。在审前会议结束之际，法官作出审前命令，包括当事人之间的全部协定，双方同意的证人和证据清单等，以及决定的其他任何事项。如果律师希望在审理中引入新的争议问题，或者提供追加的证据，则必须向法院提出动议。对于当事人的此种动议，法官享有自由裁量权。只有在为防止显著不公正时，法官才能通过对审前命令加以修改的形式，允许就此给予救济。

证据开示程序是英美法系民事诉讼的一个特有的制度。在英美法系，证据开示程序也不是从来就有的，而是历史的产物。从本质而言，证据开示程序是对抗制在一定历史阶段自身完善的表现。

在普通法时期，证据开示程序在衡平法中已经处于萌芽状态。在衡平法中，当事人如果要收集处在对方当事人控制、占有下的书证、物证等，可以通过申请由法官强制取得。如果当事人拒绝提供，则会产

---

① See Fed. Civ. Proc. Rule 8(b), 8(c).
② See Fed. Civ. Proc. Rule 8(b), 12(b).
③ 参见张卫平主编:《外国民事证据制度研究》，清华大学出版社2003年版，第171页。

生不利于该当事人的诉讼后果。但是,在同时存在的普通法中,却没有任何可供当事人发现证据的权利和方法。如果需要发现证据,则必须暂停普通法诉讼程序的进行,另外启动衡平法诉讼程序,专门收集证据。这导致证据收集非常繁难。因此在普通法时期,英美法系的民事诉讼法基本上不存在用来收集、调查证据的诉讼制度。

建立在古典当事人对抗制下的证据收集只能由当事人负责,并负责将其诉讼主张和证据呈现给事实的认定者——法官或陪审团。同时,古典当事人对抗制在证据提出上还包括另外一个内涵,即诉讼只能由当事人主动提起,法官不会主动介入纷争事实的调查中。同时,诉讼当事人只负责对自己一方提出主张的证明,没有义务提出有利于对方当事人的主张和证据。

因此,当事人在证据收集上只能完全依靠自己的能力,缺乏程序上的保障,从而导致在诉讼程序中出现诉讼突袭的现象。为了获得胜诉的机会,当事人在庭审之前总是严守自己的证据秘密,互不沟通,而是通过在庭审中突然出示,使对方措手不及。这种自由的证据收集制度的正当性建立在这样一个假设上,即对立的当事人有相同的能力进行证据的收集。但事实上这种假设的有效性是"值得怀疑的"。同时,在美国集中庭审的程序中,庭审中受到突袭的一方当事人一般没有再次进行开庭予以补救的机会。因此,这种程序安排对当事人来讲是非常不公平的。在这种诉讼制度下,当事人把诉讼突袭作为正当的诉讼策略,律师也把它作为辩护技巧展示的平台。由此可知,普通法时期的程序制度所注重的仅仅是程序上的公平,难以保证案件事实的发现,从而使诉讼获得实质的公正。①

因此,针对对抗制所固有的对诉讼资料的掌握不公平的缺陷,美国通过程序改革,创设了证据开示程序来弥补此种缺陷。具体到立法中,1848年,纽约州在程序化法典运动中肯定了证据开示是一种当事人收集证据的手段,但还没有将其视为一个独立的诉讼阶段。一直到1938年《美国联邦民事诉讼规则》的制定,第一次将证据开示程序作为独立的诉讼阶段规定下来。根据证据开示程序的规定,当事人有义务主动地提出若干基本的重要信息,并对经他方当事人之请求所必需

---

① 参见汤维建:《美国民事司法制度与民事诉讼程序》,中国法制出版社2001年版,第418页。

提出的信息及证据的范围进行了相当广泛的界定。

证据开示程序的建立使得当事人不仅要提供对自己有利的证据信息,还要向对方当事人开示对自己不利的证据信息,从而有效去除当事人间实质的武器攻防上的不平等。证据开示程序使得诉讼当事人能够发现尽可能多的与案件相关的必要证据及证据信息,从而最大限度地保证案件真实的发现。

在证据开示程序被引入之后,诉讼程序中的一些原则和观念也发生了相应的变化。证据开示制度最重要的目的之一在于使诉讼当事人能发现与案件相关的必要证据及证据信息,以向法院提出更多的事实。证据开示程序使古典的对抗制概念中的当事人无义务提出有利于对方当事人的主张和证据得到了根本性的改变。诉讼程序的形式性和技巧性在很大程度上被移除。审理期间和审理前准备期间可容许的信息范围已经被扩大,以便当事人和法官能够更好地了解案件。同时,法官被赋予更大的权威来提供证据和推动案件的进程。司法制度日益变得更加统一、更有规划,以及更有组织。

因此,这样的改革被定性为"非符合当事人对审精神的"(nonadversarial)。作为对抗制中的非对抗成分,证据开示程序也被认为是完善对抗制最有效的方式。证据开示规则的起草者甚至认为:"可能再没有其他程序能够比证据开示程序在增进司法管理的效率方面提供更多的机会。大多数案件准备中的迟延、大部分在审判过程中徒劳无功的努力、大部分审判结果的不确定性,是因为当事人和律师期望获得与各自主张和支持这些主张的事实相关的信息。"[1]也有学者认为:"此改革使英美法系诉讼制度摆脱'当事人竞赛理论'而朝向'真实发现理论'前进。"[2]

2. 证据开示程序的价值取向

价值取向回答的问题是,立法者希望通过证据开示程序的引入,带给诉讼程序自身、诉讼程序主体的权利和义务以什么样的变化和影

---

[1] Kuo-Chang Huang, "Mandatory Disclosure: A Controversial Device with No Effects", Pace Law Review, Vol. 21, 2000, http://www.westlaw.com,转引自韩波:《民事证据开示制度研究》,中国人民大学出版社2005年版,第56页。

[2] Marvin Frankel, "Partisan Justice: A Brief Revisit", Litigation, Vol. 15(4), 1989, pp. 43–45.

响;而证据开示程序的目的所回答的问题则是,通过证据开示程序的运用,希望达到什么样的效果。前者侧重于宏观的考虑,后者偏向于微观的思量。①

关于证据开示程序的价值取向,在《美国联邦民事诉讼规则》生效后首次作出重大的证据开示程序决定的"荷克曼诉泰勒"案中,联邦法院摩菲法官曾做出过较为系统的阐释。他指出,"规则第26到第37条确立的审理前庭外取证及其他发现机制,是联邦民诉规则最富有意义的创新之一……各种发现方法现在是用来:第一,与规则第16条所规定的审理前会议一起,作为缩小和明确当事人之间基本争点的方法;第二,作为一种方法,用来弄清与争点有关的事实或者关于事实存在于何处的信息。"②摩菲进一步指出,通过证据开示程序,"联邦法院的民事审判不再需要暗箱操作了。对当事人而言,在审理前获得最充分的有关争点和事实的信息的途径现在是清楚的,这与所承认的特权是一致的。当事人双方对全部相关事实的相互了解,对恰当的诉讼来说是重要的。最终,一方当事人可能会迫使另一方吐出他所拥有的在其控制中的任何事实证据。发现程序通过证据出示和证据收集的方法,将弄清事实的时间从审理阶段提前到了审理前的阶段。这样一个时空转化,减少了突袭的可能"③。

由此,有学者总结,证据开示程序的价值可以概括为以下几个方面:当事人获得了收集证据的权利,增加了证据数量,因此能够增进程序公正的主观性和接近客观事实;有益于保障当事人的实质性的地位平等;有利于增进程序的透明性和公正性;有利于提高诉讼效率以及克服突袭性裁判。④

3. 证据开示程序的目的

证据开示程序的目的是当事人及其律师力图通过对证据开示程序的利用而取得的效果。美国的证据开示程序希望达到如下目的:

---

① 参见汤维建:《美国民事司法制度与民事诉讼程序》,中国法制出版社2001年版,第420页。
② 同上书,第421页。
③ 同上注。
④ 同上注。

第一,诉前证据保全。① 在诉讼过程中,各种可能性都会存在。对证人来说,如果他生病或者身体虚弱,或者在审判的时候不在国内,如何收集和保存此种证据必然是一个重要的问题。而证据开示程序则可以提前取得此种证人证言并最终在庭审时使用。美国联邦法庭最早使用证据开示程序的目的主要用来达到此种目的。②

第二,证据开示程序的目的还在于确定双方当事人之间纠纷的事实上的争点。③ 为了将审判聚焦于双方当事人之间真正的争议,以此提高争端解决的效率,现代诉讼理论鼓励在诉讼中限制争点的个数。通过证据开示程序,首先,双方当事人之间没有真正争议的问题可以在审判前即排除出去。其次,当真正的争点被固定后,当事人可以利用证据开示程序针对争点进行证据收集。

第三,证据开示程序最重要的目的在于通过此程序,使当事人能够针对争点收集可采用的证据的信息。在关于证据开示程序使用范围的司法意见中,美国联邦最高法院宣称"互相了解对方当事人之间收集的证据对一次正确的诉讼是必不可少的"④。而证据开示程序正是为了达到这种"互相了解所有的相关事实"的目的而设置的一个主要的程序机制。例如,如果一名目击证人不愿为一方当事人作证,该方当事人应该如何获得此种证据?证据开示程序就可以提供解决此种问题的方法。该方当事人可以要求此证人提供笔录证言(deposition)。在此程序中,通过宣誓,证人必须提供他所知道的事实真相。通过证据开示程序,一方当事人也可以获得对方当事人所掌握的与案件相关的证据和材料。允许双方当事人利用证据开示程序以确保所有的相关证据都能够被发现,隐匿相关信息和材料的风险能够降至最小。证据开示程序所提供的机制确保了审判的公正性。

除了以上三个目的之外,证据开示程序在审判实践中经常能够促成审前纠纷的解决。通过证据开示程序,双方当事人通过衡量自己诉

---

① See Fed. Civ. Proc. Rule 27.

② See "Developments in the Law-Discovery", Harvard Law Review, Vol. 74, 1961, p. 949.

③ See Fed. Civ. Proc. Rule 32.

④ Hickman v. Taylor, 329 U. S. 495, 507 (1947), cited from Wayne D. Brazil, "The Adversary Character of Civil Discovery: A Critique and Proposals for Change", Vanderbilt Law Review, Vol. 31, 1978, p. 1298.

讼请求实现的程度从而促进了诉讼的早期解决。而且,审前会议的召开为双方当事人磋商争议解决的方法也提供了条件。这都会有助于纠纷的审前解决。

四、证据开示方法

根据《美国联邦民事诉讼规则》的规定,原告通过提出起诉状发动诉讼。起诉状中必须列明他试图解决的一个"简单明了的诉讼请求"①。在答辩状中,被告可以拒绝所有或部分诉讼请求,可以否认原告的事实论断或者对原告的事实论断予以答辩,也可以选择对以上请求予以组合。② 当一方当事人认为对方当事人的请求"如此模糊或混乱以至于一方当事人不能够正常抗辩"时,他可以请求对方当事人给予更清晰的陈述。③

诉答程序开始之后,当事人可以利用一系列的证据开示机制。除了少数例外情形,当事人可以自动利用这些机制,不需要法庭的参与。当事人可以利用证据开示程序机制来获得除了特权(privileged)之外的所有和诉讼标的有关的信息和材料。信息的获得也不以能够在庭审中使用的可采证据为限。只要这些信息通过合理推算,看起来能够导致获得可采证据即可。④ 对一方当事人证据开示的请求的回应不需首先宣誓。

(一)口头询问(Depositions)

口头询问让各方律师得以面见并询问包括当事人在内的与案件诉讼标的有关的每个人。⑤ 它经常被用作一个策略性的措施,让一方当事人研究对方当事人所倚仗的证据,从而评估他必须面对的案件。一般而言,一方律师如果要进行口头询问程序,他只需要通知对方律

---

① Fed. Civ. Proc. Rule 8(a).
② See Fed. Civ. Proc. Rule 8(b).
③ See Fed. Civ. Proc. Rule 12(e).
④ See Fed. Civ. Proc. Rule 26(b).
⑤ See Fed. Civ. Proc. Rule 30(c).

师关于笔录口头证言的时间和地点①,无须获得法庭命令。为保证宣誓证言的可信性,诉讼程序中专门设置了证人询问官。② 证人在证人询问官面前宣誓作证;证人询问官可以是被授权主持宣誓程序的人,也可以是双方当事人同意的任何人。③ 证人询问官制作报告记录问题和回答,以及双方当事人或证人的任何相关问题。④ 不论对谁进行笔录证言,双方当事人的律师都要在场。

虽然在诉讼开始后的任何时间,口头询问都可以进行,但一般而言,原告只有在被告收到送达传票后的一段时间,通常为20至30天,才能实施笔录取证。这主要是为被告聘请律师并准备案件留出时间。

利用这一机制,可以获取证人的姓名以及其他潜在证据的线索,也可以固定对方当事人以及对方当事人所拥有的证人的证言。如果在庭审过程中对方当事人和证人作出与在口头询问中相反的陈述,则必须面对将会承担相应的惩罚性后果的危险。并且,口头询问也可以让律师固定己方当事人和证人的证言以防他们无法出席庭审。⑤ 对于距离审判地点100英里以外的证人,也可以采用口头询问笔录证言的方式。⑥ 这种"纸上证人"的使用,便于根据实际情况最大限度地提取证人证言。同时,由于口头询问程序提供了双方当事人和律师见面磋商的机会,使双方当事人了解对方所掌握的证据,从而也有利于纠纷的审前解决。⑦

实施口头询问程序的主要缺陷在于给证人提供了在正式庭审的交叉询问中调整自己言行的机会。同时对小型案件而言,口头询问的

---

① See Fed. Civ. Proc. Rule 30(b).
② 参见韩波:《民事证据开示制度研究》,中国人民大学出版社2005年版,第191页。
③ See Fed. Civ. Proc. Rule 28.
④ Ibid.
⑤ See 4 Moore, Federal Practice 26.02, at 1015 (2d ed. 1950), cited from "Developments in the Law-Discovery", Harvard Law Review, Vol. 74, 1961, p. 940.
⑥ 参见汤维建:《美国民事司法制度与民事诉讼程序》,中国法制出版社2001年版,第436页。
⑦ See Dawson, Examinations Before Trial in State Courts 2 (Practicing Law Institute Monograph 1953), cited from "Developments in the Law-Discovery", Harvard Law Review, Vol. 74, 1961, p. 940.

昂贵费用也是其显著的缺陷之一。

(二) 笔录证言(Written Depositions)

如果一个证人住处遥远,不能出席口头询问的话,《美国联邦民事诉讼规则》第31条提供了"通过笔录质询"录取证言的方式。① 双方当事人准备直接的和交叉的质询,然后把这些书面的问题提交给证人询问官,由证人询问官向证人宣读,然后记录下证人的口头证言。笔录证言程序节约时间和金钱。由于询问仅限于事先提出的问题,任何一方律师均无须出席,并且在被取证人所处的任何地方都可以进行。但由于对方当事人及其证人通常不愿意给出清晰的回答,因此此程序的优势经常被高估。因此,笔录证言程序主要被用来获得争议不大的常规信息。它也经常被用于小额诉讼案件,因而调查和收集证据的费用必须限制在最少花费上。②

(三) 书面质询(Written Interrogatories)

书面质询只可以在双方当事人之间使用。它允许一方当事人向另一方当事人邮寄一系列问题,对方当事人在特定的时间内宣誓作答③,不需要法庭命令,也不需要质询官员的介入,一切程序完全通过邮寄完成。与口头询问程序不同,书面质询不能向当事人之外的案外人进行。④ 此种限制的主要原因在于,要求回答质询的当事人可以在回答之前咨询律师,从而小心回答这些问题,因为他知道他的回答可以被用于在法庭中驳斥他。而与案件完全没有利害关系的案外人,由于没有律师的保护,很容易被针对偏向一方的问题误导而做出错误的回答。同时让案外人负担冗长的系列质询也是不公平的。

当事人一方有义务不仅基于自己所知道的事情回答质询,而且如果合理推断他可以通过调查即可获知其他案件事实信息,那么他也有

---

① See Fed. Civ. Proc. Rule 31.
② See Jack H. Friedenthal, Mary Kay Kane, Arthur R. Miller, Civil Procedure (Second Edition), West Publishing Co., 1993, p.400.
③ See Fed. Civ. Proc. Rule 33.
④ See Fed. Civ. Proc. Rule 33(a).

义务回答。① 因此当事人一方必须向他的律师、雇员以及其他已经或者可能知道事实的机构咨询。对方当事人也被要求陈述与诉讼标的有关的事实的意见或争论。如果接受质询者认为一个问题或一个问题的任何一部分不当,可以提出异议及其理由而不予回答。② 提出质询的一方可以请求法院命令对方回答。③

书面质询已被证明可以让被告获得一系列原告方所有的已知信息,被告方的回答对原告而言也有相同的效果。在获知一些详细事实,例如企业的账单等方面,通过口头询问会非常烦琐和昂贵,因此书面质询的方式就显得更加有效。④

另外,由于在一审中书面质询不需要法庭的批准,因此相对来讲提出书面质询花费很少,却可以给被质询方施加一定的负担,因此书面质询程序也可以被当事人用来骚扰对方。因此1993年美国对此规则进行了修改,规定最多只能进行15次书面质询。

(四) 要求提供书证和物证(Discovery and Production of Property)

要求提供书证和物证也被称文件和物品的发现,指的是当事人能够用来获得不在他们控制下的文件和其他物品的方法。⑤ 根据《美国联邦民事诉讼规则》第34条的规定,可以调查双方当事人或非当事人所拥有或控制的文件、其他动产或者不动产。

只要出示会导致可采纳的证据,一方当事人就有权检查和复印对方当事人拥有或控制的任何文件,或者检查对方当事人所拥有或控制的任何不动产或者动产。⑥ 根据规定,对另一方当事人控制下的财产进行检查只需要通知对方当事人,无须法庭的命令,但是要求进行检查的一方必须指出将要检查、复印或采取其他测试方法的特定物品。⑦

---

① See Fed. Civ. Proc. Rule 33(b).
② Ibid.
③ See Fed. Civ. Proc. Rule 33(b)(5),(37)(a).
④ See Fowler, "Discovery Under the Federal Rules of Civil Procedure", Tenn. L. Rev., Vol.26, 1959, p.481.
⑤ 参见汤维建:《美国民事司法制度与民事诉讼程序》,中国法制出版社2001年版,第439页。
⑥ See Fed. Civ. Proc. Rule 349(a).
⑦ See Fed. Civ. Proc. Rule 34(b).

如果对方当事人认为这些证据与案件无关,或者通知规定的检查时间和地点不合适,或者存在其他不适当的情况,他必须到法庭提出反对,等候法庭裁决。

一方当事人对另一方当事人所控制的财产的出示要求所涉及的主要问题在于,另一方当事人在什么情况下可以以财产并非处于其占有与控制之下为由,合法地拒绝出示要求。当事人不能将主要证据交给他人以逃避披露要求。如果该当事人能够向财产的实际占有人提出要求并因此获得该财产,就没有理由拒绝检查。[1]

经常出现的另一个问题是,要求对方披露的当事人不能确定哪些文件或物品应当披露。如果有理由,可以指出物品类别并要求披露。[2]因此,在一个货款争议之诉中,原告声称已将货物发送被告,被告可以要求原告披露与货物发送有关的所有文件。在对披露文件的要求做出回应时,一些当事人会交出极其混乱繁杂的文件,以求其所拥有的不利信息不被对方发现,从而使披露丧失意义。为此,《美国联邦民事诉讼规则》作出修改,要求回应一方应当"按照正常商业过程"交出文件,或者"整理文件并予以标注,以符合对方所要求的分类"[3]。

自1991年《美国联邦民事诉讼规则》对第34条第(c)款、第45条进行修改后,非当事人也可以被传唤要求提供文件和其他物品以及接受当事人对其房屋的检查。现在,在特定的情况下,律师也可以和法院的执行官一样自己签发传票。但是律师有义务避免为被传唤者施加不合理的负担或支出,如果违反亦会受到制裁。[4] 对被传唤者的保护被清晰地限定。[5] 法院应对非当事人进行保护,使其不致承受过重的负担。当非当事人以特权为由不予披露信息,他们必须向传唤书上载明的当事人或律师提出明确的书面异议。[6]

---

[1] See, e.g., Kozlowski v. Sears Roebuck & Co.,73F. R. D. 73(D. Mass. 1976).

[2] See Fed. Civ. Proc. Rule 34(b).

[3] Ibid.

[4] See Fed. Civ. Proc. Rule 45(c).

[5] Ibid.

[6] See Fed. Civ. Proc. Rule 45(c)(2)(b),(d)(2).

(五) 要求自认(Request for Admission)

假设一方当事人已经知道某些事实,如果他能获得对方当事人的承认,那么在诉讼中就无须再证明此项事实。

《美国联邦民事诉讼规则》第 36 条"对事实和文件真实性的承认"就服务于此目的。一方当事人可以随时向任何对方当事人提供书面请求,要求他们承认特定争议事实的某些方面或者相关文件的真实性,无需法庭的命令。① 当对方当事人基于其他原因反对自认请求时,在接到要求自认书后,他必须及时向法院做出反对动议。②

接到自认要求书的一方必须宣誓回答,或者否定要求其承认的事项,或者提出他们不能够承认或者否认此事项的具体理由。答复一方也可以以要求不合适为由反对自认请求,或者主张其有免予答复的特权。③ 如果答复方没有在规定的时间做出回应,可以被认为已经承认自认要求书中所提事项。④ 如果没有答复并非出于逃避披露的故意,法院可以给予其救济。⑤ 但这会给要求方带来困难:因为其不能确定他方不予答复是否可视为承认,从而不必再为庭审准备有关问题的证据。修改后的《美国联邦民事诉讼规则》已经克服了这一困难,允许要求方要求法院对答复予以裁定。⑥

但是,根据其他证据开示程序的规定,如果一方当事人拒绝开示事实可以导致不利的判决或者蔑视法庭罪的话⑦,根据《美国联邦民事诉讼规则》第 36 条的规定,被要求自认的当事人如果无理由地否认某事项的唯一惩罚仅仅是偿付收集此证据所需的费用⑧,将导致自认

---

① See Fed. Civ. Proc. Rule 36(a).
② See Fed. Civ. Proc. Rule 45(c)(3)(A).
③ See Fed. Civ. Proc. Rule 36(a).
④ Ibid.
⑤ 参见 e.g., Marshall v. Sunshine & Leisure, Inc., 496 F. Supp. 354(M. D. Fla. 1980),转引自〔美〕杰克·H. 弗兰德泰尔、〔美〕玛丽·凯·凯恩、〔美〕阿瑟·R. 米勒:《民事诉讼法》(第 3 版),夏登峻、黄娟、唐前宏等译,中国政法大学出版社 2003 年版,第 396 页。
⑥ See Fed. Civ. Proc. Rule 36(a).
⑦ See Fed. Civ. Proc. Rule 37(B).
⑧ See Fed. Civ. Proc. Rule 37(C).

条款的使用相对有限。并且,对于那些律师愿意承认的明显无争议的事项,该条规定又显得过于烦琐。实践中,律师通常通过君子协定或者在审前会议中对这些事项进行解决。因此,要求自认程序主要被用来排除无争议事项,而不是用来确认某些事实或者保全证据。尽管在适用该条规定时有矛盾或滥用的现象①,但它仍是一个直接和经济的程序规定。要求承认文件的真实性已被证实是一项非常有效的程序。②

(六) 身心检查(Physical and Mental Examinations)

身心检查是唯一完全处于法院控制下的证据开示方法。

在很多案件中,一个人的身心状况会成为争议焦点。此人或者那些与其关系良好的人就可以查看其现在或者过去的医疗记录。但是,这些记录一般是保密的,对方当事人无法查看。因此,后者需要一种方法能够让他自己的医疗专家有机会观察身心状况存在争议的诉讼参与人,从而为庭审做好准备。如果必要的话,还要让其出庭作证。

传统上,当事人只有义务接受对方当事人提出的身心健康检查的要求。③ 现在,虽然允许对非当事人进行检查,但并非强制性命令。因为要求一个当事人所作的仅仅是努力让另一人接受检查,如果另一人完全拒绝合作,检查的要求会被撤销,也无任何制裁。④

如果不能提供合理的理由从而获得法庭的允许,任何当事人都没有权利要求检查。⑤ 由于身体或者精神状态的检查涉及对当事人隐私权的侵犯,因此除非对相关情况进行认真的考量,否则这种检查不能

---

① See Jack H. Friedenthal, Mary Kay Kane, Arthur R. Miller, Civil Procedure (Second Edition), West Publishing Co., 1993, p. 404; "Developments in the Law-Discovery", Harvard Law Review, Vol. 74, 1961, p. 942.

② See Jack H. Friedenthal, Mary Kay Kane, Arthur R. Miller, Civil Procedure (Second Edition), West Publishing Co., 1993, p. 406.

③ See Advisory Committee Note to the 1970 Amendment of Rule 35 (a), reprinted in 48 F. R. D. 487, 529; Clark v. Geiger, 31 F. R. D. 268 (E. D. Pa. 1962).

④ See Fed. Civ. Proc. Rule 37(b)(2)(E).

⑤ See Fed. Civ. Proc. Rule 35(a).

实施。《美国联邦民事诉讼规则》第35条要求身心检查申请"不能仅仅根据诉辩之中的推断性的陈述,也不能仅仅凭借与本案的关联性"而满足。申请方必须有力地证明检查所要确定的状况的确处于争议之中,每一项特定的检查都有充分的理由支持。①

法庭对检查的时间和地点、检查人和被检查人、检查的范围以及其他例如在检查时谁能在现场出现等细节有广泛的控制权。②

由于身心检查报告所包含的信息的特点和重要性,有特别条款规定对检查报告的交换。即使没有法庭命令而是根据双方的合约,按照开示程序接受检查的一方当事人,也被赋予要求获得包括所有的发现、测试的结果、相关诊断和其他结论的检查报告副本的权利。③

为了确保上述规定的实现,根据《美国联邦民事诉讼规则》第37条的规定,法庭可以实施不同的惩罚措施。如果任何人拒绝回答提问,法庭可以命令他回答;如果拒绝回答没有实质的正当性理由,法庭会要求其承担为了获得法庭命令而需要的合理价金。不遵从法庭命令的当事人或证人可以被认为蔑视法庭。并且,当一方当事人拒绝遵守法庭命令、提供文书资料、允许进入土地或接受身体或精神检查时,法庭在这种情况下享有发布任何其认为正当的命令的自由裁量权。在这些惩罚措施中,法庭被明确地授予在当事人不履行相应义务时,可以拟制特定的事项为真实、不允许进行特定的主张或抗辩,拒绝接受某个证据、判定某一请求对不履行义务方不利,支持或不支持某一动议,给出败诉判决或者命令拘役的权利。但对拒绝身心检查的当事人不可以适用拘役。如果当事人经数次通知仍然拒绝进行口头质询或者没有回应书面质询程序,法庭可以对其作出败诉判决或者驳回诉讼。

---

① See Schlagenhauf v. Holder, 379U. S. 104,118, 85S. Ct. 234, 242-243, 13L. Ed. 2d 152(1964).

② See Fed. Civ. Proc. Rule 35(a).

③ See Fed. Civ. Proc. Rule 35(b).

五、证据开示范围及免证特权

(一) 证据开示的范围

上述讨论的不同的开示方法构成了推进案件事实发现、减少诉讼"竞争"因素的机制。在《美国联邦民事诉讼规则》2000年修正案实施之前,证据开示的范围极其广泛。只要是和诉讼标的相关的,不享有特权的,针对任何问题的任何信息都可以收集,无论此信息是否在审判中具有可采性,只要根据合理推论能够发现具有可采性的信息即可。① 因此,根据《美国联邦民事诉讼规则》规定的字面含义,证据开示的范围宽广到在一个法律体系中人们对关联性所能够想象的边界。② 任何对证据开示如此宽泛的范围限制的质疑可以通过同一条规定的另一条款的表述得以消除:"如果收集的信息显示可以通过合理推断而获得具有可采性的证据,那么不能以此信息缺乏可采性为理由进行反对。"③律师不仅能够利用所有已知的证据开示工具来探寻与诉讼客体有关的任何信息,而且能够收集在法庭中不具备可采性的信息。④

(二) 免证特权

虽然为发现案件事实对证据开示规定了广阔的开示范围,但是为了保护个人的隐私和秘密等利益,这种机制必须有相关的限制功能,基本上存在以下三种对证据开示范围的限制。

---

① See Fed. Civ. Proc. Rule 26(b).
② 当然证据开示的范围不是没有限制的,除了特权规则所涵盖的资料外,法条对对方当事人为诉讼所做准备的工作资料以及专家证言部分规定了严格的开示限制。
③ Fed. Civ. Proc. Rule 26(b)(1)(1991)(amended 2000).
④ 例如,《美国联邦民事诉讼规则》第34条赋予当事人广泛的要求对方当事人甚至案外证人在起诉后的任意时间提交私人记录的权利。

1. 特权规则

特权事项是指那些由证据规则认可的可以归结到特权方面的信息。[①] 声称享有特权的人必须证明特权的存在。受特权保护的事项免予证据开示,以此来保护个人在特定关系中的隐私和秘密。这些事项包括律师和委托人之间的保密特权[②]、医生和病人之间的保密特权[③]、神职人员和忏悔者之间的保密特权[④]、夫妻之间的保密特权[⑤],以及其他特定关系中存在的类似特权。在这些关系中,彼此间的信任关系被认为比在诉讼中完全探究这些信息更为重要。

还有一些作证方面的特定限制,例如反对自证其罪的特权、配偶一方不对另一方作证控告的特权、不得揭露警方线人的特权等。这些特权规则在诉讼中也适用。作为一种政策引向,上述对个人的保护超过了信息不被披露所带来的损害。法律仅仅认为强迫当事人证明自己有过错或者证明配偶有过错是不符合伦理要求的。另外,特权规则的设立目的在于维护一些被认为保密是比在诉讼中探究事实更为重要的社会利益,而不论其证明力如何。[⑥] 然而,作为一项普遍性的规则,如果在证据开示程序中开示了特权事项,那么就不可以在以后的

[①] See Fed. Evid. Rule 501.

[②] See West's Ann. Cal. Code §§ 950-962, cited from Jack H. Friedenthal, Mary Kay Kane, Arthur R. Miller, Civil Procedure(Second Edition), West Publishing Co., 1993, p.404;"Developments in the Law-Discovery", Harvard Law Review, Vol.74, 1961, p.940.

[③] See West's Ann. Cal. Code §§ 990-1007, cited from Jack H. Friedenthal, Mary Kay Kane, Arthur R. Miller, Civil Procedure(Second Edition), West Publishing Co., 1993, p.404;"Developments in the Law-Discovery", Harvard Law Review, Vol.74, 1961, p.940.

[④] See West's Ann. Cal. Code §§ 1030-1034, cited from Jack H. Friedenthal, Mary Kay Kane, Arthur R. Miller, Civil Procedure(Second Edition), West Publishing Co., 1993, p.404;"Developments in the Law-Discovery", Harvard Law Review, Vol.74, 1961, p.940.

[⑤] See West's Ann. Cal. Code §§ 970-973,980-987, cited from Jack H. Friedenthal, Mary Kay Kane, Arthur R. Miller, Civil Procedure(Second Edition), West Publishing Co., 1993, p.404;"Developments in the Law-Discovery", Harvard Law Review, Vol.74, 1961, p.940.

[⑥] See McCormick, Evidence 152(1954).

程序中就此事项再提出特权请求。

越来越多的人开始关注在证据开示程序中对案外人隐私的保护。在此领域,一种"准特权规则"逐渐出现,以防止可能侵犯案外人隐私的信息披露。

2. 工作成果规则(The Work-product Doctrine)

在最初,美国联邦证据开示规则中没有限制对律师工作成果进行开示的规定。然而在此规则实施后不久,对律师工作成果方面信息的开示开始出现问题。在 Hickman v. Taylor 案[①]中,美国联邦最高法院就宽泛的证据开示程序规定了一项司法性例外,认为如果不能证明开示的必要性,对方当事人不能要求开示另一方律师为准备诉讼而获得的信息。这种限制被称为"工作成果"规则,其理念在于任何律师都有权主动调查案件各方面的事实,无论事实对其当事人有利还是不利,都不必担心对方当事人会获得不利的事实并在诉讼中予以利用。相反,每一位律师都应当被鼓励积极调查事实,不要消极等待对方律师从事所有的调查工作。[②] 如果迫使开示律师通过他的诉讼技巧为预期的诉讼收集的信息会导致"低效、不公以及混乱的诉讼"[③]。

律师的工作成果包括两部分:一是律师调查收集的客观资料,二是律师对案件的事实问题和法律问题及其解决方式提出的主观看法。就前者而言,对方当事人只有在满足两个条件的情况下才能要求开示:一是该资料对于其诉讼防御具有必要性;二是除此之外,他很难取得此类材料。满足这两个条件后,经法院批准,当事人可以从事此类开示。但律师对案件问题的主观看法,在任何情况下都受到绝对的特权保护,对方当事人不能够要求开示。

3. 专家证言

在很多案件中,当事人都会聘请专家来帮助他们为庭审做准备。

---

① See 329 U. S 495 (1947), cited from Wayne D. Brazil, "The Adversary Character of Civil Discovery: A Critique and Proposals for Change", Vanderbilt Law Review, Vol. 31, 1978, p. 1298.

② See Jack H. Friedenthal, Mary Kay Kane, Arthur R. Miller, Civil Procedure (Second Edition), West Publishing Co., 1993, p. 407.

③ 329 U. S. 495 (1947).

专家的理论和意见或者基于他所接受的专业训练而得出的特定的论断属于他专业的一部分。① 在美国,证人一般都隶属于一方或另一方当事人,专家证人也不例外。因此对于聘请专家的当事人而言,他并不愿意公开专家的意见。然而对另一方当事人来说,他必须能够确定将要在法庭上出示的意见是什么。《美国联邦民事诉讼规则》第26条第(b)款第(4)项规定了一个开示专家证言的方式:对于出庭专家,其身份、地址及事先所作证词是可以被公开的。聘请该专家的当事人不得保密。但是,对方当事人除非得到聘请该专家的当事人的同意,或者获得法院的特别命令,否则不得对该专家进行庭外录证或者采取其他发现措施。而不出庭专家不能成为证据开示的对象。

六、对证据开示制度的改革

虽然证据开示制度是作为缓和对抗制所固有的缺陷,试图通过合作的方式来发现案件真实而创设的制度,但是具有讽刺意味的是,随着诉讼程序的进行,"旨在削弱程序对抗性的这一特殊手法却导致了更强烈的对抗"②。证据开示程序不可能逃离对抗制的伦理和社会构造、诉讼构造。因此,在司法实践中,证据开示只是将当事人之间的对决从法庭审理阶段转移到了开庭审理之前的阶段而已。对于当事人而言,这样的对决比开庭审理时更为困难,因为"竞技场漫无边际而可能使用的武器也更多种多样"③。而且,一旦经过审前程序,当事人便失去了证据收集的机会,所以在准备阶段能否有优势变得十分重要,以至于双方当事人将主要的精力都放到证据开示程序,从而使整个诉讼呈现出更强烈的对抗,最终导致诉讼花费的成本更高、时间更长、浪费更多以及更难以预见的结果。归结为一点,证据开示程序已经被滥用,成为拖延诉讼、逼迫弱势方接受和解的工具。

---

① See Jack H. Friedenthal, Mary Kay Kane, Arthur R. Miller, Civil Procedure (Second Edition), West Publishing Co., 1993, p.392.

② 〔日〕谷口安平:《程序的正义与诉讼》(增补本),王亚新、刘荣军译,中国政法大学出版社2002年版,第28页。

③ 同上注。

关于法官在民事诉讼中的角色,对抗制的支持者们认为,如果案件的裁判者积极地投身于收集证据,他就会过早地对案件形成难以改变的思想倾向,而这种倾向可能成为最终的判决;也有可能因为对案件过多的参与从而形成对某一方当事人的偏见,甚至不自觉地寻找与自己的最初印象和认识相关的信息资料。"较好的选择方案是由当事人双方分别提供不同的案情假设,从而使案件的裁判者能够以开放的态度来评估证据。""在对抗制中,裁判案件的法官和陪审团被设定为在当事人自己呈示和整理案情之前对案情一无所知。"①

然而,自 20 世纪初期,这种传统上的裁判者消极性的观念受到广泛的批判。越来越多的学者开始主张法官应在诉讼中或者在案件真实的发现、司法效率的提升方面扮演更为积极的角色。

主张案件真实发现者认为,法官的消极角色使诉讼当事人——借由他们的律师——得以操控、滥用程序并扭曲事实。② 最常见的例子是律师对证人的操控。法官在证人询问中的消极角色导致证人在开庭前已经被律师反复地排练、演练,其所说的证词已经被律师精心计算,所显露的信息已经被律师小心控制。这导致事实认定者所听到的证词不是客观全面的证词,而是传唤该证人的当事人希望听到的部分。本希望通过对证人的交叉询问缓解上述问题,但是交叉询问本身也难以解决问题,例如律师通过自身的技巧对证人陈述的巧妙扭曲导致很多潜在的证人逃避出庭作证。上述问题的存在皆在于法官在诉讼中过于消极的角色定位。

面对证据开示程序所带来的问题,美国对证据开示程序的改革也一直在进行,改革的方向是限缩证据开示的范围,加强法官对证据开示的管理。

在提高司法效率方面,《美国联邦民事诉讼规则》第 26 条第(c)款赋予法庭非常宽泛的自由裁量权来保护当事人或其他人免受"烦

---

① 〔美〕史蒂文·苏本、〔美〕玛格瑞特(绮剑)·伍:《美国民事诉讼的真谛:从历史、文化、实务的视角》,蔡彦敏、徐卉译,法律出版社 2002 年版,第 28 页。

② Jerome Frank, Courts on Trial: Myth and Reality in American Justice, Princeton University Press, 1973, pp. 80–91.

恼、尴尬、压迫以及不当的费用和负担"①。

作为一种抑制证据开示滥用的方法,《美国联邦民事诉讼规则》于1980年和1983年被修订。1980年的修订规定了证据开示会议,以资当律师与对方律师不能够共同制订一个合理的计划表时使用。1983年的修订使法庭在证据开示出现不合理的重复、压迫或与案件中涉及的事项不相称时,可以有明确的限制证据开示的权力。②"经营诉讼"的概念被不正式地提出。

当证据开示出现潜在的骚扰当事人的可能时,法庭也可以将证据开示限定在某些特定的事项上,直至这些事项被清晰地证明,并非常明确有必要转向下一个问题。

法庭还有权力控制证据开示的时间、地点以及证据开示的范围,可以就证据开示的记录方式发布命令。特定情况下,在证据开示的程度是否合适方面,法庭也是富有创造力的。在所有的这些方面,法庭可以规划和限制通过证据开示进行符合规定的公开的信息交换,同时保证证据开示过程只是被用于诉讼的目的而不是其他。

虽然不能说完全消除,但美国联邦法院以及大多数州法院使用的证据开示规则已经减少了基于诉讼突袭战略而导致的诉讼胜利。同时也毫无疑问的是,尽管规则已经赋予法庭各种不同的方法以制止对当事人的骚扰或其滥用证据开示程序的做法,但是证据开示仍然被滥用。提取大量的书面文件以及进行大量的不必要而又烦琐的质询已经大幅地提高了诉讼成本。大公司及个人都受困于证据开示的滥用。不管是什么原因,当证据开示不是被用来发现案件事实,而是被当作强迫当事人和解的工具时,司法正义便遭到颠覆。

所以在1991年8月,美国司法会议司法规则和程序委员会(the Committee on Rules of Practice and Procedure of the Judicial Conference of the United States)又提出了一个对证据开示程序的修正案,在1993

---

① 《美国联邦民事诉讼规则》第26条(b)款(1)项在1983年被修订,以鼓励法官在判定和消除对证据开示滥用时的积极角色。《美国联邦民事诉讼规则》现在明确规定,法庭如果认为证据开示存在不合理地增加次数或者相关信息可以通过其他更方便的方式获得;或者利用证据开示程序的一方当事人已经有充分的机会来获得信息;或者证据开示会给当事人带来过重的负担或者过分昂贵时,应当对上述证据开示进行限制。

② See Fed. Civ. Proc. Rule 26(b)(1).

年获准修法。

通过这次修订,自动的信息披露程序被制定。双方当事人都有义务在诉讼初期、无须正式的证据开示请求即主动地披露案件的核心材料。① 并且除非另有规定,根据《美国联邦民事诉讼规则》第30条和第33条第(a)款的规定,每一方当事人应当将询问限制在10次,将质询限制在25次。自动的信息披露进一步弱化了准备程序中的当事人对抗性。这些修正加快了基本信息交换的进度,减少了诉讼费用。

2000年,《美国联邦民事诉讼规则》就审前证据开示规则进行了又一次的修订。经过此次修订,律师和法官的行为有了根本性的变化。例如,2000年的修正案缩小了当事人有权进行的证据开示的范围。② 关于证据开示范围的改变主要有以下两个方面:① 加强司法管理,使法官更积极地介入证据开示程序;② 鼓励律师将证据开示用于诉讼的核心问题。③

新的制度试图通过创设两种咨询委员会,区分"律师管理"及"法庭管理"的不同类型的证据开示来进行角色的转化。④ 这种新的分类系统是否能从根本上改变律师和法官的行为角色仍然存在争议。但可以确定的是,它会引发对证据发现的争辩,激起解决争议的行动,带来诉讼程序的变化。⑤

新规定还对相关规定进行修订,规定当事人在证据开示请求发出前的强制的信息披露义务。⑥ 与1993年对第26条第(a)款增加了原有的强制披露条款类似,这次的修改目的也在于改变律师和法官的行为角色。强制的信息披露规则第一次在所有地区适用。最后,对《美国联邦民事诉讼规则》第30条进行了修改,将笔录证言限定为一天7小时。

这次修订代表了美国对证据开示制度已经遵循了数十年的基本

---

① See Fed. Civ. Proc. Rule 26(a)(1).
② See Morgan Cloud, "The 2000 Amendments to the Federal Discovery Rules and the Future of Adversarial Pretrial Litigation", Temple Law Review, Vol. 74, 2001, p.27.
③ Ibid.
④ Ibid.
⑤ Ibid.
⑥ Ibid.

概念的背离。① 这些修改所产生的原则预示着未来对证据开示可能进行更根本的改变。

从这次修订可以看出，《美国联邦民事诉讼规则》试图改变传统的由律师控制的对抗制的审前程序，加强法官角色的积极性以进行活跃的诉前管理。从提高诉讼效率的角度，此次修订也强调法官在审前程序中积极介入对案件的管理。

通过以上分析和研究，我们会发现证据开示程序本身有很多非常明确的特点。

第一，美国的民事诉讼程序是对抗制的民事诉讼程序，通过当事人的自由对抗来发现案件事实和促进诉讼的进行。同时，美国的民事诉讼程序由审前阶段和庭审阶段这两个互相独立又互相关联的阶段组成。陪审制的存在决定了美国民事诉讼程序结构的独特性。

第二，证据开示程序是一种由律师主导，由当事人和律师收集提供法庭审判的事实依据的制度体系。仅由律师对事实调查负责。律师被授权负责证人宣誓作证，审查文件以及要求对书面质询作出回答。法庭仅仅在最低限度上监督律师职权的行使并让他们遵守收集信息的要求。只有在特定的情况下，司法官才会对证据开示进行指示。所以美国的法官在诉讼中的角色是消极的，主要在对立的律师中间担任裁判员的角色。

第三，证据开示范围广泛，任何与案件有关的信息都可以通过证据开示程序收集，目的是最大限度地发现案件真实。但是经过多年的诉讼实践，越来越多的有关证据开示程序的缺陷被发现。自由的证据开示规则已经被严重滥用。因为诉讼程序被分成审前阶段和庭审阶段，所以双方当事人必须对整个案件以及有可能在审判中出现的任何问题进行证据收集和调查。因此，收集最大数量的文字资料、进行数目巨多而又无用的质询已经大幅提高了诉讼成本。不论是实力雄厚的大公司还是个人都遭受了证据开示程序滥用之苦。不论出于什么原因，如果证据开示不被用来发现事实，而是成为迫使当事人解决案件的手段的时候，正义就会被颠覆。

---

① See Morgan Cloud, "The 2000 Amendments to the Federal Discovery Rules and the Future of Adversarial Pretrial Litigation", Temple Law Review, Vol. 74, 2001, p. 27.

第四,证据开示程序是为完善对抗制的固有缺陷而创设的制度,但又深陷对抗制的泥淖中。在对抗性的事实发现程序中,证据开示和审判程序所导致的高昂的费用及其复杂性,使律师有机会并刺激其影响证人作证的问题是不可避免的。

第五,过重的证据开示的负担和过度的诉讼迟延源于烦琐的异议和有意的延误。这些问题虽然严重,但可以通过在现有的诉讼结构中正确的诉讼管理予以解决。为改善对证据开示程序的滥用,美国通过修法限制证据开示的范围,通过提高法官的积极性来加强对证据开示程序的规划和管理。"诉讼经营"理念出现。

第六,虽然证据开示程序存在诸般缺陷,但它给双方当事人提供了最全面的方法收集证据,为当事人收集对方当事人及案外人所占有的证据提供了六种详细、明确、具体的途径,同时针对不同的情形规定了不同的惩治手段以保证相关人员都能够遵守证据开示规则。证据开示程序在美国的民事诉讼中扮演着主要的角色。通过在证据开示程序中设置的不同方法,当事人在审前即能够最大限度地收集与案件相关的信息。即使不能够消除基于诉讼突袭战略而在审判中获胜,至少也能够减少此种情况的发生。

第三章 德国证据收集制度

一、从自由主义的民事诉讼到社会的民事诉讼①
——德国民事诉讼法的历史沿革

随着1848年的资产阶级民主运动,封建贵族和农奴制度受到了一定的冲击,工业快速发展,消除封建割据、实现国家统一成为德意志民族的首要任务。自1864年起,经过三次战争,德国终于在1871年完成统一,并进行了大规模的法律创制活动。

近代德国法的发展可以分为三个阶段。一是德意志帝国时期近代法律体系的建立阶段(1871—1918年),二是德意志共和国时期法制的重大发展与蜕变阶段(1919—1945年),三是德意志联邦共和国时期法制的重建与现代化阶段(1949年以后)。② 探讨德国民事诉讼法的发展史,主要从这三个阶段进行。

(一) 德意志帝国时期——自由主义民事诉讼时代

国家在社会生活中的角色的不同历史时期决定了诉讼的类型,自由主义时代创造了《法国民事诉讼法典》和《德国民事诉讼法典》。

在德意志帝国建立后不久为制定德国统一程序法而发布的《德国民事诉讼法典》中,法官主导并不存在。当时的德国法受法国自由主义思潮的影响,具有较强的当事人主义色彩。③ 根据自由主义的民事

---

① 参见〔德〕鲁道夫·瓦瑟尔曼:《社会的民事诉讼——社会法治国家的民事诉讼理论与实践》,载〔德〕米夏埃尔·施蒂尔纳编:《德国民事诉讼法学文萃》,赵秀举译,中国政法大学出版社2005年版,第86页。

② 参见何勤华、贺卫方主编:《西方法律史》,法律出版社2006年版,第200页。

③ 参见吴杰:《辩论主义与协同主义的思辨——以德、日民事诉讼为中心》,载《法律科学(西北政法学院学报)》2008年第1期。

诉讼理论,诉讼是由"国家对争议案件不享有利益这一基本原则"决定的。① 当事人之间互相冲突的利益通常情况下并不与国家利益相一致。国家希望通过诉讼程序,在当事人的利益之间寻求正当平衡。因此,与刑事诉讼相比,国家并不过多地参与民事诉讼程序,只有在当事人想寻求国家帮助时,民事诉讼程序才会开启。同时因为当事人是为了自己的利益而争议,因此国家可以期待当事人在实现其权利的时候发挥自己的积极性。②

基于这样的法律思想,民事诉讼的立法者由此得出结论:"国家在民事诉讼中的任务实质上仅在于,对当事人提出的证据进行评价以及对当事人证明的事实情况适用法律。国家具有的只是帮助性的、服务性的职能。"③

因此,1877年《德国民事诉讼法典》的立法者是从个体利益的角度来对待民事诉讼。在他们看来,诉讼是"私事",因此,反映在民事诉讼程序构建上,与美国民事诉讼法相似,"根据法典的基本意旨,双方当事人享有绝对的权利管理诉讼,决定和明确纠纷的内容、案件的程序和审理期限"④。

但基于双方当事人的自由处分权,这一程序完全成为当事人利用诉讼策略拖延诉讼的理想工具。⑤ 歌德曾经在其自传《诗与真理》一书中这样描述德意志帝国最高法院的诉讼程序:"让人难以容忍的垃圾文件堆每年都在膨胀和增长,因为17个法官在任何时候都无法跟上这种增长。2万件案件已经被堆积,每年只能处理60件,第二年又

---

① 参见〔德〕瓦赫:《关于帝国民事诉讼法的演讲》(第2版),1896年版,第2、53页,转引自〔德〕汉斯·弗里德黑尔姆·高尔:《民事诉讼目的问题》,载〔德〕米夏埃尔·施蒂尔纳编:《德国民事诉讼法学文萃》,赵秀举译,中国政法大学出版社2005年版,第32页。

② 参见〔德〕沃尔弗拉姆·亨克尔:《程序法规范的正当性》,载〔德〕米夏埃尔·施蒂尔纳编:《德国民事诉讼法学文萃》,赵秀举译,中国政法大学出版社2005年版,第11页。

③ 同上注。

④ Peter Gottwald, "Simplified Civil Procedure in West Germany", The American Journal of Comparative Law, Vol. 31, 1983, p. 687.

⑤ See Baumbach, Lauterbach & Hartmann, Zivilprozessordnung, Einl, I (40th ed, 1982), cited from Peter Gottwald, "Simplified Civil Procedure in West Germany", The American Journal of Comparative Law, Vol. 31, 1983, p. 688.

有成倍的案件涌进来。并且,很多的权力滥用也阻碍着正义的进程。"①

(二) 德意志共和国时期——社会的民事诉讼理论形成期

自19世纪上半叶开始,德国社会发生了深刻的变化,高度工业化、高度组织化的社会逐渐形成。变化主要发生在以下几个方面:

由于生产力水平发生了变化,经济关系也因此发生了根本性的改变。商品交换从简单的交换发展出了复杂的依赖性关系。在经济发展中的赢家根据自己的主导地位将自己的条件强加给经济上的弱者。独立者的数量剧减,依赖者的数量剧增。

随着市场的发展,社会分工的细化促进了市场中人们彼此间的依赖性,高度的竞争进而促进了利益共同体之间通过共同决定、市场约定和垄断的手段扩展自己的竞争力。不同的利益共同体之间的斗争也开始加剧。雇员通过工会组织反抗有组织的资本力量,消费者对抗制造商。"在一再高度专业化、组织化和官僚化的过程中人们彼此日渐疏远。但是以这样的方式将有组织的大众社会联系起来的网络是如此的稠密,以至于个体已经无法逃脱其控制,甚至个体的反抗看起来也像是愚蠢的狭义行为。"②

相应的,社会的价值观念也发生了变化。组织起来的群众开始关注自己政治上的地位,并且要声明自己的要求。贫穷及社会的不平等已变成了社会问题。人们可以通过个体发展、决定并自我负责的领域已经越来越小。曾经的自由主义观念,即在自由的力量毫无阻碍的运转过程中将会自行出现社会的和谐和大多数人的最大的幸福的观念

---

① Goethe, Dichtung und Wahrheit, 3rd part, 12th book, see Goethes Werke (Erich Trunz ed.), 13th ed (1999), Vol. 9, p. 530, mn. 15-21. Cited from Peter L. Murray, Rolf Stürner, German Civil Justice, Carolina Academic Press, 2004, p. 27.

② 〔德〕鲁道夫·瓦瑟尔曼:《社会的民事诉讼——社会法治国家的民事诉讼理论与实践》,载〔德〕米夏埃尔·施蒂尔纳编:《德国民事诉讼法学文萃》,赵秀举译,中国政法大学出版社2005年版,第87页。

开始被认为是一个幻觉。①

经济关系和社会价值观念的变化导致政治制度不得不发生变化。相对于抽象的自由,人们要求在现实生活中真正实现所有公民的自由。但是如果还像以前一样认为国家"只为社会生活提供法律框架"而不关注框架内的内容,所有公民的真正自由是无法实现的。法律创设的所谓形式上的平等不仅没有根除不正义、不自由、不人道和不平等的现象,相反却在一定条件下增加了这些现象。"如果需要实现人类自由和社会正义,如果应当存在更多的自由和社会正义以及更少的不人道和不平等,那么,就不允许国家只是观望社会冲突,相反它必须积极地干预经济制度和社会制度,以便针对强者来保护弱者,根据更美好的生活模式来塑造我们的制度以至于所有的社会阶层都会将其视为是正当的。"②

回应时代的要求,两位奥地利法学家唤醒了人们对于自由主义的社会观的批判。安东·门格通过于1890年发表的抨击性文章《民法和无产阶级》,最先将法律世界的关注对象转移到社会的贫穷阶层。他对当时的民事诉讼法进行了强烈的批判,认为:"我们已经将民事司法领域完善到了这样的地步,以至于对大多数公民而言它根本就是不可企及的。"③他也在一定程度上将这些引入法律中,要求在民事立法和民事司法中倾听穷人的呼声并保护弱者的地位。他明确地要求通过法官为每个国民,尤其是为穷人做法律上的教导,并且要求强化法官在诉讼中的权力。④

而弗兰茨·克莱恩(Franz Klein)在门格的影响下走得更远,对自由主义诉讼模式进行了强烈的批判。他以有关法律规范的社会观点为出发点,认为必须让社会中的所有阶层都能够使用诉讼。他同门格一样也对自由主义模式下的所谓形式平等进行了批评。"不能只是通过形式上的法律平等——这只会剥夺经济上弱者的权利——来保证

---

① 参见〔德〕鲁道夫·瓦瑟尔曼:《社会的民事诉讼——社会法治国家的民事诉讼理论与实践》,载〔德〕米夏埃尔·施蒂尔纳编:《德国民事诉讼法学文萃》,赵秀举译,中国政法大学出版社2005年版,第87页。

② 同上书,第88页。

③ 〔奥〕安东·门格:《法律和无产阶级》(第4版),蒂宾根,1908年版,第31页。

④ 同上注。

所有的社会阶层都可以使用诉讼,而是要照顾经济上处于弱势的群体,因为根据经验来看,诉讼运转上的障碍给这些人(不平等地)造成的不利比给那些拥有充裕的资金的企业造成的不利更大。"[1]他认为,在自由主义民事诉讼模式下,对于"不精通法律而又没有熟知法律的朋友可供委托的穷人而言,当事人的权限及其对诉讼材料的支配根本就是'一个很容易伤害到其自身的武器。因为当事人不知道如何使用这些武器,所以当他希望运用这些武器成功地反驳对手时就常常会伤害到自己'"[2]。

在克莱恩看来,诉讼绝不是供个人仅出于自身利益和为了实现权利而使用的设施,国家的行为也涉及保护社会的福祉。"现代的国家……将很难在诉讼法中永久毫无掩饰地只坚持个人主义的法律目标",相反,现代的国家必须清楚,"诉讼是不可或缺的国家福利设施,所有的个人和团体都感兴趣的是:如何能够成功地防御和主张法律利益——个人幸福的前提?"[3]

克莱恩也批判法官的消极性。他认为,当事人出庭以及法官的诉讼指挥义务和阐明义务扮演着关键性的角色。代替坚持"完美的、毫无感情的震惊和无动于衷"——即便看到了寻求法律救济者的渴望救助的目光[4]——的法官应当是"像日常生活中的普通人一样在日常事务中探询、研究、发现真实并且作出判决"[5]的法官。诉讼就是"以特定的结果为目标的多人之间的精神上的合作"[6]。

克莱恩将真实放到了诉讼的核心位置。[7] 他认为,在民事诉讼中起决定作用的仅仅是所谓形式上的真实而不是实体上的真实的观点看起来是与诉讼的社会职能相矛盾的——"诉讼是确定实体真实的手

---

[1] 〔奥〕弗兰茨·克莱恩:《奥地利民事诉讼》,曼海姆—柏林—莱比锡,1927年版,第193页。

[2] 〔奥〕弗兰茨·克莱恩:《为了将来——对于奥地利民事诉讼改革的思考》,莱比锡和维也纳,1891年版,第19页。

[3] 〔奥〕安东·门格:《法律和无产阶级》(第4版),蒂宾根,1908年版,第25页。

[4] 〔奥〕弗兰茨·克莱恩:《为了将来——对于奥地利民事诉讼改革的思考》,莱比锡和维也纳,1891年版,第19页。

[5] 同上注。

[6] 同上注。

[7] 同上注。

段,并且必须如此,否则诉讼就缺乏社会正当性"①。

克莱恩通过下面这一观念克服了自由主义诉讼观点中的个人主义,即在民事诉讼中不仅仅涉及当事人而且也应当在个人主义和公共福祉之间架起一座桥梁。代替被规范的诉讼角逐——即当事人双方在消极的法官的监督下进行战斗——的概念,出现了照顾和国家救助的思想:国家的救助并不是在作出判决时才提供的权利保护,而是应当自程序的第一步起就提供救助。② 这并不意味着因此要放弃民事诉讼(当事人相互)对立的特点,依然——理所当然地——保留由当事人发动诉讼。是否将法律争议提交法院,听凭当事人自行决定。但是如果当事人要求法院给予救济,那么他就应当在考虑到诉讼的任务——尽可能正当地、迅速地消除已经产生的冲突——的情况下做这一切。

对于诉讼结构而言,这意味着告别了对诉讼过程和诉讼材料实行毫无限制的当事人主义——当事人主义决定自由主义的诉讼。③

总之,克莱恩认为,随着当时社会产业化、工业化的发展,导致当事人地位对等性以及互换性的丧失。因此,在诉讼程序的形成上,法官应通过积极参与来加以调整和平衡,以此规范当事人在社会经济地位上的差异,并调整在诉讼程序过程中当事人力量的不均衡。④ 克莱恩的理论影响了1895年至1898年的奥地利民事诉讼法,并在同时期的《奥地利民事诉讼法典》中得到了集中体现。

因此,在受困于民事诉讼冗长程序的律师的要求下,参照《奥地利民事诉讼法典》,《德国民事诉讼法典》在1909年进行了首次修订。然

---

① 转引自〔德〕鲁道夫·瓦瑟尔曼:《社会的民事诉讼——社会法治国家的民事诉讼理论与实践》,载〔德〕米夏埃尔·施蒂尔纳编:《德国民事诉讼法学文萃》,赵秀举译,中国政法大学出版社2005年版,第93页。

② 参见〔奥〕约瑟夫·埃塞尔:《弗兰茨·克莱恩,一位法律社会学家》,载《奥地利民事诉讼法五十周年纪念文集》,维也纳,1948年版,第35页以下,转引自〔德〕鲁道夫·瓦瑟尔曼:《社会的民事诉讼——社会法治国家的民事诉讼理论与实践》,载〔德〕米夏埃尔·施蒂尔纳编:《德国民事诉讼法学文萃》,赵秀举译,中国政法大学出版社2005年版,第91页。

③ 参见〔德〕鲁道夫·瓦瑟尔曼:《社会的民事诉讼——社会法治国家的民事诉讼理论与实践》,载〔德〕米夏埃尔·施蒂尔纳编:《德国民事诉讼法学文萃》,赵秀举译,中国政法大学出版社2005年版,第91页。

④ 参见吴杰:《辩论主义与协同主义的思辨——以德、日民事诉讼为中心》,载《法律科学(西北政法学院学报)》2008年第1期。

而,基于自由主义在人们思维中的惯性,这次修订只确定了优先的目标——即仅仅针对初级法院程序。此次修订中规定法院有权采取一定的准备措施,例如勘验、传唤证人、补充准备书状等。此次修订的第502条也规定了法院有义务在未经对方当事人申请的情况下讨论案件情况和争议情况。这些都是在加强法官的积极性并以此限制当事人主义。① 法官也开始通过固定一个很早的期限进行首次听审程序来管理诉讼。但是,由于对诉讼请求设定最后期限的可能性完全取决于法官的自由裁量,这次修订被证明失败了。②

1924年,德国进行了第二次改革即所谓的"埃明格尔规则"(Emminger Act),打破了程序自由的观念,带来了根本性的改变。在《奥地利民事诉讼法典》的影响下,当事人主义原则被限制,法官的权力得到了加强,强化了程序的集中。关于法官进行期日准备的规定以及法官的讨论义务,《德国民事诉讼法典》通过第272b条和第139条适用于州法院的诉讼程序中,法官被允许运用其影响力来鼓励当事人正确的申请,以及提供充分的证据。在那个时候,法律规定所有的审判法庭应当对案件进行准备以便通过一次庭审即可完成诉讼程序。③ 在故意拖延的情况下,法官有权不受限制地驳回迟延提出的攻击和防御手段。同时,《德国民事诉讼法典》限制了当事人变更诉讼请求的权限,将法官的驳回权限变成了驳回义务。

"埃明格尔规则"的实施,从根本上加强了法官在案件事实阐明上的权限,通过规定当事人强制出庭也促使法官可以一再地对当事人本人进行发问。④

由于法官对适用何种具体的措施来准备诉讼完全取决于法官的

---

① 参见[德]鲁道夫·瓦瑟尔曼:《社会的民事诉讼——社会法治国家的民事诉讼理论与实践》,载[德]米夏埃尔·施蒂尔纳编:《德国民事诉讼法学文萃》,赵秀举译,中国政法大学出版社2005年版,第96页。

② See Stein, Der erste Verhandlungstermin nach der neuen Civilprozessordnung, 1900, DJZ 33, 34 cited from "Peter Gottwald, Simplified Civil Procedure in West Germany", The American Journal of Comparative Law, Vol. 31, 1983, p. 688.

③ Ibid.

④ 参见[德]鲁道夫·瓦瑟尔曼:《社会的民事诉讼——社会法治国家的民事诉讼理论与实践》,载[德]米夏埃尔·施蒂尔纳编:《德国民事诉讼法学文萃》,赵秀举译,中国政法大学出版社2005年版,第96页。

自由裁量,而大多数法官非常小心而保守地履行责任并进行问题的确定,会对在判决前开示他们的法律观点感到担忧①,所以在1933年,对《德国民事诉讼法典》的再次修订得以实现。由于纳粹党获得权力,他们开始挑战个人主义以及自由的程序的概念,从而使这次修订的理论基础不再是所谓的"诉讼竞技理论",而是将诉讼程序作为公共福利。② 通过这次修订,当事人的真实义务被引入,当事人诉讼的概念被取消。"任何诉状、传唤以及法庭的正式通知现在都由法庭命令,一般通过邮寄来进行,所有的会议日期都由法庭决定。"③

经过上述修订,《德国民事诉讼法典》获得了与1877年最初颁布时完全不同的内容。程序方面的当事人主义被废除了,当事人对诉讼材料的决定权也受到了极大的限制,社会诉讼观点得以实现。1931年《德国民事诉讼法典(草案)》本身清楚地表达了发生了变化的诉讼基本观念:

"即使人们必须像以前一样承认,在民事诉讼中涉及的是当事人的私法权利,当事人有权对该权利自由处分,因此必须由当事人决定,是提出请求权还是放弃请求权,以及为了证明自己的申请的正当性将提出哪些实事和证据;另一方面人们还是在比以前更广的范围内突出了下面这种观念:民事诉讼作为国家的法律设施,属于公法范围。而完全由当事人的意愿来决定诉讼过程的速度,允许当事人通过缺席或者拖延辩论准备而使得法院已经为其付出了劳动的期日受阻,并且因此给所有的诉讼参与人造成很不经济的力量消耗,所有这些都是与上面的这种认识相矛盾的。相反,对权利保护设施的成功运转负责的国家必须能够在更广的范围内对诉讼的进展施加影响,而不仅仅是实施那些为了保证诉讼过程的迅速运转所必不可少的措施。起决定作用的既不是促使人们界定法官权力同当事人权利的实践性考虑,也不是民事诉讼法产生的时代的世界观态度和经济政策态度。在公共生活所有领域中的人们很早就已经放弃了自由放任的原则,并且认识到,国家有权利也有义务为个人利己主义的自由活动确定界限,只要公共

---

① See Stein, Der erste Verhandlungstermin nach der neuen Civilprozessordnung, 1900, DJZ 33, 34 cited from "Peter Gottwald, Simplified Civil Procedure in West Germany", The American Journal of Comparative Law, Vol. 31, 1983, p. 688.

② Ibid.

③ Ibid., p. 689.

福祉要求这样做。"①

《德国民事诉讼法典》经过多次修订,当事人对诉讼的主导被一步步削弱,从而被法庭对程序的主导替代。阐明权转变为阐明义务,当事人的真实义务被引入,法官也可以强制当事人出庭接受询问。通过法官和当事人之间的协作发现案件真实,促进诉讼快速进行的理念得以确立。

(三) 德意志联邦共和国时期的民事诉讼改革——通过审理集中化的简化和加速

在斯图加特模式(Stuttgart model)被引入前的很长一段时间内,起诉以及随之而来的申请都在法官的自由裁量权范围内,经常会导致诉讼的暂停。即使1924年颁布所谓的斯图加特法令使法官肩负一般性责任,可以利用自身的影响鼓励适当的申请、明确的指控和充分的证据②,具体的准备措施也仍然在法官的自由裁量权范围内。大多数法官仍然坚持以保守和谨慎的态度来确定相关事项。第二次世界大战以后,冗长的诉讼程序再一次被看作正义实现的障碍。为加速诉讼的进行,斯图加特模式被引入并随后被其他法庭成功实行。③

斯图加特模式的基本理念在于将一系列的正式听审程序转换为准备书状和一次真正的口头听审程序。证据的出示通过一次连续的法庭听审来进行。双方当事人必须对案件进行充分的准备,以至于可以期待通过一次庭审即可彻底解决案件并能得出最后的判决。双方当事人为了自己的利益应通过与法庭的合作来进行案件的准备,否则法庭会驳回他们延迟的争议。通过这种模式的实践,法庭获得了很好的效果。德国在1976年12月3日通过了《简化修订法》,于1977年7月1日生效。

---

① 〔奥〕安东·门格:《法律和无产阶级》(第4版),蒂宾根,1908年版,第255页以下。

② See Peter Gottwald, "Simplified Civil Procedure in West Germany", The American Journal of Comparative Law, Vol. 31, 1983, p. 689.

③ See Herbst, Die Verbreitung der Hauptverhandlung in Zivilsachen in Bayern, in Bender, Tatsachenforschung in der Justiz 167(1972) cited from Peter Gottwald, "Simplified Civil Procedure in West Germany", The American Journal of Comparative Law, Vol. 31, 1983, p. 689.

《简化修订法》将连续多次的庭审转变为由书面准备程序与一次口头庭审组成的审理方式。除了书面准备程序，法官还可以选择"早期首次期日"为言词辩论做准备。

由此可以看出，尽管在德国民事诉讼程序中没有美国所谓的独立的审前程序，但是现在的《德国民事诉讼法典》提供了两种起诉后法官对案件进行管理的措施。原告递交起诉状提起诉讼后，法官根据个人的工作方式或经验，可以自由选择书面准备程序或者选取一个早期首次言词辩论期日。这两种程序设置的目的在于尽可能充分快速地对案件进行审前的准备，从而使法官能够通过一次集中听审即可以进行判决。在这两种程序中，立法者对法官施加的主要责任在于尽快地促进诉讼。自从采用《简化修订法》以来，州法院的普通程序仅持续6个月左右，对于争议较大的案件作出判决需要9个月左右。[1] 因此改革成绩斐然。

德国的立法者试图在诉讼程序中引入一定程度上如美国诉前程序般的准备程序阶段，如果纠纷在这两种程序中不能够被解决，在法官的控制下，程序进入主听审阶段，通过一系列的口头辩论和证据调查，法官作出最终的判决。所以在德国，证据收集机制贯穿于整个诉讼程序直至主听审结束。

二、通过当事人之间和法院之间的合作推进案件事实的发现
—— 民事诉讼的目的对证据收集制度的影响

立法要以一定的指导目标为出发点，要根据该目标来衡量所要制定的规则。"因为有关诉讼目的的观点迫使人们得出了有关程序塑造的结论。如果人们将诉讼的主要目的视为维护法律规范，那么将会得出下面这样的结论：在法院的裁判中必须不问当事人行为而考虑法律规范；另外这也将导致法院的职权调查优先于(当事人的)提出原则。

---

[1] See Peter Gottwald, "Civil Procedure Reform in Germany", The American Journal of Comparative Law, 1997, No.4, p.761.

相反如果人们强调将权利保护的观念作为诉讼目的,那么就必须为当事人提供可以对诉讼进行处分的自由空间。"①由此可以看出,不同的诉讼目的观决定着不同的程序塑造,德国民事司法体系根植于德国关于民事诉讼的性质和目的的特定概念以及民事司法在社会中所扮演的角色。

随着历史的发展,私力救济被国家禁止后,国家通过设立更加科学的民事司法制度来保护公民及恢复他们受损害的权利。尽管和其他的民事司法体系类似,德国民事司法制度也有多重目的和功能,但它的主要目的和功能在于认定和实现私人的法律权利和义务。②"属于民事司法最重要的任务是:确认个体在诉讼中所主张的(私)权利是否存在。"③"国家只有在自己能够确定利用法律来保护当事人的权利的时候才能够禁止私力救济。借此国家满足了它最重要的任务之一,一个世界上最有意义的文化任务。因此,民事审判的目的在于决定和实现客观权利。"④对于法官来讲,仅仅提供一个和平的争议解决方式是不够的,法官必须作出在实体法上正确的判决。

为了保护和实现客观权利,从而作出在实体法上正确的判决,发现案件事实真相便成为德国民事诉讼的最重要目的。《德国一般法院法》第10条将"法官的义务"规定为"以最可靠的、最简捷的途径探究和查明作为基础的事实的真相"。该法第34条规定,"所有其他的详细确定了法官的指示程序的规定以及法官在此过程中需要采取的步骤都应被视为仅仅是实现目标的手段,必须服从于彻底地、全面地、尽可能迅速地查明真相这一目的"⑤。

---

① 德国联邦司法部编辑:《民事法院裁判权改革准备委员会报告》,1961年版,第166—167页,转引自〔德〕汉斯·弗里德黑尔姆·高尔:《民事诉讼目的问题》,载〔德〕米夏埃尔·施蒂尔纳编:《德国民事诉讼法学文萃》,赵秀举译,中国政法大学出版社2005年版,第23页。

② 参见〔德〕汉斯-约阿希姆·穆泽拉克:《德国民事诉讼法基础教程》,周翠译,中国政法大学出版社2005年版,第4页。

③ 同上书,第7页。

④ Peter L. Murray, Rolf Stürner, German Civil Justice, Carolina Academic Press, 2004, p.153.

⑤ 〔德〕汉斯·弗里德黑尔姆·高尔:《民事诉讼目的问题》,载〔德〕米夏埃尔·施蒂尔纳编:《德国民事诉讼法学文萃》,赵秀举译,中国政法大学出版社2005年版,第22页。

什么是案件真实,真实能否仅仅是"形式真实"?持形式真实观的学者瓦赫认为,确定真相并不是民事诉讼的目标,而仅仅是"偶然的后果",只有在职权主义诉讼程序中才可以考虑将实体真实作为诉讼目的。① 针对瓦赫的观点,德国后来的学者认为,如果在民事诉讼中仅仅应当实现"形式真实",那么这将极大地损害民事诉讼作为权利保护制度的威信。(瓦赫的形式真实观)完全否定了民事诉讼是权利保护制度,形式真实这一概念是中世纪学者诉讼——在该诉讼中法官受严格的证据规则和宣誓规则的约束——的经院哲学的遗留物。随着引入直接审理原则以及法官的自由证据评价,这一概念已经失去了意义。②

将确定案件真实作为民事诉讼的目的,在程序构造的选择上必须以发现案件真实为设计方向。为此,德国民事诉讼法选择了辩论主义。

就辩论主义的具体内涵,学说上一般将其具体划为三个不同的命题。

第一,当事人未提出的"主要事实",法院不得以此作为判决的基础。由于辩论主义仅规范当事人与法院之间在裁判资料提出的权能及责任分配问题,并不处理当事人之间裁判资料的提出责任问题,基于此规定,法院只是不得将裁判的基础限于双方当事人都未提出的"主要事实",但可以合理推定,虽然本该主张此事实的当事人没有提出主张,而是由不负主张责任的当事人提出,法院仍然应当将其作为判决的基础。

由于当事人不一定知法,如果诉讼当事人所主张的事实与证据所显露出的事实相异时应该如何解决呢?对此,德国等大陆法系国家和地区通过使"知法"的法院负担"阐明义务",从而保证当事人的主张在最后得以与其所主张的证据相吻合。

第二,辩论主义的第二个命题在于对于当事人之间已经自认的事实,负担举证责任的当事人对此无须再举证,法院也应当受当事人自

---

① 参见〔德〕瓦赫:《演讲》,1897年版,第149页,转引自〔德〕汉斯·弗里德黑尔姆·高尔:《民事诉讼目的问题》,载〔德〕米夏埃尔·施蒂尔纳编:《德国民事诉讼法学文萃》,赵秀举译,中国政法大学出版社2005年版,第34页。

② 参见〔德〕汉斯·弗里德黑尔姆·高尔:《民事诉讼目的问题》,载〔德〕米夏埃尔·施蒂尔纳编:《德国民事诉讼法学文萃》,赵秀举译,中国政法大学出版社2005年版,第34页。

认的拘束,将其作为判决的基础,而不得进行相反的认定。这一命题在德国主要通过自认制度进行相关的规范。

第三,法院不得依职权主动调查证据,其可以调查的证据以当事人申请的为限。① 也就是说证据收集属于当事人的责任,法院不能就讼争的事实主动介入依职权调查证据。一般而言,法院之职权介入仅限于为弥补法院自身专业知识不足而聘请鉴定人以及对当事人指定的证人的询问。②

除了以上三个命题外,传统的辩论主义还延伸出一个最为重要的原则:民事诉讼的当事人无义务提供对对方当事人有利的证据事实。诉讼当事人必须但也仅就自己的主张及支持其主张的证据负提出责任。因此,在传统辩论主义下,一方当事人消极地隐藏能够影响诉讼正当结果的证据资料,使得对方当事人无法取得该有利的证据资料从而获得胜诉的结果是完全合法且正当的。

将辩论主义理解为所谓的形式真实的原则是对其实质性内容的歪曲。民事诉讼选择辩论主义恰恰是为了发现案件实质真实。心理学的经验证明,"通过双方当事人之口表达的"真相要比由对案件事实完全陌生的法官进行调查获得的真相更真实。如果辩论主义不能助益于发现案件真实,其也就失去了存在的基础。

建立在当事人自由塑造程序前提下的观念背后的思想基础在于,当国家给予所有的人以同样的机会时,自由就已经得到了保障。但是其缺陷在于,只有当人们"能够同等地利用机会时,同等的机会才能带来同等的自由"③。如果认为通过当事人对争议的事实进行自由的表述和证明是对裁判重要的事实最好的阐明方式的话,那么这种设想的条件是:当事人对于诉讼机会的复杂制度有全面的了解,他在利用机会时不会因为社会方面的限制而受阻,一方当事人不会为了给对方当

---

① 参见骆永家:《辩论主义与处分权主义》,载骆永家:《既判力之研究》,1994年自版,第210—211页。

② See Peter Gottwald, Fact Finding, "A German Perspective", in The Option of Litigation in Europe, 67,74 (D. L. Garey Miller and Paul R. Beaumont eds., 1993).

③ 〔德〕沃尔弗拉姆·亨克尔:《程序法规范的正当性》,载〔德〕米夏埃尔·施蒂尔纳编:《德国民事诉讼法学文萃》,赵秀举译,中国政法大学出版社2005年版,第11页。

事人造成不利而滥用机会。但是,这种设想是与现实不符的。

自由主义的民事诉讼作为(被假定的)平等主体之间的竞争规则虚构了当事人机会平等和武器平等,而没有关注这些实际上是否能够实现。当在这种法律制度中所表达的社会关系和经济关系依然存在,尤其是广大的无产阶层的多数人民在社会中还不具有重要地位的时候,这一点并不引人注意。但是,随着自由主义诉讼赖以存在的社会和经济条件的消失,这种情形就显得有问题了。①

"随着自由主义的价值体系在高度发展的工业社会中发生动摇,危机也就开始了,而且自由主义制度在社会现实中的不足之处表现得越明显,这一危机也就变得越严重。"②

因此,大陆法系的代表德国提出"当事人的真实义务"与"法官的阐明义务"来解决上述问题。在现代诉讼中,法官要承担更加全面的任务。法官有责任保证当事人能够利用诉讼的机会,提出正当的申请,充分地陈述事实,提出证据并且不会为了给对方当事人造成不利而故意说谎。③

但应该注意,在法治国家,如何发现真实也是非常重要的。发现真实作为民事诉讼的目的同样并不意味着要不惜一切代价地发现真实。非法获得的证据必须被排除。

同时,正像笔者所论述过的,发现案件真实并不是民事诉讼的唯一目的。德国高等法院曾出现过一个可怕的案例,在该案中直到需要被抚养的"儿童"60岁时,抚养诉讼才终结。④ 因此,迟延的权利保护不是真正的权利保护,它与拒绝司法等同。

基于以上目的,德国通过司法改革,改顺序审理制为集中审理制,

---

① 参见〔德〕鲁道夫·瓦瑟尔曼:《社会的民事诉讼——社会法治国家的民事诉讼理论与实践》,载〔德〕米夏埃尔·施蒂尔纳编:《德国民事诉讼法学文萃》,赵秀举译,中国政法大学出版社2005年版,第86页。
② 同上书,第86—87页。
③ 参见〔德〕沃尔弗拉姆·亨克尔:《程序法规范的正当性》,载〔德〕米夏埃尔·施蒂尔纳编:《德国民事诉讼法学文萃》,赵秀举译,中国政法大学出版社2005年版,第11页。
④ 参见〔奥〕弗兰茨·克莱恩:《诉讼法中的时代潮流和精神潮流》,1901年版,第24页,转引自〔德〕汉斯·弗里德黑尔姆·高尔:《民事诉讼目的问题》,载〔德〕米夏埃尔·施蒂尔纳编:《德国民事诉讼法学文萃》,赵秀举译,中国政法大学出版社2005年版,第36页。

为庭审设定准备程序,并且规定了当事人和法院的诉讼促进义务。通过这些努力,在一定程度上消除了造成诉讼持续时间很长的重要原因——由于不充分的期日准备而造成的诉讼延期以及期日的消耗,但是并没有因此损害程序结果的质量。①

在德意志民主共和国时期,通过持续的改革以推动程序的简化和诉讼效率的提高以及使程序更加廉价。但是史泰因正确地指出:"然而这里面最重要的是公正。多少代人都在为保障公正的手段而努力,而人们今天则过于倾向于认为这种努力的成果是理所当然的事情。"②很多学者对此都坚持认为:"加速和简化不能也不可能是衡量诉讼法好坏的唯一标准……审判程序的最高目标也许仍然必须是正确的裁判。"③

有学者将这三个"价值"或者标准之间的关系描述为:尽可能地加速和简化——但是立法者必须如此缜密地塑造程序,以便能够保证作出正确的裁判,而且法官在具体的案件中适用或者能够适用该程序。④对于广为流传的法谚"给得迅速,等于给了两次",德国学者尖锐地指出,这"也许对于大获全胜的原告适用——对于胜诉的被告很少适用,对于败诉者绝不适用"⑤。而对所有的诉讼参与人而言,"所有的诉讼参与人都有权要求法官正确地判断;所有的人都有权要求诉讼立法者通过立法使得法官能够通过诉讼对争议作出正确的裁判。只有当一方或者另一方当事人迟延或者有过失——或者如此紧急地需要权利保护,以至于拒绝申请人的后果比驳回被申请人更糟——或者全面地阐明事实要求花费不适当的时间和/或者费用时,才可以为了迅速地做出裁判而忽视正确性以及合法性"⑥。

---

① 高恩强调,对此特别参见 1931 年草案的官方说明,第 251 页以下,他坚信这并不是"会危及公正性的草率行事"。转引自〔德〕汉斯·弗里德黑尔姆·高尔:《民事诉讼目的问题》,载〔德〕米夏埃尔·施蒂尔纳编:《德国民事诉讼法学文萃》,赵秀举译,中国政法大学出版社 2005 年版,第 37 页。

② 同上注。

③ 〔德〕卡尔·奥古斯特·贝特尔曼:《民事诉讼法百年——自由主义法典的命运》,载〔德〕米夏埃尔·施蒂尔纳编:《德国民事诉讼法学文萃》,赵秀举译,中国政法大学出版社 2005 年版,第 59 页。

④ 同上注。

⑤ 同上注。

⑥ 同上书,第 59—60 页。

在界定德国法官在诉讼中的角色时,德国的学者们不承认法官仅仅对法律问题负责。对于"你给我事实,我给你审判"的法谚,学者们认为,不论是过去还是现在都不是《德国民事诉讼法典》的原则。①《德国民事诉讼法典》从一开始就让法官在很大程度上参与对裁判重要的事实的阐明并且参与的程度一直在不断增加,以至于很多学者都认为德国的民事诉讼模式已经从辩论制演化为合作主义。例如有学者认为,"从友善的角度来看,人们可以将辩论主义原则在民事诉讼法中的表现形式称为合作主义(Kooperationsmaxime)。此时法院的共同参与尤其体现在发动并且极力、指挥并且集中当事人对诉讼材料进行辩论以及提出诉讼材料和证据,必要时也进行纠正"②。

三、证据收集中当事人、律师及法院的不同分工

在法院和当事人(包括其律师)之间的角色分配上,《德国民事诉讼法典》经历了最大的也是最重要的变化,而这些变化触及了民事诉讼法的自由主义的核心,并且日益破坏这一核心。③

(一) 法官的阐明义务

法官的阐明义务一直被认为是为达到判决的正确与实现实质公正而对辩论主义进行的必要的补充及修正。为保障实体上有正当权利的当事人不会因无法在诉讼上作适当的主张和陈述而遭受不利的判决,从而确保裁判的实质公正,法官通过阐明来确保当事人能够作出诉讼法上认为适当的主张和陈述在德国民事诉讼法的发展史上已经由权力变成了义务。

法官通常采用对当事人发问和晓谕的方式来行使阐明义务。法院在程序的任何状态都应当致力于双方当事人完整的陈述,并且提出

---

① 〔德〕卡尔·奥古斯特·贝特尔曼:《民事诉讼法百年——自由主义法典的命运》,载〔德〕米夏埃尔·施蒂尔纳编:《德国民事诉讼法学文萃》,赵秀举译,中国政法大学出版社2005年版,第70页。
② 同上注。
③ 同上书,第64页。

有利的申请,特别是补充某项不充分的事实陈述(《德国民事诉讼法典》第139条第1款第2句),并促使其提出必要的证据。

德国2002年《民事诉讼改革法》对《德国民事诉讼法典》第139条作出新规定,更强调法院"实质的诉讼领导"并且赋予法官通过公开和及时的信息来引发当事人更丰富和更有针对性的活动的任务。

根据《德国民事诉讼法典》139条第1款后半段"为达此目的,在必要时,审判长应与当事人共同从事实和法律上两方面对于事实关系和法律关系进行查明,并且提出发问"的规定,法官应阐明的内容大致可以分为以下三种类型:

第一,通过法官的阐明使当事人明了其在法律主张上的错误,并给予当事人改正其错误的机会。理论来源在于"法官知法"的罗马法法谚。有法官将此义务称为"法律观点的指出义务"[①]。

第二,当事人没有主张能够证明其请求权利的基础性的主要事实,或者没有将其事实主张具体到必要的程度,或者其事实主张与其提出的证据材料所显示的证据材料不一致时,法官必须尽阐明义务使当事人有更正或补充的机会。《德国民事诉讼法典》第139条规定通过法官指示当事人事实陈述中的不明确之处、矛盾之处和漏洞而补充了辩论原则。但是从这些指示中得出结论和相应纠正他的陈述,还是当事人的责任范围。

第三,当事人没有提出适当、充分的证据证明其事实上的主张时,法官也应通过阐明使当事人知道此事实并促使其提出必要的证据。当然这并不意味着法官会协助当事人收集证据,也不意味着法官会依职权调查证据。

另外,在收集证据、获取和利用证据手段的时候,为了确认当事人相互对立的主张的正确性,法院在很大程度上不受双方当事人相应申请的拘束,也可以依职权收集证据。

关于辩论主义与法官阐明义务的关系,很多学者对此都有论述。有人认为,阐明义务的目的在于确认权利状态。任何对辩论主义和纠问主义的评价必须以诉讼中原则上应被确认的权利状态为出发点。为了达到这个目的,澄明案件事实情况不可避免。有人指出,通过法官的阐明,使辩论的强度得到减弱,"在现代民事诉讼中,辩论主义通

---

① 〔日〕高桥宏志:《重点讲义民事诉讼法》,2000年新版,第381—385页。

过主要应由审判长但也应由其他陪席人员行使的、强烈扩大了的、所谓的法院的发问义务和阐明义务得到最大程度的减弱"①。"法院不仅仅应当接受和利用双方当事人的陈述,而且也督促双方当事人使自己的陈述完整,以达到澄明案件真实情况的目的。"②也有人认为,"《民事诉讼法》第139条并没有与辩论主义相矛盾,因为法院只允许利用当事人提出的事实。如果当事人没有遵守法院的建议,并且没有补充其陈述,则排除了依职权进行补充的可能性"③。

总之,不论是对事实情况和法律情况的责问,还是对案情和争议情况的讨论,目标只有一个:促使当事人作出正确而完整的事实陈述,促使其提出"有益的",即服务于案件的申请和证据。④

(二) 当事人的权利和义务

1. 当事人的真实及完全义务

如前所述,在辩论主义下,诉讼当事人可以自由地隐藏对其不利的事实及证据,对方当事人如果想获取这些证据,必须由对方当事人自己设法获取。为此,《德国民事诉讼法典》规定了当事人的真实义务,以此来矫正辩论主义所固有的缺陷。

所谓"真实义务",是指诉讼当事人在诉讼上不得作与其主观真实的主张及陈述相反的主张和陈述。此义务是从消极方面来禁止当事人陈述明知其虚伪的事实,而不要求其积极主动地陈述所有的事实。因此,也不要求当事人陈述所有客观的事实。

所谓"完全义务",也不要求当事人必须陈述所有的事实,只有当当事人隐匿部分事实导致在事实认定的总体上与当事人主观认识的事实相反时,才会予以禁止。

违反真实义务一般通过与法院已经发现的真实与当事人主张的

---

① 〔德〕奥特马·尧厄尼希:《民事诉讼法》,周翠译,法律出版社2003年版,第129页。
② 同上注。
③ 同上书,第133页。
④ 参见〔德〕卡尔·奥古斯特·贝特尔曼:《民事诉讼法百年——自由主义法典的命运》,载〔德〕米夏埃尔·施蒂尔纳编:《德国民事诉讼法学文萃》,赵秀举译,中国政法大学出版社2005年版,第69页。

事实相比较后显露出来。法律并没有对违反真实义务的行为规定直接有效的制裁,一般是通过影响法官的心证从而影响判决的结果。

德国民事诉讼法采行诉权原则(claim to justice),其基本内容体现在:法治国家的概念意味着在私力救济被禁止后,公民个人天然拥有诉权。法院对当事人负有义务。当事人向法院起诉后,为保护当事人的诉权,法院有义务提供合格的、独立的法官,根据公平合理的程序推进诉讼,研究相关事实及适用法律,待时机成熟后作出司法判决。

对法院而言,当事人行使诉权意味着只要当事人提起诉讼,要求国家司法权力帮助解决争议,国家通过法庭的形式,就应该在当事人限定的争议范围内,在一定程度上积极地承担起根据法律的要求和规定解决争议的义务。国家通过公平地适用法律解决民事争议是任何民事司法体系的应有之义,但之所以会有不同的司法体系的划分,原因就在于不同的司法体系的不同之处在于"期待中立的裁判者在程序中发挥多大的主动性以获得公平正义的裁判结果"①。德国司法体系赋予法官一定程度的积极行动以确保获得公平正义的判决。

2. 法定听审请求权

法定听审请求权作为程序法上的基本原则具有宪法上的地位(《德国基本法》第103条第1款),并且法院有义务保障当事人能够在诉讼中以充分和恰如其分的方式陈述他们所持有的看法。② 这项权力具体包括以下内容:给予当事人提起申请、主张事实和对之提供证据和及时地获知对方当事人的陈述并且能对其表明态度的权利。为了保障当事人的此项权利,那么在证据收集程序中,如果法院决定调查某项事实,则必须将之通知对方当事人并且给他们发表意见的机会。同时这种参与必须体现在法院的裁判中,表明法官已经知道程序参与人的陈述并且已经与他们进行过探讨。如果受法院决定影响的当事人没有机会就相关事实和法律提议发表意见,法院就不能以此作为判决的基础。

相应的,法定听审请求权还要求法庭就每一个当事人提出的重要

---

① Peter L. Murray, Rolf Stürner, German Civil Justice, Carolina Academic Press, 2004, p.155.

② 参见〔德〕汉斯-约阿希姆·穆泽拉克:《德国民事诉讼法基础教程》,周翠译,中国政法大学出版社2005年版,第61页。

事实或法律争议进行考虑和说明,否则作出的判决在宪法和法律上都是有瑕疵的。法定听审请求权通过当事人程序参与权的行使,保障在法官控制的程序进程中,当事人的权利获得足够的保障。

违反法定听审权意味着程序瑕疵,可以以上诉手段对其提出争议,但对此的上诉并不导致裁判无效。对侵害当事人法定听审权的行为,由于其体现了对宪法的违反,因此可在穷尽所有诉讼途径之后向德国联邦法院提起宪法抗告。

3. 要求程序公正的请求权

德国联邦宪法法院从法治国家这一原则中导出了一项普遍的诉讼基本权利:要求程序公正的请求权。① 法院有义务如同民事诉讼的双方当事人对程序的期待一样塑造程序。这具体意味着:不允许法官的行为自相矛盾,禁止法官因他自己或者可归责于他的错误或者缺席而为双方当事人带来程序上的不利,并且法官具有绝对普遍的、对程序参与人和他们的具体情况予以注意的义务。②

4. 处分权

处分原则的内容是当事人的一系列权利:双方当事人对诉讼的整体进行处分的权利、程序由原告起诉而启动的权利、诉讼标的由当事人确定的权利,以及申请不经过判决即结束诉讼的权利。这具体意味着:民事诉讼只依申请才开始,双方当事人的申请可以决定法院的裁判内容(《德国民事诉讼法典》第308条第1款),双方当事人不经判决也可通过诉之撤回(《德国民事诉讼法典》第269条)、通过中断声明或者通过诉讼和解而结束诉讼。双方当事人可通过自认不经法院对争议材料进行审查即可获得判决。

5. 当事人出庭义务

当事人出庭义务通过1924年的"埃明格尔规则"引入,目的在于

---

① 参见 BVerfG NJW 1991,3140,转引自〔德〕汉斯-约阿希姆·穆泽拉克:《德国民事诉讼法基础教程》,周翠译,中国政法大学出版社2005年版,第62页。

② 参见 BVerfGE 78,123,126 = NJW1988,2787,转引自〔德〕汉斯-约阿希姆·穆泽拉克:《德国民事诉讼法基础教程》,周翠译,中国政法大学出版社2005年版,第62页。

消除当事人陈述的不清楚、不完整和矛盾之处,以及通过对当事人的询问来确认争点。根据《德国民事诉讼法典》第 141 条的规定,为阐明案件有必要时,法官应命令双方当事人到场,除非当事人一方因距离遥远或者有其他重要的原因不能强制使其遵守期日时才可以不命令。已命令当事人到场时,法官应依职权传唤其至法庭。如果当事人不遵守命令,可以与在询问期日不到场的证人一样,对他处以罚款。根据当事人出庭义务的规定,有学者认为德国民事诉讼法越来越走向合作主义。

6. 诉讼促进义务

立法者通过一系列规定试图加快程序并且督促程序参与人尽可能迅速地办理他们应当实施的行为。诉讼促进义务不仅对当事人适用,对法官也有拘束力。具体规定为:关于准备言词辩论和实施言词辩论的规定、法院为当事人实施特定的诉讼行为而指定期间的规定以及《德国民事诉讼法典》第 282 条第 1 款有关双方当事人的一般诉讼促进义务的规定。

应当及时地主张攻击手段和防御手段,但如何判定是否及时似乎没有确定的标准(《德国民事诉讼法典》第 282 条第 1 款)。对此有学者这样解释:"这意味着不允许任何当事人隐藏依照实体状态和争议状态能明显促进诉讼的实施和裁判的信息。毋宁说双方当事人必须努力向法院和对方当事人无迟延地告知所有适当的事情。"①

《德国民事诉讼法典》第 282 条第 1 款规定只涉及在言词辩论中及时地陈述。而第 282 条第 2 款扩大了当事人的诉讼促进义务:应当在言词辩论之前通过准备书状将"对方当事人事前未告知的不能对之预先做出声明的申请以及攻击和防御手段"及时告知对方当事人,以使他能对之有必要的了解。

在诉讼中规定期限的原因在于:"在诉讼中人们可以期待当事人行使自己的权利,因为在诉讼中当事人必须在很短的时间内对是否行使权利做出决定。"而"仅当另一方的作为或者不作为是有拘束力的时

---

① 〔德〕汉斯-约阿希姆·穆泽拉克:《德国民事诉讼法基础教程》,周翠译,中国政法大学出版社 2005 年版,第 226 页。

候,才可能做出这样的决定"①。

"对被耽误的期间给予任何的放纵都是对对方当事人依法获得的地位的侵犯。""对期间耽误的惩罚并不是秩序处罚,而是利益平衡。它涉及是否应当让一方当事人为另一方当事人的过错承担后果的问题。"②

(三) 律师的角色

一如处分主义,辩论主义在历史上和功能上与强制律师制度紧密联系在一起。如果没有律师的代理,那么,大多数当事人根本无法承担其对诉讼标的权利保护形式、争议材料和举证的广泛的责任……创设或者包含了当事人主义和当事人责任的法律规定现在——尤其是过去——恰恰是按照这一模式制定的……因此格奈斯特——德国司法法的开路先锋——将开启自由的律师制度视为所有司法改革的第一个要求。③

在德国民事诉讼的各个阶段,律师都发挥了重要的作用。在德国,除了地方法院(Amtsgericht)之外,所有的法院都实行律师强制代理制。④ 由于地方法院和地区法院的程序基本一致,复杂的实体和程序规定对一个法律的门外汉来说很难把握。因此,即便在地方法院,大多数诉讼都由律师代理。⑤ 在德国,关于律师的角色定位,传统上被视为履行公共事务的官员。但是,同普通法系国家和地区一样,德国律师也享有极大的独立性,他们对其当事人负责,同时也对司法行政

---

① 〔德〕沃尔弗拉姆·亨克尔:《程序法规范的正当性》,载〔德〕米夏埃尔·施蒂尔纳编:《德国民事诉讼法学文萃》,赵秀举译,中国政法大学出版社2005年版,第13页。

② 同上书,第13 14页。

③ 参见〔德〕卡尔·奥古斯特·贝特尔曼:《民事诉讼法百年——自由主义法典的命运》,载〔德〕米夏埃尔·施蒂尔纳编:《德国民事诉讼法学文萃》,赵秀举译,中国政法大学出版社2005年版,第71页。

④ Vgl. ZPO 78(1).

⑤ 参见 Schlosser, Zivilproze recht, (2nd. Ed.) Vol. 1. n.80,转引自〔德〕达格玛·科斯特-沃尔纳、〔德〕阿德里安·祖克曼:《律师在德国民事诉讼中的角色》,载〔德〕米夏埃尔·施蒂尔纳编:《德国民事诉讼法学文萃》,赵秀举译,中国政法大学出版社2005年版,第452页。

工作负责。①

德国的律师并不像人们所认为的在诉讼中无所作为。律师接受委托后,应当向其委托人说明他们的请求或者答辩中可能存在的优势。他们帮助当事人提炼诉讼请求以及答辩。诉讼请求和事实陈述的起草要非常认真,因为以后若更改的话会非常麻烦。案件事实需要详尽陈述,并附上所有的基本文件证据的复印件。所有权利要求所依据的事实都必须答辩。诉状中还必须指出诉讼标的额,这决定着法院是否拥有管辖权。经律师签署后,诉状提交法院,诉讼程序被开启。

德国的律师在诉答程序和法庭的口头听审程序中组织和指定证据。在诉讼程序的各个阶段,通过口头或者书面方式对有关法律和事实问题进行抗辩。律师在诉讼中为双方当事人的对抗制定战略,运筹帷幄并像"战士"一样亲自参与战斗。因此,尽管德国民事诉讼被称为"法官领导",但在司法实践中,律师对在法庭进行的民事诉讼的质量和能量负有很大的责任。

德国的律师体现出很高的法律素质。在受教育水平上,德国的律师同德国的法官接受同样的法律教育。他们必须经过两次国家考试,成绩合格的候选人才能取得律师资格。律师在德国的分布很广。德国的每一个城市和地方都有或大或小的律师事务所,律师独立进行执业。每一个州的律师协会都制定律师规则并对律师进行继续职业教育。

德国律师收费系统与美国有很大差异。律师收费是根据法定收费表,根据法律的规定按照案件的大小以及诉讼进行的阶段来进行收费。法定的收费表不是基于小时收费制来计费,也不能够反映律师在特定案件中花费的时间多少。加急费用和按条件收费被禁止。

尽管根据现行法律规定,律师可以与当事人约定超过法定收费表的费用,但是在实践中这种情况很少发生。原因之一在于,大多数案件的诉讼费用由败诉方承担。由于败诉方承担费用的原则在德国法律文化中深入人心,因此委托人很少愿意承担超过他们胜诉后应该被

---

① 参见〔德〕达格玛·科斯特–沃尔纳、〔德〕阿德里安·祖克曼:《律师在德国民事诉讼中的角色》,载〔德〕米夏埃尔·施蒂尔纳编:《德国民事诉讼法学文萃》,赵秀举译,中国政法大学出版社2005年版,第453页。

赔付的律师费用。这样的收费制度很有可能导致律师收费不足以支持律师进行大量的活动,因此会导致律师在执业过程中的敷衍现象。[1]但其积极意义在于,由于收费相对固定,因此没有经济利益上的刺激使律师人为地拖延诉讼或者人为地使案件更加复杂化。事实上,德国的律师反而有尽早和解的积极倾向。

在普通法系国家和地区的律师看来,德国的律师比较特别的地方就在于,在诉讼开始之前,律师很难获得审判前信息的披露。德国法严禁律师接触证人,即便是建议传唤为其当事人作证的证人,也不存在其他证据开示的手段,因此在事实方面,律师的主要工作是从客户收集的资料中提炼出有用的信息,在需要专门知识来帮助诉讼的时候,可以获取任何相关的科技、医学或者其他方面的专家意见。德国的律师也可以接触大量的官方文件,包括警察的案卷以及刑事诉讼程序中的法庭笔录,如果其中包括在民事诉讼中可能被传唤的证人的有关陈述的话。律师也可以检查他的委托人的档案,并可以与他的委托人进行详尽的会谈。当他的委托人是公司或相似的企业法人时,可以同领导层或者与案件有关的雇员进行会谈。

如果当事人陈述的理由不足以构成诉因,律师会给出相应的建议。如果当事人没有听从建议而坚持起诉,律师则可能停止代理工作。如果律师仍选择继续代理这位客户,他必须警告当事人起诉可能会使他因"恶意诉讼"而对其相对人承担某种侵权法上或缔约过失责任,以及承担相应的费用。

在决定代理当事人的案件后,律师会查阅相关的实体法,找出构成案件诉因的基础,确定是否需要采取一些初步措施,并探查任何可能的救济。接着,律师将考察通过何种方式能有效证明本案的必要基础,现有的证据和举证责任将对本案产生何种影响。

德国的律师如德国的当事人般负有与"真实义务"相类似的一种义务,即如果律师认为普遍的法律意见或者判例不利于这个案子,他

---

[1] See Peter L. Murray, Rolf Stürner, German Civil Justice, Carolina Academic Press, 2004, p.10.

必须通知当事人。否则,他将因违约而对客户承担责任。[1]

律师在案外与证人的接触被严格限制。对有望在法庭作证的证人,委托人可以在律师的指导下与之谈论相关事实,然后由委托人向律师报告证人的相关情况。在大多数案件中,律师会同其委托人进行商谈以准备事实问题。当然,在与委托人或者委托人的直属雇员进行联系时,律师会对那些最终会到法庭作证的人非常谨慎。当然,在一些特别的案件中,律师也可以同潜在的证人交谈。

这种严格限制的原因部分在于民事案件中一个道德上的标准,对此,德国国家律师协会发布的规则中明确规定:"只有在特定的环境有正确的理由时在法庭外向证人询问才是可以的。并且这种询问即使在表面上试图对证人施加影响都是不允许的。"[2]虽然严格限制律师在案外与证人的接触可能会导致律师对案件信息收集的不充分,但德国人认为,在庭审中才被初次询问的证人所体现出的证明价值远远超过了这种损失。

由于法律规定的收费很低,因此在德国,处理一项 1 万英镑请求的收费只有 1 105 英镑,而处理一项 10 万英镑的请求也不过收费 5 975 英镑,这种做法对英国律师来说是不可理解的。

正因为这样,我们就不难理解德国公众为什么会对他们的民事司法制度如此满意,并乐于将争端诉诸法院。[3] 法官在法庭上进行证据的调查和采信,而律师在案件事实方面的涉入度很弱。

四、德国证据收集制度的程序配置

与美国民事诉讼程序分为审前程序和庭审程序相反,德国的民事

---

[1] 参见 Federal Court of Justice. BGH, NJW 1990,189,转引自〔德〕达格玛·科斯特-沃尔纳、〔德〕阿德里安·祖克曼:《律师在德国民事诉讼中的角色》,载〔德〕米夏埃尔·施蒂尔纳编:《德国民事诉讼法学文萃》,赵秀举译,中国政法大学出版社 2005 年版,第 455 页。

[2] Benjamin Kaplan, Arthru T. von Mehren, Rudolf Schaefer, "Phases of German Civil Procedure", Harvard Law Review, 1958.

[3] See Peter L. Murray, Rolf Stürner, German Civil Justice, Carolina Academic Press, 2004, p. 469.

诉讼程序没有明显的阶段划分。德国的民事诉讼程序中没有独立的证据开示程序,也没有提供一个有效的替代程序来对应美国的证据开示方法以及律师的自主行动来发现事实、导出证据[1],并且由于不实行陪审团审判,诉讼程序可以通过可能包含多次听审的相对不正式的阶段来展开。

当事人的诉状经过收信处和基础的事务性工作到达法官手中之后,法官首先确认原告是否交纳了费用或者申请了诉讼费用救助,对特定的案件还需审查是否已经实施了州法规定的调解程序并且该程序失败。根据《德国民事诉讼法典》第272条第1款的规定,权利争议应当在一个唯一的、全面准备的言词辩论期日即主期日解决。为了对主期日进行全面准备,法官必须选择一种主期日准备程序,目的在于让"法官通过认真和全面的准备加快程序"。根据《德国民事诉讼法典》第272条第2款的规定,主期日准备程序有两种形式,一是早期首次言词辩论期日,二是书面准备程序。法官选择哪一种主期日准备程序,主要取决于应裁判的诉讼的特点。"简单的和紧急的案件以及和解努力有望取得成效的案件,适合于早期首次期日;相反,因诉讼材料疑难和内容广泛有必要进行全面准备的诉讼,更适合于书面准备程序。"[2]当然,有的时候这种选择有可能取决于个人的工作方式。总之,法官"可以依自己自由的、不可被审查的裁量"[3]指定主期日准备程序。

如果法官确定了早期首次言词辩论期日,即应向被告无迟延地送达起诉状的认证副本,同时附随期日传唤。为了更好地实现早期首次言词辩论期日的立法目的,法官也要进行必要的准备。他可以采取一切必要的措施,例如征求官方的答复、为被告规定书面答辩期间等。传统上,他应该事先明确双方当事人或他们的辩护律师在主听审日或之前需要澄清或补充的问题。法庭也有权要求当事人在此期日亲自出庭,提供书面证据或者要求对相关住所或物品进行勘验(《德国民事

---

[1] See Peter Gottwald, "Simplified Civil Procedure in West Germany", The American Journal of Comparative Law, Vol. 31, 1983, p. 689.

[2] 〔德〕汉斯-约阿希姆·穆泽拉克:《德国民事诉讼法基础教程》,周翠译,中国政法大学出版社2005年版,第47页。

[3] 〔德〕奥特马·尧厄尼希:《民事诉讼法》,周翠译,法律出版社2003年版,第115页。

诉讼法典》第 273 条)。① 法庭也可以传唤双方当事人诉状上列明的证人,如果法庭认为专家的出席会有助于提高将来的程序和处置的效率,也可以邀请专家出席。

早期首次言词辩论可以在法庭进行,也可以在法官的办公室进行。一般而言,当事人和他们的律师都会出席。法官口头概述双方当事人诉状中揭示的诉讼事由,可以要求双方当事人及律师提出问题以便澄清不明确的关于事实和法律的论断。质询的目的在于"如何才能使此案件公平快速的解决"②? 根据《德国民事诉讼法典》第 278 条第 2 款的规定,在早期首次言词辩论期日之前或主听审日之前必须进行和解辩论。如果和解辩论失败并且双方当事人都在场,则程序直接进入对席的言词辩论。如果只有一方当事人出席了期日并进行了辩论,若原告缺席,诉被驳回;若被告缺席,在可能的情况下,其会被判败诉。在早期首次言词辩论期日,如果争讼已届裁判成熟时期,例如被告认诺、原告舍弃、撤诉、诉讼和解或者权利争议在主诉终结等情形,诉讼程序可以在此期日即告终结。如果程序在此期日未能结束,则应当为主期日进行所有必要的准备。

总之,早期首次言词辩论程序的目的在于明确和缩减争点。如果法庭认为一方当事人的法律或事实上的论点不够明确或在某些重要的方面不够完整,法庭可以要求当事人口头澄清或者在限定的时间内书面澄清(《德国民事诉讼法典》第 273 条第 1 款)。

如果早期言词辩论程序中,当事人对重要的事实问题达成共识,只剩下法律争议,法庭会要求双方当事人提供就此法律争议的观点在将来的主听审日进行口头陈述和辩论。

如果在早期言词辩论程序中的讨论揭示了对于此案件的解决有赖于对事实争议的解决,法庭就会陈述如何证明此事实争议的方法并记录在法庭笔录中,也可以随后发布收集证据的命令。法庭也可以要求一方或双方当事人或指定的第三人提供他们拥有或控制的书证或物证,也可以要求公共机关提供公文书或记录(《德国民事诉讼法典》第 273 条第 2 款)。

---

① See Peter L. Murray, Rolf Stürner, German Civil Justice, Carolina Academic Press, 2004, p. 225.

② Ibid., p. 227.

近几年,随着对诉讼效率要求的提高,德国民事诉讼程序中口头辩论的传统部分被日益增长的书面诉状所代替。随着1976年《德国民事诉讼法典》正式承认书面准备程序可以作为对主听审进行准备的程序后,在大多数法庭中,书面准备程序已经成为对日常案件进行准备的标准程序。在此程序中,当事人通过交换他们的书面诉状来明确和缩减争点。在书面准备程序中,法官应当向被告无迟延地送达起诉状,同时催告其在两周的不变期间内向法院表明他对诉讼的防御意愿。如果被告表明了防御意愿,则应再指定最少两周的时间让被告递交书面答辩。如果被告没有表明防御意愿,法院应依原告的申请不经过言词辩论仅依据起诉的材料进行裁判。这一目的在于为原告"开启一个更迅速和更简便的获得可执行的裁判的路径"①。

经过以上主期日准备程序,在主期日必须达成以下目的:原告所提出的哪些事实具有决定性意义、被告的哪些抗辩具有显著性、哪些在双方当事人之间是有争议的、哪些证据手段被提供或者哪些可供使用、哪些法律问题必须回答。法官在充分的书面准备后确定主期日。原则上主期日在言词辩论之前必须前置一个和解辩论,和解辩论如果失败则立即进行主期日。

五、德国证据收集手段

有支持英美法系的学者认为,大陆法系德国的民事诉讼法由于没有设置美国式的证据收集程序,因此导致当事人证据收集手段的缺失,从而会显著影响对案件事实的认定并影响诉讼效率。事实上,德国的民事诉讼程序在诉讼进行的不同阶段设定了充分的证据收集手段。

(一) 诉答程序和证据交换

在德国,民事诉讼程序通过原告启动。除了一些特定的案件,当

---

① 〔德〕汉斯-约阿希姆·穆泽拉克:《德国民事诉讼法基础教程》,周翠译,中国政法大学出版社2005年版,第50页。

事人必须有律师代理。① 基于书面审理程序会损害实质公正的实现的理念,德国民事诉讼程序采用口头审理方式,即法官,尤其在第一审程序中,法官听审当事人口头陈述和辩论。然而,他们也不完全排除双方当事人的书面陈述。

律师通过提交起诉状来发动诉讼。律师签名的起诉状除了列明双方当事人和受诉法院外,还要列明原告的请求、试图获得的损害赔偿以及明确的诉讼标的和理由。② 除此之外,起诉状中还应包括原告的证明方法的陈述,包括证人姓名以及援用的文件或副本。③ 因此,在诉讼实践中,一般来讲,原告会对诉状中每一个重要的事实论断附加能够支持此论断的证据。如果此种证据是原告拥有的文件,文件原件或副本会被粘贴在起诉状后。如果证据材料是证人证言,证人的姓名和地址应该列明。④ 被援引的证据通常会在每段文字的末尾罗列。例如:

原告1996年5月15日将车停在他的别墅前,某某街某某号。

证据:证人某某某,住某某市某某街某某号。

不管是通过书面准备程序还是口头听审程序对案件进行准备,被告必须提交书面答辩状以对起诉状中的事实和法律争议进行回应。被告应该在答辩状中对原告所提出的论断提出事实上和法律上的抗辩并附随明确的证据材料。如果答辩状中没有明确否认起诉状中的论断并提供事实依据,原告的论断可以被认定。⑤ 当事人只有在对方当事人所申请的事实不属于自己的行为或不在当事人自己的知识范围内时,方可断言无法判断对方当事人事实主张的真伪。

起诉状和答辩状的目的在于向对方当事人提供足够的诉讼信息,从而使他们能够为接下来的口头辩论程序进行充分的准备,并且就案件的实质问题对法庭进行说服。起诉状、答辩状以及接下来为准备庭审而提交的书状构成了关于案件事实和法律适用的书面解释。

德国民事诉讼程序中并没有美国和英国民事诉讼程序中双方当事人和律师之间进行的证据开示程序。德国民事诉讼程序中也没有

---

① Vgl. ZPO 78.
② Vgl. ZPO 130.
③ Vgl. ZPO 253.
④ Vgl. ZPO 130.
⑤ Vgl. ZPO 138(3).

提供在主听审日之前在准备程序中进行事实信息的提供和交换。但是在实际效果上,德国民事诉讼程序在很多方面都提供了和英美法系的证据开示程序类似的证据收集方法。①

双方当事人都被要求在他们的诉状中明确写明所援引的证据材料并附随相关书证。证人的姓名和地址都在他们所知的范围内写明。双方当事人都被要求明确提供以及交换他们准备用来支持自己事实论断的所有书面证据。双方当事人也可以要求对方当事人提供其所拥有或控制的文件来支持自己的事实论断。② 双方当事人也可以要求对方当事人提供对方所知的证人的姓名和地址以作为自己可能的证据来源。③

在大多数案件中,这种当事人之间的互相请求都是通过非正式的、自愿的方式进行的。在请求没有得到满足的情况下,一方当事人可以请求法庭命令对方当事人提供。在多数案件中,法庭也可以自己主动发布此种命令。④

在准备程序中,一方当事人也可以请求法庭对某特定的事实问题聘请专家证人⑤,要求公权力机关提供公文书⑥,或者请求命令第三人提供他们所拥有的书证。⑦ 根据一方当事人的申请,法庭可以命令第三人对案件中相关的事实问题提供书面回答。⑧ 根据一方当事人的申请或者法庭自己的考量,法庭也可以对不动产或物品进行勘验、检查⑨;或者在准备程序中对另一方当事人进行身体检查。

德国与美国的证据开示程序的不同主要体现在以下方面:

首先,在德国,法官更多地参与到程序中,与美国相比较,当事人之间主动的证据收集比较少。

---

① See Peter L. Murray, Rolf Stürner, German Civil Justice, Carolina Academic Press, 2004, p.239.
② Vgl. ZPO 421.
③ See Federal Supreme Court, 13NJW 821(1960).
④ Vgl. ZPO 273(2).
⑤ Vgl. ZPO 144,273(1).
⑥ Vgl. ZPO 273(2).
⑦ Vgl. ZPO 142.
⑧ Vgl. ZPO 377(3).
⑨ Vgl. ZPO 144.

其次,在德国,一般在准备程序阶段没有对证人的口头交叉询问。如果证人被询问,由法官来进行。

最后,在德国民事诉讼准备阶段,事实发现的目的与美国证据开示程序有一定程度的不同。美国的证据开示程序的目的在于通知双方当事人以及他们的律师相关的事实,从而避免后来的诉讼突袭,同时帮助他们为庭审做准备。在德国,在诉讼准备阶段提交给法庭和双方当事人的事实材料一般在随后的程序中不再被援用,但可以被对方当事人使用以及被法庭作为判决的基础。

在主听审进行之前的准备程序中,除了起诉状和答辩状,双方当事人还必须向法庭提供所有能够证明自己的请求以及在诉状中援引的书面证据,从而告知对方当事人。对方当事人可以在三天内阅读这些书面证据,日期可以缩短或者延长。准备程序中没有对书面资料数量的限制。①

立即提供证据使法庭能够在诉讼的任何阶段传唤相关的证人。清楚当事人拥有的证据也使法庭易于在随后的程序中提出解决争议的建议。

对于延迟提供起诉和答辩方法以及提供证据超出时间限制的惩罚措施,法庭有自由裁量权。对于没有及时提供的新的争议以及新的证据,法庭如果认为对这些的考量会延迟案件的解决,并且这种延迟是由于无理由的过失造成的,将会拒绝考虑这些争论和证据。②

如果一方当事人没有遵守法庭关于回应起诉的命令或没有在特定的时间段内回答或回应法庭的询问,此方当事人有可能会败诉,除非能够提供延迟的正当理由。③

这种诉答以及证据交换程序在一定程度上和美国的自动证据披露程序相似。但是德国的证据披露范围比美国的自动披露程序在范围上窄得多,只有有利于各自当事人的证据被披露。同时披露的目的也不同。在美国,自动的证据披露旨在进行更深入的证据收集。但是在德国,这种交换是为了对主听审进行准备以及实现当事人的辩论权。

---

① Vgl. ZPO 134.
② Vgl. ZPO 296(2).
③ Vgl. ZPO 296(1).

(二)法庭主动进行证据收集的权力

在整个诉讼程序中,根据《德国民事诉讼法典》第141—144条及以前的法律规定,法庭被赋予主动发布命令收集证据的权力。

在收到原告的起诉状并收到被告的答辩状后,如果需要当事人对案件进行澄清,法庭会将当事人传唤至法庭。如果被传唤的当事人没有及时出现,法庭可以向他们处以罚款。① 法庭还可以要求当事人提交他们在起诉状及答辩状中提及的所有的相关文件资料,包括文书、家谱、地图、设计图纸以及其他图纸等。② 法庭还有权要求当事人提交与口头辩论和判决有关的、为他们所占有的与裁判有关的文书中的各种文件。③ 法庭也可以命令进行实地勘验以及命令鉴定人进行鉴定。④

为了更好地为主庭审做准备,立法者根据《德国民事诉讼法典》第141—144条规定的精神,又添加了一些其他的内容,通过第273条的规定使法庭拥有一系列的权力可以在庭审前主动命令证据收集。审判长或他所指定的法院成员可以命令当事人对其准备书状加以补充或解释,命令当事人提出文书并将其他适当的标的物交存于法院。⑤ 法官也可以要求行政机构的人员向法院提交说明书或提出官方报告。当清楚显示被告已对诉讼声明提出异议时,法官会传唤当事人所举的证人和鉴定人,进行言词辩论。证人为了作证可以在认为必要时,将有关的文件和其他资料于期日带来查阅。⑥ 法庭还可以命令当事人本人到场以便于对当事人本人进行询问。因此,在德国的民事诉讼程序中,通过法官的权力来确保程序的快速有序进行的理念贯穿于整个诉讼过程。在案件事实不清楚或存在争议的时候,法官可以实行《德国民事诉讼法典》第141—144条所规定的权力。

必须澄清《德国民事诉讼法典》第141条下规定的对当事人的询

---

① Vgl. ZPO 141.
② Vgl. ZPO 142.
③ Vgl. ZPO 143.
④ Vgl. ZPO 144.
⑤ Vgl. ZPO 273(2) No.1.
⑥ Vgl. ZPO 273(2) No.2.3.4.

问与第288—290条下规定的作为证据的当事人陈述的不同。对当事人的询问并不构成证据,只是用来对相关问题进行澄清。虽然并不是一种证据形式,但当事人到庭接受法官询问可以在很大程度上加快诉讼的进行。

(三) 当事人申请法院调查证据——证据调查令

在最终的口头听审程序中,仍然是法官控制着庭审进程。与美国式对抗制的辩论相比,德国的庭审更像是一种协作性的讨论。庭审中主要由法官发言,而律师在小型案件中只倾向于最小限度的参与。确实在相当多的小型案件中,"对旁观者而言,看起来律师出庭只是为了向法庭介绍当事人并且对自己的委托人进行适当的安抚,只有当事人作为这种对抗的积极角色才是法官能够容忍的"[1]。根据《德国民事诉讼法典》第139条的规定,法官有自动的阐明义务。主审法官应当使当事人对涉及的所有重要事实进行彻底的陈述,并且做出一切合适的动议,特别是在当事人由于不充分的陈述导致他们有可能扩大自认的范围以及在他们表明证明的途径时,法官都有责任进行释明。为此,在必要的时候法官应当就事实和法律问题同当事人进行讨论并提问。[2] 主审法官还应该就法官主动探明问题所产生的疑问提醒当事人注意。[3]

在庭审过程中,法官还应该持续对案件的进展进行总结,使当事人理解可能适用的规范的含义,并且通过提问的方式将达成协议的部分和未达成协议的部分进行标记,向当事人阐明已有的判断和已经提供的证据,解释在证据采集中出现的问题的明确意义。通过这种方式,法庭启发了自己对问题的掌握,同时加深了当事人和律师对案件的理解。法官通过阐明权的行使帮助当事人加强自己在争讼中的地位,改善、改变或者扩大他们的诉讼请求、证据的提供以及采取其他的步骤。法庭也可以建议当事人在诉讼中采取特定的方法。

为了加快诉讼进程,一个新的修正案被制定,促进诉讼的普遍义务被引入。起诉和答辩、对证据的提交等都应当通过一个合理的、细

---

[1] Vgl. ZPO 273(2) No. 2.3.4.
[2] Vgl. ZPO 139 (1).
[3] Vgl. ZPO 139 (2).

致的诉讼程序标准尽可能早地进行。① 新的能够通过询问被对方当事人回答的争议必须在听审前的适当时间内提交。②

当在口头辩论中出现关键性的与事实有关的争议时,法庭会要求当事人提供证据证明。是否要求提交证据由法庭控制,双方当事人可以参与证据调查。③ 要求提交证据的命令可以在法庭辩论结束时非常不正式地提出,然后紧接着进行证据提供,例如,宣读一份书面文件,听审一名出席庭审的证人或专家证人作证(根据《德国民事诉讼法典》第141条或第272条的规定已经传唤至法庭),或者虽未到庭但可以无延误地传唤到庭。然而,一般而言,法庭会通过发布证据调查命令而结束法庭辩论,根据证据调查命令,证据提交可以在未来某日或者固定一个日期进行。在理论上,证据调查命令会载明需要证明的系争事实以及要求特定的人作证。④

法官有权在当事人指定的证据范围内调查其认为重要的证据,目的是为了避免证据调查的烦琐。证人出庭作证的可能性和便利性也要被考虑。法官要求进行证据调查时,律师可以基于免证特权或基于证据的不可采性对对方当事人的证据提交提出反对。

德国民事诉讼程序并没有强制性规定对所有问题的证据调查都要在一次庭审中结束。相反,如果法官认为只有一个问题可能决定案件的最后判定,当事人必须将证据调查限定在此问题上,等待证据调查的结果从而决定是否还要进行更多的证据调查。

在德国司法实践中,人们不能在任何所有权意义上说证人或证据是属于原告的还是属于被告的。说服责任由一方或另一方当事人承担。一个证人,与专家证人相异,除非被一方当事人提名,否则不能在普通的诉讼中被听审⑤,并且只有法庭才能够传唤被提名证人出庭作证,在作证顺序及证人数目上由法庭自由裁量。

---

① Vgl. ZPO 282(1).
② Vgl. ZPO 282(2).
③ Vgl. ZPO 357(1).
④ Vgl. ZPO 359.
⑤ Vgl. ZPO 379.

(四) 根据证据类型配置不同的证据收集方式

1. 证人证言

在德国,适用于当事人证言的规则和适用于证人的规则是不同的。

证人证言是在解决事实争议时最重要的证据种类。证人证言是唯一的一个在适用辩论原则的情况时依赖于当事人申请的证据手段。[1] 证人的姓名和证言所要证明的事实问题必须在当事人充分参与的情况下事先列明,从而使当事人和法庭能够决定证人证言与待证事项的关联性。[2] 因此,只有一方或对方当事人提名的证人才可以被听审。如果一方当事人在诉状中或者初期口头程序中表明存在某一证人,但是没有提名此证人参加听审,法庭可以询问此证人被忽略的原因并可以允许此方当事人在其后的程序中提名。但是,法庭无论如何不能主动听审当事人没有提名的证人。如果一方当事人已经提名某一证人,后又决定免除此证人,除非对方当事人坚持此证人必须被听审,否则法庭不能听审此证人。[3]

除了当事人本人之外的任何人——无论年龄或者精神状态以及与诉讼标的或者当事人的关系——都可被指定为证人,只要他具有必要的感知、记忆和复述的成熟理解力。[4] 在德国司法管辖范围内的所有证人都有在受传唤时出庭作证的责任。[5] 证人出庭作证的责任还包括,证人查阅相关文书来重新整理他关于将会被查证的事项的回忆的义务。证人在法律允许的范围内可以携带这些文书来协助他陈述证言。[6]

证人证言原则上要在公开的法庭内口头陈述。证人应该根据其个人的认知就事实问题而不是自己的推论来作证。证人证言应该在

---

[1] Vgl. ZPO 373.
[2] AaO.
[3] Vgl. ZPO 399.
[4] 参见〔德〕汉斯-约阿希姆·穆泽拉克:《德国民事诉讼法基础教程》,周翠译,中国政法大学出版社 2005 年版,第 226 页。
[5] Vgl. ZPO 378.
[6] AaO.

审理案件的独任审判法官或者审判庭成员面前作出。如果判决不可能依赖对证人的直接印象作出的话,法庭可以委派一名审判庭成员甚至委托其他法庭的法官来审查证据。① 在收集证据之初,法律还特别授权法庭在以下情况下,可以委派法庭的法官或者其他法庭的法官来审查证据:① 受法律保护不必到庭作证。② 例如德国的总统有权在他的住处作证。③ ② 法庭判断在非法庭的一个地方作证有可能提供最可信和最有效的证言。③ 由于身体原因,证人不能到庭作证。④ 证人住处离法庭很远,并且证据相对不是很重要,要求证人亲自出庭作证不是很有意义。④ ⑤ 证人在德国法庭的管辖地域之外。但在以上情况下,不能根据实际上没有在所有法官面前作证的证人的信誉来作出决定。⑤ 证人也被赋予获得证人自己律师的帮助来准备以及提供证人证言的权利。

除了证人出庭作证的原则性规定以外,《德国民事诉讼法典》还规定了在特定情况下的证人的书面作证程序。如果法庭认为根据问题的内容和证人的品行,书面证言更有利于完整和准确地陈述证人所知的信息的话,也可以要求证人提供书面证言。在这种情况下,证人应该表示他可以接受传唤以备询问。如果法院认为有必要命令证人就作证中的问题作进一步陈述,可以命令传唤证人。⑥

根据法律规定可以看出,在两种情形下法律认可书面证言。一是证人就询问事项须基于其原有账簿或其他书面文件为陈述者,法院可以命令证人通过书状回答证明问题,且以保证取代宣誓而担保回答的真实性时,不必到场;二是在其他情形中,法院依事件状况,特别是根据证明问题之内容,认为证人通过书状陈述足以证明某一事实,并且经过双方当事人同意时,也可以采取上述措施。⑦ 由此看来,是否命令证人进行书状陈述,完全由法院裁量,不受当事人申请的约束。但不管在哪里、在谁面前作出证人证言,法定听审权决定了双方当事人和

---

① Vgl. ZPO 375(1).
② Vgl. ZPO 375(1)(2).
③ Vgl. ZPO 375(2).
④ Vgl. ZPO 375(1).
⑤ Vgl. Federal Supreme Court, 44NJW 1302(1991).
⑥ Vgl. ZPO 377(3).
⑦ Vgl. ZPO 337 (3)(4)。

他们的律师都有权出席。①

经传唤作证的证人如果没有到庭,法庭可以命令他偿付因其缺席而产生的相关费用,同时也可以对其并处罚金;证人拒绝交纳罚金的,可以处以违警拘留。如果证人再次不到场,再次处以违警制裁;也可以经申请命令拘传证人强制其作证。② 如果证人作出错误的证言,则可对他实施刑事处罚。③

2. 书证证据

在德国,民事诉讼中使用的文书"只包括用文字表现的思想表示"④。就文书的证明力而言,公文书是由公权力机构或者被看作具有公信力的人(例如,公证人、法院执行员、书记处的书记官)在其职务权限内或者在其被分派的业务领域内以规定的形式记录的书面思想表示。所有其他的文书都是私文书。⑤ 就文书的效力而言,国内的公文书被推定为真实⑥,对其提出不真实抗辩的当事人必须提供证据证明其不真实。⑦ 如果向法院提交了私文书,则对方当事人必须对该文书的真实性表态。如果他不对真实性进行争辩,则该文书视为被自认,并且法官应从该文书的真实性出发认定事实。⑧ 未被承认的私文书的真实性必须由举证该文书的一方当事人证明。⑨

对于举证当事人自己所占有的证据,由当事人通过提交文书的方式提交证据自无疑义。《德国民事诉讼法典》第 420 条规定原则上应当呈交文书原件,通常只有在公文书的情况下才可以使用公证过的副本。⑩

---

① Vgl. ZPO 357.
② Vgl. ZPO 380.
③ 参见《德国刑法典》第 153 条。
④ 〔德〕汉斯-约阿希姆·穆泽拉克:《德国民事诉讼法基础教程》,周翠译,中国政法大学出版社 2005 年版,第 261 页。
⑤ 同上注。
⑥ Vgl. ZPO 437(1).
⑦ 参见〔德〕汉斯-约阿希姆·穆泽拉克:《德国民事诉讼法基础教程》,周翠译,中国政法大学出版社 2005 年版,第 262 页。
⑧ Vgl. ZPO 439(1)(3).
⑨ Vgl. ZPO 440 (1).
⑩ Vgl. ZPO 435.

但如果文书由对方当事人或第三人占有,则情况比较复杂。

传统上,在德国,当事人及法庭接近第三人所有的文书及物品是受到严格限制的。没有权利仅仅根据文书及物品与诉讼案件相关问题的关联就强制要求其提供。试图获得对方当事人或第三人拥有的文书或物品的当事人只有在对方当事人或第三人自愿提交其所拥有的文书或物品,或者该当事人享有实体法上的权利能够拥有或获得这些物品或文书的时候才能获得。① 针对第三人所拥有的文书或物品,当事人必须通过启动一个独立的针对第三人的诉讼来要求第三人提交。

但2001年德国民事诉讼法的改革扩展了法庭命令当事人提交文书证据的权利,并且第一次赋予法庭命令第三人仅仅因为其所占有的文书与正在进行的案件可能的关联性而提交文书的权力。② 2001年改革修改了《德国民事诉讼法典》第142条,该条规定:"法庭有权命令一方当事人或第三人提供其占有的,被一方当事人所援引的文书或其他附件。法庭有权设定一段时间来提交,有权命令提交的文件在法庭指定的特定期间保存在法庭办公室。"③

就此规定文书的范围而言,与美国类似,德国没有对其与案件的"关联性"进行明确的界定,只要求必须是当事人在诉状或者口头辩论中曾经援引过的文书。但根据德国民事诉讼中法官的积极角色,法庭必定会考虑任何文书证据与案件的关联性,如果法庭认为所要求的文书证据与案件是没有关联性的,就不会发布提交文书的命令。

在具体程序上,如果文书由对方当事人占有,而对方当事人承认占有该文书或者对之没有表态,则法院可以命令他提交该文书。④ 如果对方当事人对占有文书进行争辩,则应当就文书的下落对他进行询问。⑤ 即使举证当事人没有依照《德国民事诉讼法典》第424条的规定提出申请,法院也可以依职权依照《德国民事诉讼法典》第142条第

---

① Vgl. ZPO 442f.

② See Peter L. Murray, Rolf Stürner, German Civil Justice, Carolina Academic Press, 2004, p.242.

③ ZPO 142(1).

④ Vgl. ZPO 425.

⑤ Vgl. ZPO 426.

1款的规定命令(当事人)提交。①

如果对方当事人没有遵从法院的提交文书命令或者法院得出"该当事人没有细心地探询文书的下落"这一结论,则举证人关于该文书的性质和内容的证言可被法院视为已证明而接受。② 这同样适用于对方当事人致使书证不堪使用的情况。③ 但法院不可强制一方当事人提交书证。

如果举证的当事人认为文书由第三人占有,则《德国民事诉讼法典》第428条为他提供了进一步行动的两种可能性:或者提起"要求法院指定获取文书的期日"的申请,或者申请"法院依照第142条命令提交文书"④。

如果在第一种情况下第三人不愿意提交文书,则举证的当事人在必要的时候必须针对第三人起诉,其结果取决于第三人从实体法中得出的提交义务(《德国民事诉讼法典》第429条第1句与第422条结合)。

对法院依照《德国民事诉讼法典》第142条作出的提交命令,第三人只有当提交对他是苛求或者他享有拒绝作证特权的时候才不必遵守。⑤

如果文书由某个公权力机关掌握或者在公法上的官员手中,法庭也会根据当事人的申请,要求公权力机关提供当事人不能自由获得的文件。⑥

在上述任何情况下,法庭都不能通过罚款、拘役或类似手段直接命令第三人提供证据。只有当事人启动单独的程序,根据实体私法判定其享有此权利或者根据公法或行政规范享有此权利,法庭才能够强迫第三人提供书面文件。⑦

---

① 参见〔德〕汉斯-约阿希姆·穆泽拉克:《德国民事诉讼法基础教程》,周翠译,中国政法大学出版社2005年版,第263页。
② Vgl. ZPO 427.
③ Vgl. ZPO 444.
④ ZPO 430.
⑤ Vgl. ZPO 142(2).
⑥ Vgl. ZPO 432.
⑦ Vgl. ZPO 429.

3. 当事人证言

与美国当事人提供证言的义务不同①,在德国,当事人不可以被强迫作证。当事人与案件的直接利害关系使当事人不具备普通证人出庭作证的资格。但是,在很多情况下,对案情具有决定性作用的事实只有一方或另一方当事人知道。甚至在存在第三方证人的情况下,当事人双方也经常对相关事实存在最广泛和直接的认知。因此,法庭适当地允许当事人证言的效果对案件事实的发现也至关重要。

一方当事人可以自愿出庭作证,如果对方当事人同意,法庭可以允许,但没有法定义务听审其证言,并且这一规则与谁承担证明责任无关。② 承担证明责任的一方当事人可以请求传唤对方当事人出庭作证,如果法庭就某一争议事项在听审完所有其他证据后,对事实情况仍然存有疑问的话,可以要求对方当事人出庭提供证言。③ 法庭对某一问题在听审完所有其他证据后如果仍然存在疑问,也可以主动要求双方当事人或一方当事人出庭作证,而不考虑证明责任由谁承担。④ 但是,被要求的一方当事人可以拒绝任何作证或者拒绝回答任一特定问题。在这种情况下,法庭可以在考量全部案情,尤其是当事人拒绝作证或者拒绝就特定问题作证的理由后,对争议事实作出自己的推论。⑤

基于当事人由于自我利益的影响而使证言存在本质上的不可靠性,当事人作证被看作最后的求证手段。法庭在作出命令询问当事人的裁定后,如果就应证事实已提出新的证据方法,则可以中止裁定的执行。已经进行了新的证据调查后,法院认为应证明的问题已经明确,应立即停止询问当事人。⑥

---

① 如上所述,当事人在证据开示程序中提供证据材料的范围极为广泛,只受关于证据并联性和秘密规则的制约。

② Vgl. ZPO 447.

③ Vgl. ZPO 445.

④ Vgl. ZPO 448.

⑤ Vgl. ZPO 446.

⑥ Vgl. ZPO 450.

4. 专家证人

如果对某一事实问题的调查超出了法官的知识和专业领域,必须由专家对相关事实提供证言,从而帮助法官进行事实认定。专家证人介于证人和法官之间,帮助法庭发现案件事实或者根据已知事实得出结论。① 一方当事人可以以质疑法官偏私的方式来质疑专家的偏私。② 随着现代诉讼中科学和技术证据的盛行,聘请专家提供证言的概率越来越高。

任何属于特定专业领域的事项都可以成为专家证言的范围,包括特定的生活经验以及需要科学和技术教育的范围。例如,可以聘请专家就外国法中的某一特定问题协助法官。

由谁决定专家的选任是专家证人程序的重要问题。虽然当事人可以在诉状中建议和提交专家报告和专家证言,以及在法定听审中将之作为书面证据,但大量的专家证言是通过法庭聘任的专家证人对特定的事实和法律问题进行澄清的。双方当事人自己提供的专家证言因其公正性很容易面临质疑,一般不被接受作为决定争议事实的证据。当事人聘任的专家提供的书面证言,一般被用来挑战或指出法庭聘任的专家证人证言的缺陷,或者用来支持请求对法庭聘任的专家进行进一步的质证或者请求法庭聘请其他的专家。③

尽管在理论上以及在现实中,专家都是作为法官的助手而出现,但在大多数案件中,当事人都对专家的提名发挥着重要的影响。④ 如果双方当事人对选任专家达成协议,法庭不能拒绝对此专家的听审,但法庭可以限定专家的数量。法庭可以限定当事人选择的专家必须在法庭认证的特定的人员列表中。⑤ 法庭也可以要求双方当事人挑选专家。虽然一方当事人没有被禁止提交其本人花钱聘请的专家提供的专家报告,但是法庭对此种报告会非常慎重,其效果类似于当事人

---

① Vgl. ZPO 414.

② Vgl. ZPO 406.

③ See Federal Supreme Court, 46 NJW 2382 (1993); 54 NJW77 (2001); German Constitutional Court, 50 NJW 122 (1997).

④ Vgl. ZPO 404.

⑤ Vgl. ZPO 404(4).

的准备书状。① 一般而言,专家会事先提交一份专家意见,然后在庭审中出庭并接受质询。虽然书面专家证言也可以被接受,但是一方当事人仍然可以要求专家证人出庭并接受质询。②

与美国民事诉讼中的专家证人不同,在德国,专家证人在某种意义上属于法庭的工作人员或者法庭的助手,而不是支持或反对某一方当事人的证人。尽管法庭聘请的专家如同证人一样出庭提供专家证言,但是在很多方面,他们的地位类似于司法工作人员,与司法工作人员受同样的规制并进行工作。

在一些案件中,专家证人同时也是案件事实的见证者。例如,对一名受伤的原告进行过医治的医生可能会被一方当事人提名为事实证人,来陈述受伤一方当事人的伤情和治疗过程;他同时也可能被法庭聘任为专家证人对病人的伤情前景以及可能存在的任何伤残提供意见。③

一名专家证人也可以被聘请仅仅提供特定的信息来作为争议事实或法律问题的背景。这种情况经常发生在一名外国法专家提供了有可能对争议事实潜在适用的特定的法律规定,最终由法庭来决定是否适用这些法律于特定的事实发现。

在很多情况下,专家不仅被期待提供抽象的特定知识,而且被希望能够将其知识应用于特定的案件事实并将其结论提供给法庭。在这种情况下,专家应该向当事人和法庭陈述使用的特定原则并阐述其将这些原则适用于案件事实的原因。

专家也可被要求就特定的事实提供决定性意见,如果这种意见要求特定的专家领域。例如,很多病情只能由合格的医生来诊断。在这种情况下,专家的事实认定可以被用来作为专家结论的基础。

一方当事人可以在其诉状中提出对特定的事实争议需要专家证人,在这种情况下,由法庭决定聘任具体的专家。④ 但是,如果双方当事人就聘请某位具体的专家达成协议,法庭必须听审此专家。⑤ 同时,

---

① See Benjamin Kaplan, Arthru T. von Mehren, Rudolf Schaefer, "Phases of German Civil Procedure", Harvard Law Review, 1958.
② Vgl. ZPO 411.
③ Vgl. ZPO 414.
④ Vgl. ZPO 403, 404.
⑤ Vgl. ZPO 404(4).

法庭也可以主动就此问题聘请其他的专家。

当事人有权对法庭聘任的专家以申请法官回避的同样的理由申请专家回避。① 根据专家和特定的当事人或者案件利益的关系，可以合理怀疑专家有可能偏私；或者根据专家现在或以前的表现，可以合理怀疑其可能的偏私。申请回避可以向法庭也可以向聘请专家的特定法官提出。申请人承担证明存在回避理由的责任。② 申请应当在知道存在回避理由的同时提出。③ 如果当事人等到专家已经提供专家证言的时候才提出回避申请，则必须证明未能在更早阶段尽力提出回避申请的原因。④ 对专家回避的决定不可上诉。

在特定的案件中，并没有特定的程序来遴选合格人士作为专家证人。在很多案件中，法庭可以从政府许可的专业机构提供的愿意提供专家证人服务的人员名单中选择专家证人。法庭也可以要求双方当事人提供合格的专家证人姓名。⑤ 司法实践中，法庭一般在初步聆讯或者审前会议中，或者在庭审中与当事人讨论专家提名并向当事人询问其意见，或者至少让当事人对法庭已经有意聘任的专家进行评论。这样能使对专家潜在的反对不需要通过正式的回避申请而不正式地提出。

聘请专家的费用由法庭主持确定。专家费用一般在提名时就确定下来。在很多案件中，专家费用由法庭、当事人和专家本人协商确定。也有特定的法规根据专业领域的难易度以及专家证人的专业排名确定费用的范围，具体费用由法庭在规定的费用范围内确定。专家费用首先由对争议事实承担证明责任的当事人支付。⑥ 最终专家费用与其他相关费用和支出由败诉一方支付。

可以在审前或庭审的任何阶段决定聘任专家证人并提名一个或多个法庭聘任的专家。在庭审阶段发现如果不求助于专家，案件就不能够正确地解决的话，专家可以在庭审后的独立的证据听审程序中提供专家证言。可以通过证据调查令来提名专家证人，表明专家应该证

---

① Vgl. ZPO 406.
② Vgl. ZPO 406(3).
③ Vgl. ZPO 406(2).
④ Vgl. ZPO 406(2)(2).
⑤ Vgl. ZPO 404(2)(3).
⑥ Vgl. ZPO 379, 402.

明的主题以及其他具体的对专家的要求和限制,这些可以记录于法庭笔录中。①

被提名的专家有义务考虑任务并确定他在知识和经验上能够完全胜任,同时有必要的时间来提供要求的专业知识。法庭聘任的专家虽然不能够将其任务委托给其他人,但可以聘任助手来协助其工作。② 如果专家对其工作范围或者需回答的问题有疑问,他可以要求法庭澄清。③ 一旦专家被提名并接受了任务,他只有在有合理理由使法庭同意的情况下才能撤回或辞去聘任。④

在很多案件中,法庭会要求专家根据在其聘任时就知悉的双方当事人公认的事实或法庭探知的事实提供意见。⑤ 在这种情况下,专家应该接受转达给他的事实并根据其特定的知识和专长得出结论。如果存在其他可能影响专家意见的事实,专家不能自己自由决定这些事实是什么,而应当或者向法庭建议并请求法庭指示,或者根据其他事实可能存在的情况提供另一种形式的意见。⑥

在一些案件中,例如一方当事人的病情或者一个企业的财务状况,确定争议事实需要专家进行。在此情形中,专家就承担了事实发现的角色。在提名专家的同时,法庭应限定委托专家进行事实发现的主题和范围以及当事人参与的方式。⑦

法庭可以用书面方式对专家进行指示,或者为此目的召开听证会。⑧ 在此种听证会中,法庭可以与专家就调查的事实范围和拟定提交的问题进行讨论。当事人有权参加此种听证会并参与到法庭和专家的沟通中。⑨ 当事人也会收到法庭和专家任何书面沟通的文件的复印件。任何重要的事项或问题应当咨询当事人,专家向法庭提供的新的或者意外的调查结果或发现都应该通知当事人。

---

① Vgl. ZPO 144,273(2)(5).
② Vgl. ZPO 407a(1)(2).
③ Vgl. ZPO 407a(3).
④ Vgl. ZPO 408(1).
⑤ Vgl. ZPO 404a(3).
⑥ Vgl. ZPO 404a(1)(2).
⑦ Vgl. ZPO 404a(4).
⑧ Vgl. ZPO 404a(2)(5).
⑨ Vgl. ZPO 404a(5).

在大多数案件中,法庭会要求专家提供书面证言。① 在这种情况下,法庭会将复印件送达双方当事人或他们的律师。② 法庭可以要求当事人在限定的时间内对专家证言发表反对意见或追加问题,或者请求法庭传唤专家证人出庭接受质询。当事人可以请求法庭延长时间限制以使他们有足够的时间来研究专家证言,包括必要的时候向自己的专家进行咨询。③ 根据当事人的反馈或者法庭自己的决议,法庭可以提出额外的后续问题要求专家通过书面补充证言回答,或者传唤专家在庭审中陈述证言并口头接受质询。

当事人收到专家的书面证言后可以向法庭建议对专家提出额外的问题,以便专家对证言进行阐述及澄清。当事人可以请求传唤专家出庭并接受口头质询。④ 当事人也可以通过书面诉状向法庭争辩专家证言不可被法庭接受或采信。

在一些相对简单的案件中也可以不要求专家提交书面证言,而是仅仅在庭审中口头作证。这种情况尤其在专家同时作为事实证人时出现,例如伤害案件中的医生。

当专家证人在口头听审中出庭接受质证时,他的地位和普通证人相同。首先由主审法官提问。法官一般会要求专家证人总结陈述他的书面证言,然后提出具体问题让专家对模糊的地方进行澄清,阐明不明显的事实推定,或者对专家的辩论或揭露提出质疑。主审法官发问后,其他法官可以提问。然后当事人及其律师可以向其提问。⑤

如果当事人的书面反对或者在口头听审中的口头质疑揭示了专家证言严重的不足,法庭可以聘请另外的专家就前一专家相同的问题进行鉴定。在例外的情形中,如果法官难以调和一个以上的专家证人的证言的不同,法庭可以聘请一个具有出色的专业知识和能力的超级专家来审查专家证言,从而澄清或者调和其他专家证词中的任何不一

---

① Vgl. ZPO 411.
② Vgl. ZPO 411(3).
③ See Federal Supreme Court, 50 NJW 802 (1997).
④ Vgl. ZPO 379, 402.
⑤ Vgl. ZPO 396, 397.

致或者冲突的地方,并且协助法官分析他们的证词。① 法庭也可以传唤意见不一致的专家同时出庭作证。有时这种直接的对抗可以使专家自由讨论从而产生让人惊异的相同意见。

德国法官通常会赋予法庭聘任的合格的专家证言很高的证明力。尽管和其他所有证据一样,专家证言也是通过法官自由心证予以评价的,但法官的判决很少背离法庭聘任的专家在其专业领域内提供的意见。②

双方当事人的确可以以专家结论存在逻辑上的矛盾、虚假或不完整的事实假设,甚至提供意见的专家不适格来反驳接受专家与当事人立场相反的专家结论。③ 当事人也可以提供与法庭聘任的专家证言相反的,或者指明法庭聘任的专家证词缺陷的自己聘任的专家的报告。法庭必须考虑此种报告,其可能导致法庭拒绝接受受质疑的法庭聘任专家的证言。法庭可以并且一般都会要求法庭聘任的专家来解决当事人聘任的专家提出的立场分歧。在极例外的情况下,经双方当事人同意,法庭可以听审一方当事人聘任的专家的口头证言,甚至聘请此方当事人聘任的专家作为法庭聘任的专家。④ 当事人聘任的专家提供的证言如果对判决产生影响的话,其聘任费用及花费由败诉一方当事人承担。⑤

在一些案件中,当事人聘请的专家出具的与法庭聘任的专家相异的报告可以导致法庭聘任其他专家甚至超级专家。但是法庭很少会完全否认其聘任专家的意见,或者在没有其聘任的其他专家的支持下对专业领域范围内的问题作出相反的结论。⑥

对法庭聘任专家证言的高认可率以及在现代诉讼中德国法官聘

---

① 《德国民事诉讼法典》并没有对聘请超级专家进行具体的规定,而是通过司法实践发展出的方法。参见 Peter L. Murray, Rolf Stürner, German Civil Justice, Carolina Academic Press, 2004, p.287。

② See Peter L. Murray, Rolf Stürner, German Civil Justice, Carolina Academic Press, 2004, p.289.

③ Vgl. ZPO 406.

④ 参见德国联邦最高法院,98 BGHZ 32, 40(1986)。

⑤ See Peter L. Murray, Rolf Stürner, German Civil Justice, Carolina Academic Press, 2004, p.290.

⑥ Ibid.

任专家在技术或其他专业问题上予以协助的频率,已经引起人们在一些案件中对事实发现和分析过度依赖专家意见的关注。① 有的时候,对一个忙碌的法官而言,太容易因某些事实复杂或疑难但又不必须求助专家的问题而聘请专家,从而避免占用很多时间对事实进行必要的分析。一旦专家给出报告,法官很难抗拒直接接受专家意见解决案件的诱惑。

这种结果可能导致当事人费用的上升和时间的浪费。

5. 勘验、检查证据

勘验证据包含法庭对人、物及地点的直接感受。法庭可以观察一方当事人的身体状况、房产的物理情况、某种污染释放的味道、机动车辆造成的损害、汽笛发出的声响,或在一个十字路口从不同的角度看到的景象,从而作为决定案件事实的证据。② 勘验证据不仅包括法官对物品的视觉评价,而且也包括法官借助于感官器官对人、物或者电子文件(《德国民事诉讼法典》第371条第1款第2句)的性质的任何直接的感受。③ 因此,一个法官可以通过视觉、听觉、味觉和触觉来进行观察。④

2001年,德国民事诉讼法的改革也同样扩展了法庭命令双方当事人和第三人提供或者允许对物品和房产进行勘验的权力。⑤

除了血统关系的案件外,德国法庭不能够强迫命令双方当事人或第三人接受身体或精神状态检查,否则便侵犯了受宪法保护的个人的隐私权。即使法院命令某个当事人向法院提交勘验客体或者忍受勘验证据,也只能从拒绝履行中得出证据法上的后果。如果勘验证据因为负有举证责任的当事人拒绝而失败,则该证据手段无法使用并且该当事人因此承担由之产生的后果。如果不负举证责任的当事人拒绝,法庭可就此推断应勘验证据对拒绝勘验方不利。⑥

---

① See, eg, Sendler, Richter und Sachverstandige, 39 njw 2907 (1986).
② See Peter L. Murray, Rolf Stürner, German Civil Justice, Carolina Academic Press, 2004, p.270.
③ Vgl. ZPO 371(1)(2).
④ Vgl. Rosenberg\Schwab\Gottwald, p.693.
⑤ Vgl. ZPO 144.
⑥ Vgl. ZPO 144, 371Z(3),427.

任何一方当事人如果认为自己拥有独立的权利能够接近被第三人控制的某一地方、某人或物品,可以单独对该第三人提起诉讼来获得勘验的权利。当事人也可以选择申请法院命令的方式进行。法院依照《德国民事诉讼法典》第 144 条作出的针对第三人的命令可如同强制证人作证一样以同样的方式强制,即通过罚金或拘役(第 144 条第 2 款第 2 句)进行强制。第三人只有依照《德国民事诉讼法典》第 385—387 条享有拒绝作证权或者提交勘验对象或者忍受勘验是苛求时,才可以拒绝遵从该命令(第 144 条第 2 款第 1 句)。同样,第三人可以拒绝法官或者法院委托的人进入自己的住宅(第 144 条第 1 款第 3 句)。第三人的拒绝是否合法,由法院在听审当事人之后通过中间判决裁判,该判决所涉及的人(当事人或第三人)可以以即时抗告的形式声明该判决不符(第 387 条与第 144 条第 2 款第 2 句)。

根据当事人的动议,法定可以聘请一名或多名专家进行勘验,也可以指定一名法官或者其他法庭进行勘验。① 如果是为了证明血缘关系所必须,每个人都有义务接受身体检查,特别是抽血测试。但是这种检查应当是无害的并且遵循科学原则,足以证明事实真相。② 这种检查是强制的,如果当事人两次拒绝检查,法庭可以强制其接受检查并处以拘留处罚。③

6. 证据保全——独立的诉讼程序

独立证据程序之目的除了为了维持原来证据保全功能之作用外,还为了疏减讼源及促进诉讼迅速进行。

为了促进纠纷的快速解决,1990 年德国在对民事诉讼法进行修改时,将证据保全的适用范围扩大到诉讼系属前,称为独立的证据程序。独立的证据程序在进行时,通过传唤对方当事人到场,以此增加当事人之间交涉、沟通的机会和可能性。在目的上,除了为维持原来证据保全功能之外,还欲发挥疏减讼源及促进诉讼迅速进行的作用。

根据《德国民事诉讼法典》第 485 条的规定,在存在证据可能被损毁、灭失或以后难以取得的情况下,或者在对方当事人同意的情况下,

---

① Vgl. ZPO 372.
② Vgl. ZPO 372(1).
③ Vgl. ZPO 372(2).

当事人在诉讼中或起诉前可以申请法庭进行证据保全。收到申请后，法庭可以命令进行勘验、听审证人或者由鉴定人进行鉴定。证据保全的目的主要在于保全证据，但客观上也提供了让当事人收集相关证据的途径。起诉前证据保全在一定程度上也有益于争议的诉前解决。证据保全在范围上仅限于勘验、证人及鉴定三种证据方法，不包括当事人本人询问及书证。

但诉前的证据保全由于诉讼尚未开启，因此其启动范围必须严格限定，从而避免损害其他人的利益。根据《德国民事诉讼法典》第485条第2款的规定，当一方当事人申请鉴定人进行书面鉴定时，此方当事人必须证明他对拟证事实存在法律上的利害关系，并且证据保全的主题只限于以下三种情况：① 确定相关人员的人身状态或相关物体的价值；② 确定身体是否受伤，物体是否受损或者丢失；③ 确定为排除人身伤害、物的损害或物的缺失所支出的费用。

为了保证保护相对方的利益，证据保全程序也被严格地设置。

首先，申请表应明确对方当事人，指明应该证明的事项，列清证人的姓名或者法律许可的其他证据方法；同时还应该释明其符合适用独立的证据程序以及法院对此享有管辖权。① 如果举证人不能指明对方当事人，除非他能够证明不能明确对方当事人不是他的过错，否则其申请不能获得准许。② 在此情况下，当法庭认可当事人的申请时，法庭可以但不必须为未知对方当事人指定代理人，从而保护其利益。③

对当事人的申请，法院具有自由裁量权，可以不经言词辩论而裁判。④ 当事人必须接受法院的裁定，不得申明不服。

其次，为了保护当事人充分的程序参与权，在具体情况许可时，法庭应将裁定与申请的缮本送达对方当事人，并且传唤对方当事人在规定的证据调查期日在场，以便于对方当事人保护其权利。但是即使没有传唤对方当事人，也不妨碍证据调查。⑤

通过独立的证据调查程序收集的证据具有受诉法院所为的证据调查的同等效力。如果对方当事人在证据保全日未能出现，只有经过

---

① Vgl. ZPO 487.
② Vgl. ZPO 494(1).
③ Vgl. ZPO 494(2).
④ Vgl. ZPO 490.
⑤ Vgl. ZPO 491.

及时传唤对方当事人的,被保全的证据才能使用。①

对于诉前证据保全,法院在依申请不经言词辩论而进行的证据调查结束后,应命令申请人在指定的期间内提起诉讼。如果申请人没有在此期间提起诉讼,法院依申请可以裁定申请人应负担对方当事人的费用。②

六、证据收集的范围

与美国证据开示程序几乎无边界的证据收集范围相反,相关性标准在德国明显更高。如果一方当事人想申请法庭进行证据收集,证据的实质性以及程序性标准必须被满足。③

证据的实质性标准要求:① 关键性事实存在争议;② 被提名的证据对证明此事实具有关键性作用。④ 如果有些证据只是有可能导致发现与案件有关的信息,法庭不会帮助进行证据收集。只有那些预计可以影响法庭就案件事实作出裁判的证据,法庭才会允许对之进行收集和提交。这些要求表明,法庭只有在一方当事人能够普遍描述这些证据试图证明的案件事实时,才可以要求出庭证明。⑤

德国因此让试图利用国家强制力获取信息的一方当事人担负了非常重的负担。主要原因在于,防止浪费法庭时间和精力,从而提高司法体系的效率和完整性。⑥

同时,为了保护个人、社会组织和其他社会关系的隐私,德国民事诉讼程序也规定了严格的免证特权。

在德国,主要存在两种不同的特权体系。

第一种包括基于证人与待证事实之间的关系的性质而规定的特

---

① Vgl. ZPO 493(2).
② Vgl. ZPO 494(1).
③ Vgl. Ex 762.
④ See David J. Gerber, "Extraterritorial Discovery and the Conflict of Procedural Systems: Germany and the United States", The American Journal of Comparative Law, Vol. 34, 1986, p.763.
⑤ Ibid.
⑥ Ibid.

权。诉讼中一方当事人的配偶或者基于血缘以及姻亲或通过收养而形成的近亲,可以无任何原因地拒绝出庭作证;即使此方当事人愿意让他作证,他也可以拒绝出庭作证;法庭必须就此特权向他进行说明。① 公务人员包括法官既无资格也无义务出庭就其因公务而获知的信息作证,除非他获得上级领导授权。牧师及医生、律师等也可以拒绝透露其通过业务、职业或者工作而获知的保密事项;但是(不包括牧师)如果受其免证特权保护的人同意其作证,这些人就必须作证。② 以上规定与美国的规定类似。

第二种包括对个人多种信息的保护。③ 对于私人企业秘密或者与艺术相关的信息和资料,以及可能给其带来耻辱或经济损失的证人,都受免证特权的保护。④

因此,在德国民事诉讼中,有与美国类似的免证特权的规定,并且其范围比美国的特权范围更广。这反映了德国对个人权利更多的关注。

虽然德国的民事诉讼程序设置经历了从自由主义的民事诉讼到社会的民事诉讼的理念转变,但德国民事诉讼原则上仍采用辩论主义,体现在法院只允许将其裁判建立在当事人提供的事实基础之上。对哪些已提出的事实应当由法院收集证据,取决于当事人的行为。无争辩的事实或者自认的事实不需要任何证据,原则上被法院当作真实处理。即只允许法院在当事人双方确定的界限内审查事实的真实性。

发现案件真实一直是德国民事诉讼的基本价值取向。为此,在坚持辩论主义的根本性要素不变的基础上,德国的民事诉讼模式出现了通过当事人之间以及当事人与法院之间的合作发现案件真实的模式转变,并为了案件真实的发现将法院的阐明权修改为阐明义务,规定了当事人的真实义务,除了证人证言,其他的证据形式法院都可以依职权收集,但不是义务。在发现真实的基础上追求诉讼效率也是德国民事诉讼的目标之一,通过对程序的简化和庭审的集中,设置两种对庭审的准备程序,并引入诉讼促进义务来推进诉讼的效率。

---

① Vgl. ZPO 383.

② Vgl. ZPO 383,384.

③ See David J. Gerber, "Extraterritorial Discovery and the Conflict of Procedural Systems: Germany and the United States", The American Journal of Comparative Law, Vol.34, 1986, p.764.

④ Vgl. ZPO 384(5).

在具体的证据收集手段设置上,德国民事诉讼程序也提供了一些与美国证据开示程序相似的证据收集的方法。通过严格的诉答程序与证据交换程序,德国民事诉讼程序提供了与美国证据开示程序中自动的信息披露存在一定程度相似性的当事人之间主动的信息开示,能够防止诉讼突袭。在诉答程序以及随之而来的两种准备程序中,法官积极参与对案件的准备,可以依职权采取一切必要的措施来对庭审进行准备,因此通过诉答以及准备程序固定下的事实材料在以后的诉讼程序中不再争辩,随时可以作为判决的基础,在此意义上也提高了诉讼效率。然而在实践中,德国的民事诉讼程序没有提供一种能和现代美国制度相比较的证据开示机制,也无意达成此种目标。

德国设计了与美国相反的,通过法庭控制的证据收集机制。法庭可以根据案件的需要主动进行证据收集。为澄清案件,法庭可以主动传唤当事人到庭,当事人有出庭陈述的义务。法庭可以要求当事人提交诉状中提及的相关文件资料。法庭还有权要求当事人提交与口头辩论和判决有关的,为他们所占有的与裁判有关的文书中的各种文件。① 法庭可以命令进行实地勘验以及命令鉴定人进行鉴定。② 法庭也可以要求行政机构的人员向法院提交说明书或提出官方报告。根据一方当事人的申请,法庭可以发布证据调查令帮助当事人收集由另一方当事人占有的各种证据。对由第三人占有的证据,制定了特定的提交证据的诉讼程序。证据保全也是一种当事人可以利用并进行证据收集的工具。在整个诉讼的进行过程中,当事人都可以通过法院的释明获得证据收集上的帮助。因此,在德国的诉讼中,事实发现也可以得到实现。

德国式的法官对事实调查负有积极责任的诉讼模式可以将证据调查集中于对案件事实发现重要的证据上,从而控制证据收集的范围,能够提高诉讼效率,减少诉讼上不必要的花费。德国的中立证人和专家证人制度避免了当事人主义的证人制度所带来的对事实真相的歪曲。

对于由于法官在诉讼中的控制地位有可能会带来的偏私,德国民事诉讼法通过赋予当事人法定听审权和程序正义的请求权,以当事人积极的程序参与对法官权力的恣意行使形成监督和控制。同时,法官

---

① Vgl. ZPO 143.
② Vgl. ZPO 144.

在遴选和职务晋升上的激励机制能够保证法官工作的勤勉和高效率。因应法官控制的事实发现程序对法官数量上的需求,"德国以它拥有数量众多,受过良好教育和高度专业的州和联邦法官而自豪。事实上,德国人均拥有的职业法官数量超过世界上任何其他国家"[1]。

总之,"现代德国已经为德国的民事诉讼制定出一套复杂的、相对成功的民事诉讼法和宪法原则以及司法制度。它是有效的,值得尊重地将法治在日常的民事诉讼中实现的典范"[2]。并且,"现代德国民事司法体系对世界民事诉讼体制的影响超过了任何其他的民事诉讼程序体系。在民事法律体系中,现代德国民事司法体系以它对德国文化和经济生活的紧密结合,以它的总体规模和规则的复杂性,以及适用的高效和司法、法律制度的高质量以及理论界对它的目的和运行的研究的总量卓然于世"[3]。

---

[1] Peter L. Murray, Rolf Stürner, German Civil Justice, Carolina Academic Press, 2004, p. 5.

[2] Ibid., p. xxiii.

[3] Ibid., p. 3.

第四章 美国与德国证据收集制度之比较

一、不同的诉讼结构
——以自由主义为基点的不同的路径选择

几乎所有谈及美国民事诉讼制度基本模式的文章都要首先指出，对抗制是美国民事诉讼制度的基础。建立在个人主义基础上的自由主义作为西方近现代主导性意识形态，体现在程序上即是程序自由主义理念的根源。

自由主义尊重个体的利益，认为个体存在先于集体，个人利益高于集体利益。因此，由个体组成的社会大于国家和政府，公权力不能侵犯个人不可剥夺的天赋权利。体现在对国家角色的定义上，主张"最小政府"或者"有限政府"的界定，认为政府的作用仅限于消极地保护个人权利，担任"守夜人"的角色。在此基础上引申出最少管事的法院的概念，法院除中立性裁判权能之外再无其他功能，或者掌握有限职权，引导诉讼程序进行以保障程序机制顺利运作，维护基本的司法公正。诉讼只能在尊重公民的自治性和主动性的基础上，通过与争议具有直接利害关系的当事人全面调查和收集对他们最有利的案件事实来揭示事实真相，通过对抗来实现所谓的正义。

在17—19世纪古典自由主义的背景下，自由成为程序的内在精神，程序进行遵循自由主义理念，以绝对的辩论主义、处分权主义、公开主义、言词主义、自由心证主义为理想范式的程序自由主义达到巅峰，实行程序自治，当事人双方拥有完全自由之意志，作为对立和对抗的两造，运用各种竞技手段相互攻击和防御。

但是，个人主义所指的形式上的平等观念随着垄断资本主义的出现已不符合实际的需要。形式平等与实质平等、程序正义与实体正义注定要发生冲突。冲突的结果便是，以实质正义对形式正义进行补充，即对公共利益、社会福利程序中的形式性平等但实质性不平等进行补救。法庭应考虑当事人各方经济实力及由此制约的诉讼能力的差别。现代诉讼法原理认为,一切有关诉讼的事实必须展示于法庭,追求"客观真实",保障当事人真正平等和对等地接近实质性正义。诉讼并非一场战争,也不是一场游戏。诉讼的目的,旨在实现对立当事人之间真正的公平和公正,而如果法院未完全掌握全部相关信息,则无法实现司法公正之目标。

同时,在以绝对程序自由为理念的传统对抗制诉讼结构中,诉讼进程由当事人及律师控制,法院只作为消极的裁判者。诉讼的进程也由当事人自由控制。当事人、律师为了自身利益,经常滥用程序权和诉讼武器,使诉讼程序复杂化,拖延诉讼,产生不必要的费用,进而拖垮弱势当事人,迫使其接受不利和解,或者令迟来的正义对他方毫无效用。

因此,针对对抗制所固有的缺陷,美国通过程序改革,创设了证据开示程序试图弥补对抗制的缺陷。在证据开示程序被引入之后,诉讼程序中的一些原则和观念发生了变化。法官被赋予更大的权威来提供证据和推动案件的进程。诉讼程序的形式性和技巧性在很大程度上被移除。在审理期间和审理前准备期间,可容许的信息范围已经被扩大,以便诉讼者和法院能够更好地了解案件。司法制度日益变得更加统一、更有规划,以及更有组织。

同美国一样,德国的民事诉讼理念也源于自由主义。在德意志帝国时期,受法国自由主义思潮影响的德国民事诉讼法具有较强的当事人主义色彩。体现在对法院的角色定位上,同样认为当事人之间的利益冲突在通常情况下并不与国家利益相一致,在民事诉讼中,国家并不过多地参与其中,由于当事人是为自己的利益而争议,因此规定当事人应发挥自己的积极性从而实现自己的权利。

1877年《德国民事诉讼法典》的立法者是单方面地从个体利益的角度来观察诉讼。在他们看来,诉讼是"私事",因此,和美国民事诉讼法相似,"根据法典的基本意旨,双方当事人享有绝对的权力管理诉讼,决定和明确纠纷的内容、案件的程序和审理期限"[①]。

但基于双方当事人的自由处分权,这个程序完全成为当事人利用

---

① Peter Gottwald, "Simplified Civil Procedure in West Germany", The American Journal of Comparative Law, Vol. 31, 1983, p. 687.

诉讼策略拖延诉讼的理想工具。①

同时德国自19世纪上半叶开始的从自由竞争的资本主义到垄断资本主义进化发展的过程中,经济关系和社会价值观念的变化导致政治制度也不得不发生变化。相比于抽象的自由,人们开始要求在现实生活中真正实现所有公民的自由。随着对形式平等以及法官消极角色的反思,人们开始要求国家不能只是观望社会冲突,相反它必须积极地干预经济制度和社会制度,以便针对强者来保护弱者,根据更美好的生活模式来塑造我们的制度,以至于所有的社会阶层都会将其视为是正当的。

在对自由主义进行批判的基础上,德国发展出社会法治国家的民事诉讼理论并由此指导民事诉讼法的变革。1924年,德国民事诉讼法进行的第二次改革即所谓的"埃明格尔规则",打破了程序自由的概念,带来了根本性的改变。当事人主义原则被限制,法官的权力得到了加强,强化了程序的集中。这从根本上加强了法官在案件事实阐明上的权限,通过规定当事人强制出庭也促使法官一再地对当事人本人进行发问。1933年,德国对民事诉讼法的再次修订得以实施。这次修订的理论基础不再是所谓的"诉讼竞技理论",而是将诉讼程序作为公共福利。② 通过这次修订,当事人的真实义务被引入,当事人诉讼的概念被取消。"任何诉状、传唤以及法庭的正式通知现在都由法庭命令,一般通过邮寄来进行,所有的会议日期都由法庭决定。"③

经过上述修订,《德国民事诉讼法典》获得了与1877年最初颁布时完全不同的内容。程序方面的当事人主义被废除了。当事人对诉讼材料的决定权也受到了极大的限制。社会诉讼观点得以实现。

由此可以看出,美国和德国的民事诉讼程序随着社会的发展,都对自由主义指导下的对抗制进行了修订,以消除自由主义所固有的缺陷。但是在路径选择上,美国创设出证据开示程序来弥补对抗制所固

---

① See Baumbach, Lauterbach & Hartmann, Zivilprozessordnung, Einl, I (40th ed, 1982), cited from Peter Gottwald, "Simplified Civil Procedure in West Germany", The American Journal of Comparative Law, Vol. 31, 1983, p. 688.

② See Stein, Der erste Verhandlungstermin nach der neuen Civilprozessordnung, 1900, DJZ 33, 34, cited from Peter Gottwald, "Simplified Civil Procedure in West Germany", The American Journal of Comparative Law, Vol. 31, 1983, p. 688.

③ Ibid., p. 689.

有的缺陷,而德国的路径是通过加强法官对程序的控制,通过法官的阐明权以及当事人的诉讼促进义务以及真实义务的引入,来实现案件事实的发现和诉讼争议的解决。

二、两国证据收集制度的特点及其背后存在的深层次原因

民事纷争审理机制的不同体现在法院的组成结构、诉讼程序的结构以及当事人与法官在诉讼中的权限分配上。程序选择的不同深深根植于各自不同的法律文化传统。英美法系与大陆法系的事实认定模式存在差异的因素很多,但有三点尤其重要:相异的法庭构造、不同的庭审时间安排以及程序控制权在法院与当事人之间的不同分配。

德国法庭的权力覆盖整个案件,通过法官权力的行使来解决案件的法律和事实问题的"瓶颈"。面对当事人提供的证据,法庭会以一种尽可能缩小调查范围的方式来调查案件。在诉讼中,律师的主要职责是引导法庭的注意力集中到那些特别令人信服的调查事项上来。①

德国没有陪审团对案件事实进行审判的方式。虽然历次改革试图将德国的庭审模式变革为充分准备的审前程序及一次集中的听审来解决诉讼,但如果在庭审中出现对案件事实或证据的争议,仍然可以中断庭审重新调查收集证据。因此,德国证据收集模式中的"插曲式"的特点在很大程度上减少了突击式诉讼的危险;如果案件出现某次意外的回转,受不利影响之一方当事人能够在下一次的庭审中提出自己的抗辩。因为没有审前发现程序,所以对证据的收集调查只进行一次;因为法庭能够根据相关性标准来安排证据调查的顺序,所以不

---

① 参见〔德〕米夏埃尔·施蒂尔纳编:《德国民事诉讼法学文萃》,赵秀举译,中国政法大学出版社 2005 年版,第 671 页。

必要的法庭调查就可以减少。① 德国民事诉讼程序的一个主要优点在于法官主导证据收集和事实调查,通过控制一系列程序来确定并逐步缩小证据调查的范围到那些被认为极可能解决案件的事项上来。当案件逐步展开的逻辑暗示着对某一特定问题的调查成为必需的时候,证据调查程序就会启动。②

德国的庭审模式相较于美国通过身经百战的律师的交叉询问而激烈交锋的庭审而言,更类似合作式的庭审模式。"这种合作式的程序消弭了庭审的紧张,减少了无谓的做作,从而鼓励案件的调解……当法庭进行调查和组织庭审的时候,这里并没有律师表演的空间。同时鼓励了调解。"③

在德国,律师参与证据的收集但不能控制对证据的收集。德国法官的积极角色在很大程度上弥补了一个拙劣的律师给诉讼带来的负面影响。在德国的诉讼中,双方当事人都拥有同样一个证据收集和调查者——法官。④

对专家证人的基本理念是可信任的专家必须是中立的专家。由于将专家定位为法官辅助者,因此法庭在提名专家和选任专家上享有主动权。德国的学者尤其无法理解美国程序中将专家作为当事人的证人的定位。

在证据收集和调查程序以外的其他部分,德国的民事诉讼与美国一样,是采用对抗制模式的。德国的民事诉讼程序将以下两者有效地结合起来:法官主导证据收集和调查;当事人及其律师在确定事实调查的范围、分析事实和法律问题上具有异常的活力和持续性的努力。

面对法官权力对整个案件诉讼过程的覆盖,"在一个以法官为中心进行证据收集和调查的程序中,法庭的权力将受到关注"⑤。因为德国的诉讼法将证据收集和调查的权力赋予法官,就会存在这样一个

---

① 参见〔德〕米夏埃尔·施蒂尔纳编:《德国民事诉讼法学文萃》,赵秀举译,中国政法大学出版社2005年版,第672页。
② 同上书,第687页。
③ 同上书,第672—673页。
④ 同上书,第683页。
⑤ 同上书,第667页。

危险:法官可能会不尽责。① 在德国法的传统中,对此问题的回答是坦率的:法官这一职业必须以一种能激励他们勤奋和表现的方式来设计。

与德国民事诉讼制度的特点相对,美国民事诉讼制度具有三个重要的特征。一是陪审制的使用。在美国的审判结构中,平民陪审团掌握案件事实的认定,法官掌控法律的适用。二是诉讼程序分为三个明确的阶段,审前的证据开示程序和庭审程序不具备可逆性,没有在审前收集的证据不会有机会进入庭审质证程序。三是法官的消极中立地位,由当事人主导证据的收集和程序的进行。

由于美国的证据开示程序的昂贵性及复杂性,以及它所存在的对歪曲证据的激励,一些美国学者试图向德国民事诉讼程序学习以改革他们的民事诉讼程序。其中最有名的学者即约翰·朗本(John Langbein)。他主张,通过赋予法官而不是律师调查案件事实的权力,德国避免了美国司法实践中存在的大多数的麻烦,因此程序体系应当根据德国的优势进行修订。②

朗本对美国民事诉讼程序的批评引起了关于在美国是否借鉴德国程序优势的大争论。③ 尽管有些争论的确是对美国人所珍视的证据开示程序的批评所引起的愤怒的反应,但仍然有一些理性的学者指出:"确实,朗本关于实行德国式的由法官控制证人作证的建议的美妙之处在于它迫使我们开始意识到德国的法律文化和美国的法律文化的不同,并进而理解改变我们法律文化中的一个重要方面会影响其他的重要方面。"④

德国民事诉讼程序与美国的不同不仅仅体现在法条中,而且根植于对律师和法官角色在文化方面的界定上。尽管从一些角度看,德国民事诉讼程序有一些优势,但"如果转换为德国制度将是非常困难的,

---

① 参见〔德〕米夏埃尔·施蒂尔纳编:《德国民事诉讼法学文萃》,赵秀举译,中国政法大学出版社 2005 年版,第 688 页。

② See John H. Langbein, "The German Advantage in Civil Procedure", U. Chi. L. Rev., Vol. 52, 823.

③ See Ronald J. Allen, " Idealization and Caricature in Comparative Scholarship", Northwestern University Law Review, Vol. 52, 1988, p. 785.

④ John C. Reitz, "Why We Probably Cannot Adopt the German Advantage in Civil Procedure", Iowa Law Review, 1990.

因为这种转变会涉及不是实体法,而是根深蒂固的文化概念上的改变"[1]。法官主导的事实发现和美国先进司法制度中的一系列基本特征不相匹配。

第一,美国法官的消极角色以及律师的积极角色的定位是一个法律文化问题。对美国人而言,律师之间的竞争可以产生公平和正义。[2] 在漫长的司法实践历史中,法官将自己视为对抗的双方当事人之间的裁判员,而律师视他们自己为主要的事实收集者。这种观点又被其他的审判制度例如律师制度所配合,在美国的律师制度中,律师通过按小时收费的收费结构被激励。因此,除非美国基本的法律文化定位被改变,否则由法官控制证据收集不可能被美国人所接受。

第二,法官的消极角色也与美国的法官制度相配合。正是由于法官角色的消极性,才会使美国保有相对较少数量的法官队伍,因此美国也没有足够的法官来管理德国式的法庭。

尽管对在美国自己的法律文化下的证据开示程序仍然有很多批评的声音,但大多数美国学者仍然骄傲于他们的证据开示程序。他们认为,关于证据开示的法条规定通过允许一方当事人收集在对方当事人及案外人手里的证据以支持自己的诉求,在抗辩对方当事人的诉求和答辩方面远远超过了仅仅防止诉讼突袭。而德国在收集证据时严格的关联性标准不能够保证事实的发现,并且范围广泛的免证特权连同上述限制导致德国的民事诉讼案件不能够全面收集证据。

事实上,这些不同也反映出两个国家在价值选择上的根本性差异。两种制度都承认事实探知程序中的事实真相的重要性,也都承认保护个人及商业秘密免受不当侵害的利益,但是这两种制度在这两种目标中保持了不同的平衡度。美国的证据开示制度在民事诉讼中显示出对案件真实的探究超出对隐私保护的趋势。在传统上,美国人非常警惕政府的权力。他们害怕法官主导的证据收集程序会导致国家不当地侵害私人领域。他们也害怕由法官控制的证据开示不能够像律师进行的证据开示那样彻底,因为法庭没有充分的动力去收集

---

[1] John C. Reitz, "Why We Probably Cannot Adopt the German Advantage in Civil Procedure", Iowa Law Review, 1990.

[2] See David J. Gerber, "Extraterritorial Discovery and the Conflict of Procedural Systems: Germany and the United States", The American Journal of Comparative Law, Vol. 34, 1986, p. 767.

证据。

德国体系中特定的信息披露义务以及广泛的免证特权显示出德国对保护隐私利益的更多的关注,对事实发现的相对较少的注意。在德国,并不存在正义存在的可能性与当事人接近事实的途径成正比的理论假定。事实上,这种制度专注于决定与法律问题相联系的事实才是最重要的。法庭控制的诉讼程序设计暗含着一种思想,即"发现案件事实是依赖于法官评估事实性材料的技术和经验,而不是依赖于律师收集数量巨大的事实性信息,并自由地决定是否在法庭上出示这些信息,并为达到他们自己的目的对证据的提供进行人为操纵而达成"[①]。并且也正是由于是由法官对事实和法律问题负责,德国法制化进程的基石在于职业的法官正确地将一系列的概念适用于特定的事实模式。法官们对原则的正确适用能力是此种程序的核心价值。

基于这种观念,德国民事诉讼程序由法官控制。法官控制着诉讼程序的各个方面,而他的主要功能之一是限制证据收集的范围,从而使证据提供能集中于那些已经确定具有潜在的决定案件事实的事项。因此,如果同意律师利用国家权力在没有法庭监督的情况下收集证据,是与德国民事诉讼程序基本原则相冲突的。

美国证据收集的方式是由其文化决定的法官和律师不同的角色定位所限定的,并与其法律文化的其他方面相匹配——包括陪审团的使用,法官遴选及管理方式以及律师的费用构成。德国由法官主导的证据收集也是由其法律文化所决定的,并与德国体系中的其他基本方面紧密相连。两种方式都有其各自的优势和劣势,并且目标都在于保证司法公正和效率。同时,两国试图通过司法改革以改善他们的司法系统的努力从未停止。一个有趣的现象是,在近些年,两种模式出现一些融合的趋势。

---

① David J. Gerber, "Extraterritorial Discovery and the Conflict of Procedural Systems: Germany and the United States", The American Journal of Comparative Law, Vol. 34, 1986, pp. 768–769.

三、以当事人自治和合作为基础，发现案件的实质真实

美国为了弥补自由的对抗制度的缺陷，于1938年制定的《美国联邦民事诉讼规则》中创设了证据开示制度。最重要的目标就是使诉讼当事人能够发现与案件相关的必要证据和信息，以向法院提出更多的证据材料。立法者试图通过证据开示程序的设定，使得一方当事人能够向对方当事人提出有利于对方的主张和证据，从而使当事人立于实质平等的地位。

在证据开示制度下，当事人有义务主动提出基本的核心信息，并且证据开示制度对证据开示的范围的界定也相当广泛。因此这样的改革被定性为"非符合当事人对审精神的"，从而"使英美法系的诉讼制度摆脱'当事人竞赛理论'而朝向'真实发现理论'前进"[1]。

法官消极中立的观念也受到了批判。有论者认为，法官的消极角色使诉讼当事人——借由他们的律师——得以操控、滥用程序并扭曲事实。[2] 也有论者从提高诉讼效率的角度认为法官有在庭审前的准备程序中积极介入的必要，因此法官应该变"消极的裁判者"为民事诉讼案件的"经营者"。[3] 虽然对积极的法官角色仍然有很多批判的声音，有论者认为其会扩大"无法加以审查的法官权限并将伤害法官'中立性'的形象"[4]，但积极的管理型法官的理念获得《美国联邦民事诉讼规则》的支持。通过1983年的修订，《美国联邦民事诉讼规则》第16条肯定了"经营诉讼"理念，要求法官普遍地加以适用。其修正理由指出：

> 当法官在诉讼初期的阶段积极地介入以掌握对该案件

---

[1] Jerome Frank, Courts on Trial: Myth and Reality in American Justice, Princeton University Press, 1973, p. 95.

[2] See Marvin E. Frankel, Partisan Justice, New York, NY: Hill and Wang, 1980, pp. 10–20.

[3] See Judith Resnik, "Managerial Judges", Harvard Law Review 96.2 (1982), p. 374.

[4] Ibid., pp. 424–432.

的控制,并就当事人应于准备程序中完成的准备工作订出期限,案件将较完全交由当事人所主导控制更能有效率地经由和解或公判而解决,并将更能节省诉讼之费用及避免诉讼之迟延。①

法官发挥更积极作用的立法尝试在实务中获得了相当的支持,并导致《美国联邦民事诉讼规则》第16条在1993年再次获得修正,扩充了法官掌控证据开示程序及限缩争点的权力。随着2000年的修正,律师和法官的行为有了根本性的变化。

因此,从美国民事诉讼法的历史发展可以看出,通过加强法官的管理性权力以及促使当事人之间的合作,在发现案件真实和促进诉讼效率上都发挥了巨大的作用。

德国的民事诉讼经历了从自由的民事诉讼向社会的民事诉讼的转变,从在诉讼中进行自由的力量角逐的诉讼竞技转变为在法官的指挥和组织下进行诉讼上的合作。尽管民事诉讼教科书中仍然强调德国民事诉讼的基本模式是辩论主义,但鉴于德国现在的民事诉讼模式对传统的辩论主义进行了大量的突破和限制,即使对学术界而言,"辩论主义也不再是毫无疑问的问题了"②。

民事诉讼涉及的是诉讼主体之间的法律关系,即一方面是法院与当事人之间的关系,另一方面是当事人彼此之间的关系。③ 这种由比洛所创建的诉讼法律关系学说不仅阐述了诸如诉讼担当或者诚实信用基本原则的适用等现象,而且也为当事人以及法院的义务和责任提供了基础。

诉讼使得参与人(法院和当事人)参加到同一法律关系中来,其目

---

① S. Flanders, Case Management and Court Management in the United States District Court (1977).

② 〔德〕鲁道夫·瓦塞尔曼:《从辩论主义到合作主义》,载〔德〕米夏埃尔·施蒂尔纳编:《德国民事诉讼法学文萃》,赵秀举译,中国政法大学出版社2005年版,第361页。

③ 参见〔德〕比洛:《诉讼抗辩和诉讼要件学说》,1868年版,第1页以下,转引自〔德〕赖因哈德·格雷格:《作为诉讼主义的合作》,载〔德〕米夏埃尔·施蒂尔纳编:《德国民事诉讼法学文萃》,赵秀举译,中国政法大学出版社2005年版,第443页。

标和意义在于实现诉讼目标①,即确认和实现私权并恢复被破坏的法的和平。为完成这一任务需要参与人之间相互合作。它要求法院实施以目标为价值导向的诉讼指挥。由于当事人主义统治着民事诉讼,因此这种指挥不可能是专断的,而只能是合作式的。②

对于合作主义的要求根本不会与辩论原则相冲突,也不会排斥或者取代辩论原则。相反,正是因为在民事诉讼中适用辩论主义,法官才必须同当事人合作,而既不可能以监护的形式也不可能以非合作的形式向当事人提供帮助。③

法院在实施诉讼指挥时不得消极或者专断地行为,而应当积极或者民主地行为,以使通过起重要作用的当事人活动的协助能够尽可能容易地、迅速地、完美地实现诉讼目标。

对当事人而言,合作主义也并不意味着他们必须双方亲密地在一起共同解决诉讼——这只是脱离现实的乌托邦。相反,在正确理解的情况下,合作的要求只是表达了当事人必须接受法院的相应的诉讼指挥并且在其中积极合作。④

协同主义是指民事诉讼中的法院(法官)运用职权发挥能动作用,与当事人实现充分的相互沟通与协作,从而使法官和当事人在事实发现、程序促进等方面共同推进民事诉讼程序的一种模式。⑤

德国现行法律中的合作因素主要体现在下述方面:

法官的阐明权在《德国民事诉讼法典》第139条进行了明确的规定。审判长应该使当事人就一切重要的事实作充分的说明,并且提出有利的申请,特别在对所提事实说明不够时要加以补充,还要标明证据方法。为达到此目的,在必要时,审判长应与当事人共同从事实和法律两方面对于事实关系和法律关系进行阐明,并且提出发问。同时

---

① 参见〔德〕赖因哈德·格雷格:《作为诉讼主义的合作》,载〔德〕米夏埃尔·施蒂尔纳编:《德国民事诉讼法学文萃》,赵秀举译,中国政法大学出版社2005年版,第444页。

② 同上注。

③ 同上注。

④ 同上注。

⑤ 参见肖建华主编:《民事诉讼立法研讨与理论探索》,法律出版社2008年版,第4页。

根据《德国民事诉讼法典》第 278 条第 3 款的规定,就某一法律观点,如当事人一方明知而忽略之,认为是无关紧要的,法院只能在该观点不是关系到附带请求时,而且法院已给予发表意见的机会后,才支持当事人的判断。① "这两款并不涉及法院的纠问而是致力于当事人自由的正当行使。"②

对于当事人,为了让法庭更好地理解当事人的陈述,《德国民事诉讼法典》第 141 条第 1 款规定了命令当事人亲自到场的规定。当法院认为阐明案件有必要时,法院应命令双方当事人到场。即使当事人有诉讼代理人,仍应通知当事人到场。根据《德国民事诉讼法典》第 142 条及第 143 条的规定,法院可以命令当事人提交他所引用并占有的文书资料,以及与案件的辩论、裁判有关的文书中的各种文件。根据《德国民事诉讼法典》第 144 条的规定,法院可以命令进行勘验、鉴定。所有这些关于法院职权的规定不涉及纠问,而是涉及法院能够根据自己的观点或者借助于检查或者给予调查而对起决定作用的当事人的陈述作出正确的评价。③

1977 年《简化修订法》明确规定了当事人的诉讼促进义务以及强制当事人亲自出庭义务,并且在当事人不合作的时候,法律规定了处罚措施。

因此从结果上可以确定,德国民事诉讼法中包含了大量有关支持法官积极参与收集诉讼材料以及当事人因此承担相应的合作责任的规定。

---

① 参见谢怀栻译:《德意志联邦共和国民事诉讼法》,中国法制出版社 2001 年版,第 36、68 页。

② 〔德〕赖因哈德·格雷格:《作为诉讼主义的合作》,载〔德〕米夏埃尔·施蒂尔纳编:《德国民事诉讼法学文萃》,赵秀举译,中国政法大学出版社 2005 年版,第 444—445 页。

③ 同上书,第 445 页。

四、两国能否互换证据收集模式

法学家达马斯卡在他的《比较法视野中的证据制度》一书中,曾做过一个非常有趣的设想,试想如果在大陆法系强化辩护律师的作用以及在英美法系的法律制度下增强法官的积极性,那么在两国具体的法律制度及文化背景下会出现何种现象。这种通过理论假设的方式来进行制度移植的分析是一个非常直观的研究方法,我们可以来看他的研究思路。

(一) 强化大陆法系辩护律师作用的设想

达马斯卡认为,在任何证据收集模式下,都存在一种"证明方式的观念"。无论处于何种制度下,"相应的观念都使诉讼参与人形成了某种根深蒂固的习惯——这种习惯不会随着立法者的法令而在一夜之间就发生翻天覆地的改变"[1]。

在关于证人的定位上,在大陆法系观念中,"证人时常被视为剑拔弩张的敌对双方队伍中的一员。因此,普通法系的法律制度中长时间存有的证据所有权(the proprietary concept of evidence)这一概念绝非偶然——更确切地说,这个概念源于证人'属于'传唤其到庭作证的当事人一方"[2]。因此,在这种观念的影响下,大陆法系学者认为,只要让具有"偏袒性"的律师来寻找信息资料,与证人频繁接触,帮助证人排练其如何在法庭上提供证言,并为了维护其委托人的利益而追求询问技巧,那么证据就往往只服务于一方或另一方当事人,不能够保证证据的中立性。而在职权主义的大陆法系法律制度中,法庭的居中活动为理解所谓中立的证明方式留下了广袤的空间。"按照一种长期盛行的观点:当一方当事人向法庭提交证人时,该证人就被视为双方'共

---

[1] 〔美〕米尔吉安·R. 达马斯卡:《比较法视野中的证据制度》,吴宏耀、魏晓娜等译,中国人民公安大学出版社 2006 年版,第 238 页。

[2] 同上书,第 239 页。

同'拥有的。"①这一观念由于属于"某种根深蒂固"的观念,因此很难通过修改法律而很快得到改变。基于这样一个立证的基点,达马斯卡进行了下述推论。

英美法系的程序中,律师必须在庭审中有在场权。理由在于,在检验证据的真实性和合法性方面,在英美法系的对抗制诉讼程序中,由于由具有偏袒性的律师帮助证人准备证词并询问证人,因此与职权主义下的事实认定制度相比,在询问程序中保证双方律师在场就更为重要。因此在英美法系的审判中,应当赋予当事人在诉讼中向对方毫不迟延地质疑其证据的机会。因为一旦一方当事人的证据信息在裁判者脑中留下印象,再想改变这一印象就会颇费周折。

但在大陆法系国家和地区,法庭的事实认定活动并不需要诉讼参与人总是出现在同一个地方,而是通过以下推理活动完成这一论证过程。在由法官控制的事实认定制度下,严禁律师与证人接触,更遑论律师对证人的帮助了。因此大陆法系的律师在处理证人作证问题时,只是把证人带至证人席并使其接受直接询问。这种询问与英美法系中的询问感受完全不同。在大陆法系的传统中,如果诉讼当事人一方坚持对诉讼中提出的证据进行毫不迟延的对质,他会被视为一个过分"爱争辩"的人。对其他类型的证据的处理也类似。当事人有权在提交答辩状的时候附上书面证据,或者通过其他非正式的方式将其列入卷宗。法官可以在他的办公室自由浏览这些材料。因此,与普通法系的律师制度形成对照的就是,这种事实认定活动并不需要诉讼参与人总是同时出现在同一地方。与此相对,在对抗制下,所谓的"对抗原则"即听取双方陈词原则是程序公正的重要保障。每一方当事人在诉讼的某一期间都应有足够的机会抗辩另一方当事人提出的事实材料。②

达马斯卡又进一步指出,大陆法系国家和地区认为英美式的对待证人的询问方式会造成对人的尊严的伤害。英美法系竞争性法庭证明方式更深一层的含义是证据可以获得更有力的检验,这是在职权主义查明事实制度下所不能设想的。在一贯温和的大陆法系的一方当

---

① 〔美〕米尔吉安·R.达马斯卡:《比较法视野中的证据制度》,吴宏耀、魏晓娜等译,中国人民公安大学出版社2006年版,第239页。

② 同上书,第240页。

事人看来,如果承认证人是属于某一方当事人的证人,那么对证人证言的质疑就很容易导致集中火力对准对方证据中的漏洞和可能的矛盾。因此,这种检验方式很容易升级为对人的可信度的全面攻击(而这样的攻击对大陆法系的人们而言是对尊严的侵犯)。但对普通法系律师而言,他们认为真正重要的是获得有力攻击证据的机会,因此证人必须出庭接受交叉询问,否则证言就有可能不被法庭采纳。

另外,假如在大陆法系的法律制度中融入对抗式的举证方式,带来的后果很可能就是增加律师查明案件事实的压力。那么这就意味着律师必须与证人接触。一个由律师主导的证明制度如果不容许律师接触会见潜在的证人,是难以奏效的。至少律师应该预先了解在直接询问中他的证人可能提及的一些内容。最低限度的证人准备几乎不可避免。①

然而,英美法系只要涉及潜在证人的做法都与大陆法系正当的律师行为的观念相反。在大陆法系,与证人接触仍被视为试图污染法庭信息来源的不当举动。在许多司法辖区下,这种接触严重违背了法律职业道德。并且更为不利的是,倘若律师的此类行为引起了法庭的注意,法庭自然的反应就是降低所获证言的证明力。

达马斯卡又指出大陆法系的律师收集证据能力的限制。如果想让大陆法系的律师们在证据调查中能够有效地发挥作用,他们必须在审前获得更大的从对方以及第三方获得信息的权限。但考虑到德国的律师目前有限的收集证据的权限,"很难想象他们如何能够在法庭上充分准备本方'案件'的证据"②。当然可以通过对律师赋权的方式来提高他们的权限,但即便大陆法系授予律师的权利中不包括这些来自于美国的具有侵犯性的事实发现方式,这样的改革方向也与人们广为接受的司法机关可以在一种程度上授予某私人行业的成员们行使某些诉讼行为的观念难以调和。

与普通法系相比,大陆法系的民事诉讼的优势之一就是"低耗费"能力。法官会衡量证据提交的必要性。证明和被讨论问题无关的事情徒劳无益。但是在美国的证据开示模模糊糊的关联性标准的指导

---

① 参见〔美〕米尔吉安·R.达马斯卡:《比较法视野中的证据制度》,吴宏耀、魏晓娜等译,中国人民公安大学出版社 2006 年版,第 240—245 页。

② 同上书,第 241 页。

下去收集大量的证据材料,对大陆法系的人们而言,这并不符合司法利益。但是,"如果授权大陆法系的律师主导事实调查,就意味着赋予他们对于证明事项以及证明方式更多的控制权。只要为了驳斥对方的目的而去收集相关信息,对证据关联性的限制便会被突破"①。

因此通过以上层层推理,达马斯卡认为,在大陆法系国家和地区强化律师的作用不仅会和人们根深蒂固的观念相反,而且也会由此带来一系列的不协调的事情的出现,并进而危害大陆法系民事诉讼程序所固有的"低耗费"的优势。

(二) 增强英美法系法官积极性的设想

如果促使英美法系的法官更高程度地参与到询问证人和其他形式的举证活动中来会产生什么样的后果?

达马斯卡以法官介入对证人的询问为起点进行推论。如果由法官介入对证人的询问,那么为了保证高效的询问,需要询问者熟悉询问的相关事项。然而,由于英美法系的法官对即将审理的案件事实知之甚少,因此询问就会盲目,由此导致清楚掌握从证人处获得有用信息的律师重新接管局面。

当然可以赋予法官更强的事实认定角色,通过向法官提供信息丰富的案卷的方式让他们充分了解即将审理的案件,从而做好审理准备。但这种措施又将严重损害普通法系所理解的法院应严格秉持的司法中立地位。这种理解和通过对抗发现案件真相的程序"唇齿相依",并严重怀疑第三方介入时法官仍然能够保持中立的论断。"事实上,法官的质问也许给一方当事人提供了其律师所不能获得的优势,而另一方当事人对此却无能为力。"②相反,在大陆法系的法律制度下,人们不认为法官的询问会危及司法中立。这是因为在大陆法系的证据收集活动中并不存在如此明显的对抗,证人属于双方"共有",来自法官的咄咄逼人的询问也并不被视为对一方或者另一方当事人的帮助。当然也可以通过某些政策措施的施行让普通法系国家和地区接受中立的证人和积极的法官的认识,可是,如果普通法系国家和地区要接受这一

---

① 〔美〕米尔吉安·R.达马斯卡:《比较法视野中的证据制度》,吴宏耀、魏晓娜等译,中国人民公安大学出版社 2006 年版,第 243 页。

② 同上书,第 245 页。

认识,必须废弃目前律师在准备案件审判中的主导作用。①

尤其是在还使用陪审团的司法辖区,法官在证据调查活动中的角色扩张,容易被认为这种积极询问可能会向凭印象断案的业余裁判者们(陪审员)泄露他对于证据可信度的评价而遭到质疑。此外,任何一个谨慎的立法者都不应该不考虑一个妥当完备的法官质询制度给初审法官的工作量带来的影响。与这种工作量相对应,大部分大陆法系国家和地区法官的数量都远远多于英美法系国家和地区。大陆法系国家和地区的法官需要做更多的工作,如他们要为履行查明事实的任务而做大量准备工作。②

通过以上推理,达马斯卡认为,对于现行制度的不满是普遍存在的。"但两大法系之间的事实发现制度移植将会在受体制度中产生严重张力。人们必须仔细研究预期的移植和新环境间的互动关系,并且考虑受体一方的文化是否已经具备——或者可能具备——承受计划之中的改革所带来的广泛影响的能力。"③

事实上,无论哪种事实发现模式都存在缺陷,但同时其缺陷通过其他配套程序可以得到缓解。

就德国模式而言,"德国的法官不是沉默的判定者。相反,他代表一种家长式的权威,从他自己的意愿和观点出发,在整个诉讼过程中进行介入"④,因此,作为一种"家长式"存在,法官很容易陷入对权力的滥用或懈怠。同时,职业法官由于"对司法裁判事务参与程度越深,就会变得越麻木不仁;有待裁判的事项,在他看来只不过是一般类型中的一个,并逐渐开始以一种处理日常工作的相对冷漠的方式进行事实认定"⑤。因此,职业法官"职业化的典型特征在于其成员所具有的下述倾向,即对他人而言至关重要的事情,在此却只作例行常规式的对待"⑥。而陪审团审判却有自己的优势。"偶尔参与审判的裁判者

---

① 参见〔美〕米尔吉安·R. 达马斯卡:《比较法视野中的证据制度》,吴宏耀、魏晓娜等译,中国人民公安大学出版社 2006 年版,第 245 页。

② 同上书,第 246 页。

③ 同上注。

④ 〔日〕谷口安平:《程序的正义与诉讼》(增补本),王亚新、刘荣军译,中国政法大学出版社 2002 年版,第 25 页。

⑤ Hughes, E C., Men and Their Work, Glencoe, IL: Free Press, 1958, p.84.

⑥ Ibid.

则不会产生上述态度的变化:他们保持着刚接触新鲜事物时的饱满的热情,他们会把每一个案件都看作是独一无二的人间喜剧。"①

作为一种"家长式的人物",德国的法官如何保证其权力的有效和高质运行是至关重要的。在德国,法官的职业与律师职业完全分离。专业的民事诉讼人员在毕业后即被训练成法官并终生作为法官。"这是一种让人自豪的职业,因此能够吸引最优秀的学生进入此职业领域。同时有效的评估和提升体制确保了法官工作的勤勉和高效。"②

但在以美国为代表的对抗制国家和地区,在双方当事人在事实认定中起主要作用的模式下,为了保证诉讼结果的正义性,"那么,建立一套适当的激励机制,以抵消或降低该模式对当事人歪曲事实的诱惑,就显得至关重要"③。因为,作为当事人追逐自身利益的后果必定会出现"一方当事人不向对方开示证据,或者一方当事人更愿意使用认识论价值较小但颇具策略价值的证据,诸如此类的做法都将变得正当"④。同时当事人让证人准备出庭作证所导致的事实偏向也不可避免会出现问题。向证人提问时暗示其作有利于本方当事人的证词,在当事人(或者他们的律师)看来实属正常。但是,心理学家已经注意到,这种质问方法会危及事实真相的发现。⑤ 即使那些对对抗制准确查明事实的能力感兴趣的人们,也无法忽视以下可能:对抗双方与潜在证人的面谈有可能沦为当庭作证的预先彩排,并由此产生精心设计的证言。

同时,从认识论的立场出发,裁判者的消极姿态也并非没有问题。这一姿态虽然理所当然地会促进裁判者的中立性,但对于发现真实,却有着消极性的影响。⑥

总之,"关于这两种模式,真正令人着迷的,不是它们多么完美或不完美,而在于为什么它们各自都运行得还算不错,尽管与(认知意义

---

① Hughes, E C., Men and Their Work, Glencoe, IL: Free Press, 1958, p.84.

② Lotfus, E., Miller, D&Burns, H. 1978 Semantic integration of verbal information into a visual memory, J. Experimental Psychology: Human Learning and Memory, 4, Part Ⅺ.

③ Ibid.

④ Ibid.

⑤ Ibid., pp.19-31.

⑥ 参见〔美〕米尔吉安·R. 达马斯卡:《比较法视野中的证据制度》,吴宏耀、魏晓娜等译,中国人民公安大学出版社2006年版,第238页。

上的)最佳事实认定方式还存在着相当差距"①。

而通过两种模式中某些元素的适当混合,能否创造出一种更高级的事实认定制度呢？面对这个问题,"不幸的是,迄今为止,各种混合模式的经验表明,在官方主导与当事人主导的事实认定方式之间,很难找到一种有效的平衡状态。在它们各自的原产地,每一种方式都是更大的程序整体的组成部分,有着各自内在的逻辑一致性和多样化的动机层次,主要参与者也具有根深蒂固的不同习惯"②。

如果深入探究这些不同存在的原因,那么探究政府组织机构与事实认定的关系,尤其是抽象出两种对待权力的不同态度来研究这两种不同的模式,并且和其他因素一起,有助于理解两大法系事实认定模式的某些不同特征。③

欧洲的多层型权力传统④,在司法活动领域产生了一种多层分布的,向具有层级关系的官员开放的法律程序。英美法传统则早早地表现出对国家集权的反感,而偏爱权力的分散或者说权力的地方性分配。⑤ 两种不同的分层程序产生了不同的事实认定方式。在多层程序模式中,案卷记载着重要的信息,配合间断进行的法律程序,案件的卷宗(the file of the case)即为这些断续的程序活动提供了必不可少的联系和生命线。相比之下,单级程序模式无须依靠先前官方活动的卷宗。在此,"口头交流和当庭证言使得笔录证据黯然失色。在此制度下,诉讼活动不会具有时断时续的特点,而是采取持续进行的方式"⑥。

总之,面对着对诉讼制度如此多的影响或者决定性因素,大部分程序改革之所以获得成功,并不如法学家们设想的那样,仅仅取决于优良的法条。"与私法领域相比,程序法的意义和效果更加依赖于外部环境——尤其是直接依赖于所在国家司法制度运行的制度背景。

---

① 参见〔美〕米尔吉安·R.达马斯卡:《比较法视野中的证据制度》,吴宏耀、魏晓娜等译,中国人民公安大学出版社2006年版,第10页。
② 同上注。
③ 同上书,第14页。
④ 关于这两种传统对刑事制裁的影响,参见 Whitman, James Q., Harsh Justice: Criminal Punishment and the Widening Divide Between America and Europe, Oxford University Press, USA, 2003, pp. 206-207。
⑤ Ibid.
⑥ Ibid., pp. 14-15.

如果无视制度背景而将那些移植来的规则与本土规则草率结合,在法律的实施过程中则有可能产生出乎意料的结果。"①"经验表明,被引入的外国证据法规则或者实践做法,在和新环境的交互作用中改变其原有特性是多么轻而易举。即便是原文照搬的同一规则,在变换后的制度背景下,也会获致相异的意义,产生不同的结果。"②

  总之,德国民事诉讼程序与美国民事诉讼程序的差异不仅仅是法条的不同,而且根植于对于律师和法官角色的不同的法律文化的定义。两种体系都致力于对案件事实发现的追求以及隐私的保护,但是两种制度体系对这两种目标的平衡不同。相较于对隐私的保护,美国的证据开示程序更多地追求事实的发现,因此他们害怕法庭控制的证据收集不如由当事人的律师进行的证据收集彻底。一方面原因在于持续的制度压力使法官有可能减少对证据的发现以此来清除其在诉讼日程上的压力。另一方面原因在于法官也没有经济上的激励从而进行彻底的证据开示。另外一个更重要的担心在于,通过司法官员进行的证据开示有可能会导致国家权力不当地侵入私权的领域。似乎看起来不可否认的是,将强大的证据开示工具放到法官的手里带来的不可预测的对私权入侵的风险远远大于现在的由当事人驱动律师主导证据开示程序的进行。③

  德国证据收集制度中规定的明确的披露义务以及严格的免证特权的规定表明了,相较于发现案件真实,德国给予了对保护隐私更多的帮助。法庭控制的程序隐含的思想在于"法官评估证据性材料的技术和经验才被认为是发现真实的保证,而不是通过由律师收集数量极大的事实性信息并自由地决定是否在法庭呈现其信息,并且为自己的

---

① Whitman, James Q., Harsh Justice: Criminal Punishment and the Widening Divide Between America and Europe, Oxford University Press, USA, 2003, p. 232.

② 〔美〕米尔吉安·R. 达马斯卡:《比较法视野中的证据制度》,吴宏耀、魏晓娜等译,中国人民公安大学出版社 2006 年版,第 232 页。

③ See M. Damaska, supra note 15, p. 206; Hazard, "Discovery Vices and Trans-Substantive Virtues in the Federal Rules of Civil Procedure", U. Pa. L. Rev., Vol. 137, 1989, pp. 2240-2241.

目的而操纵证据的出示而实现真实"①。证据开示方法和程序是与美国文化中对法官和律师的角色定位相匹配,并与其他因素相融合的,包括对陪审团的使用,对法官的选择和控制的模式以及律师的收费体系。而德国法庭主导的证据收集制度由其整个的法律文化所决定,并与德国民事诉讼的整体结构紧紧联系在一起。两种证据收集制度都有其优缺点,都致力于保障司法公正和提高诉讼效率,同时,通过改革来完善各自程序的努力从未止步。有趣的是,这些年在制度上,两者在一定程度上有融合的趋势,但完全的制度移植将会导致荒谬的结果。

---

① David J. Gerber, "Extraterritorial Discovery and the Conflict of Procedural Systems: Germany and the United States", The American Journal of Comparative Law, Vol. 34, 1986, pp. 768-769.

第五章　日本证据收集制度
（介于大陆法系和英美法系之间）

一、日本民事诉讼法的特点源于日本文化的特性

日本国民兼受输入文化和本国民族文化的双重影响，形成了独特的个性，有人称之为"和魂"。和魂的特征就是没有特征，也许正是基于这种没有特征，使日本国民有了一种独特的思维习惯，被称为"变形虫的思维方式"。变形虫的思维方式要求社会主体能在保持个性同一性的可能限度内灵活地采取行动以使自己适应不断变化的环境。① 所以日本始终以一种开放的态势，有选择地、自觉地输入外来文化，并在消化吸收之后，成为自己传统文化的一部分，这使得日本文化传统具有强大的包容气度和融合力，在此基础上，使外来文化成功实现本土化。

日本著名学者加藤周一在其《日本文化的杂种性》一书中，提出了"杂种文化"的概念。这说明了日本文化根源上的多元化。日本文化结构呈现多层结构，即日本本土文化不断叠加新文化。文化的生命力为移植外来法律提供了广阔的土壤，使外来法律在日本发挥其价值。法律是一种文化的表现，日本在引入后，在鉴别、认同、整合的基础上使之成为本国法律体系的一部分。日本在法律移植过程中，无论是古代还是近代都很好地处理了法律本土化的问题。

日本民事诉讼制度先是在20世纪以德国法为蓝本而建立。日本现行立法中的大多数立法技术来源于对德国相应立法技术的移植。

---

① 参见〔日〕千叶正士：《法律多元——从日本法律文化迈向一般理论》，强世功等译，中国政法大学出版社1997年版，第52页。

因此德国法律对日本民事审判理论的发展具有重大影响。① 第二次世界大战后,由于美国对日本的军事占领,日本的法律制度又受到美国法的极大影响。相应的,日本民事诉讼法又根据美国诉讼程序进行了重大改革。因此,现行的日本民事审判制度是以来自德国法的要素为主干并具有很多美国法要素的混合体。②

日本在第二次世界大战后的法律制度的变革是由外部力量强行渗透造成的,有浓厚的强行法律移植色彩。正如占领军总司令麦克阿瑟所言,由于战争,日本已降为四等国。无论是日本政府、官员、财界的头目还是一般国民,都把占领军总司令的占领政策看作是至高无上的命令,没有抵抗和反对,只有服从。在这种社会环境下,日本朝野内心深处的危机意识被强烈地激发了出来,这种危机经过文人的渲染战胜了日本国民传统的依赖、保守心理,这也正是日本采取政府推进方式进行法制演进的原因所在,引进西欧诸强的先进法律以推进本国社会经济发展,从而达到"富国强民"的目的。③

因此,日本基础法学发展进入了一个黄金时代。由于日本在其继受发扬日本古代法学和中国封建法学的基础上,能广泛吸收世界两大法系——大陆法系与英美法系的精华,因而其基础法学成了世界法学的集大成者。④ 日本引进西方诉讼法律文化,在东方土地上建立其诉讼法律体系,经历了一百多年的从模仿到创新的漫长又曲折的道路,这些创新是与他们善于学习和研究外国经验分不开的。⑤

---

① 参见〔英〕阿德里安·A. S. 朱克曼主编:《危机中的民事司法:民事诉讼程序的比较视角》,傅郁林等译,中国政法大学出版社2005年版,第229页。

② 参见〔日〕谷口安平:《程序的正义与诉讼》(增补本),王亚新、刘荣军译,中国政法大学出版社2002年版,第23页。

③ 参见王成伟:《第二次世界大战后日本法律制度的变化》,载《日本问题研究》1995年第4期。

④ 参见郭素青:《从近代日本法律移植看我国法律文化发展》,载《日本问题研究》2005年第2期。

⑤ 参见〔日〕高木丰三:《日本民事诉讼法论纲》,陈与年译,中国政法大学出版社2006年版,"勘校导言"第1页。

二、日本民事诉讼法的历史发展

(一) 1890 年《日本民事诉讼法典》

日本第一部民法典——1890 年《日本民事诉讼法典》是日本明治维新的产物,为了发展资本主义市场经济的需要,全盘移植了 1877 年《德国民事诉讼法典》,是对日本传统民事裁判的一次挑战。"根据这一基本的模式,我们的审判期日的确定会被拖得很长,比如一次完结不了,还会被延长,甚至可能会达到从一次到十次那么多,这整个的过程非常冗长。"①对当时的日本而言,因为引进的很多制度太先进,在使用和促进上都很困难,尤其是当事人主义的引进,很难被接受,造成裁判拖延。②

(二) 1926 年《日本民事诉讼法典》(又称旧法典)

为避免拖延,受 1895 年《奥地利民事诉讼法典》和 1924 年德国修改民事诉讼法加强职权主义的影响,1926 年日本民事诉讼法进行了改革,引进了职权探知主义,加强了法院指挥诉讼程序方面的权限。在具体程序设置上,确立了所谓的"准备程序",也被称为"审前会议"③。根据这一新的准备程序,当事人需要提出所有可能的主张和证据,然后法院将在准备程序中对这些内容加以采纳和审查。如果当事人没有在这个阶段提出主张和证据,在之后的审理程序中就不允许再提出。因此,当事人为了避免不利的后果,倾向于在这个程序中提出过多的事实,结果使案件的处理变得更加困难。同时由于存在危及审判公正性的危险,所以法官在实践中并不运用这个"准备程序",从而使

---

① 江伟主编:《比较民事诉讼法国际研讨会论文集》,中国政法大学出版社 2004 年版,第 36 页。

② 参见〔日〕吉村德重、〔日〕川岛四郎:《中日民事程序法比较研究》,载中国法学网(http://www.iolaw.org.cn/showNews.aspx? id = 10930),访问日期:2019 年 3 月 26 日。

③ 参见〔英〕阿德里安·A. S. 朱克曼主编:《危机中的民事司法:民事诉讼程序的比较视角》,傅郁林等译,中国政法大学出版社 2005 年版,第 252 页。

得准备程序没有在实际中得到适用。① 同时,在这个程序中,法官只能根据当事人在起诉状和答辩状中提出的事实来把握案件,无权进行证据审查,这也阻碍了法官根据案件事实进行自由心证。②

(三) 第二次世界大战后日本民事诉讼法的发展

第二次世界大战后,美国人来到日本,改变了日本的整个法律体系。日本政府制定了新宪法,重新确定了包含民事诉讼制度在内的民事诉讼法的各项重要原则,对以后实施的民事诉讼法修订以及民事诉讼法学的研究方向都产生了重要影响。③

在新宪法中,构成日本民事诉讼法基础的宪法原则主要包括:① 司法独立原则;② 法院的违宪审查权;③ 保障受裁判的权利。其中,"保障受裁判的权利"的规定成为对日本民事诉讼法有最直接影响的宪法原则。根据此权利,宪法不仅保障国民提起诉讼的权利,还要求诉讼程序也是适当的。从而演绎出当事人的程序权,核心在于审问请求权,还包括证据提出权、质证见证权、对裁判不服申诉权等。④ 另外《日本宪法》还规定了裁判公开原则等。

在《日本宪法》实施后,根据新确立的民事诉讼法规则,1948年《日本民事诉讼法典》的有关条款进行了部分修改,引进英美法系国家和地区交叉询问等制度。改革的总体方向倾向于排除职权主义,强调当事人主义,但是德国民事诉讼法的体系和基本原则仍然得以保留。⑤

总体上,德国、日本等国家和地区的民事诉讼在诉讼程序设计上,把当事人对诉讼实体内容有权处分的当事人主义与法院对诉讼程序

---

① 参见江伟主编:《比较民事诉讼法国际研讨会论文集》,中国政法大学出版社2004年版,第36页。
② 参见〔英〕阿德里安·A.S.朱克曼主编:《危机中的民事司法:民事诉讼程序的比较视角》,傅郁林等译,中国政法大学出版社2005年版,第252页。
③ 参见〔日〕兼子一、〔日〕竹下守夫:《裁判法》(第4版),有斐阁2002年版,第64页,转引自〔日〕竹下守夫:《日本民事诉讼法的修订经过与法制审议会的作用》,载《清华法学》2009年第6期。
④ 参见〔日〕竹下守夫:《日本民事诉讼法的修订经过与法制审议会的作用》,载《清华法学》2009年第6期。
⑤ 参见白绿铉编译:《日本新民事诉讼法》,中国法制出版社2000年版,第8页。

有权指挥的职权进行主义融合在一起,形成德国和日本等大陆法系国家和地区特有的诉讼模式。① 因此,传统上日本法官具有澄清案件的权力,在塑造案件事实和争点上非常积极。"在战前,法官如果没有行使他的权力来提示当事人的话,那么最高法院就可以以此为由推翻他的判决。"②但在第二次世界大战后,由于受美国关于对抗制的理论与实践的影响,法官已经不再运用这项权力。相应的,日本最高法院的判决也开始认定法官是否行使释明权由法官自己决定,不再成为推翻判决的理由。但当事人对这种改变很不满意。因为在日本,很多当事人没有律师代理,自己参加诉讼程序。诉讼知识和技巧的欠缺使当事人经常无法为案件做好充分的准备。在诉讼程序中,由于法官不再积极对当事人如何进行诉讼进行提示和澄清,导致没有做好准备的当事人败诉,因此他们会对法官产生很大的不满。所以在1955年,日本最高法院再次改变了态度,推翻了先例,确定在必要的时候澄清法律是法官的职责。③ 这样一来,法官必须通过提问以及为澄清争端和获得公正判决提出建议而对于程序进行积极的干预。

最后的结果是,日本的模式站在了第二次世界大战前的德国模式和美国模式的中间点。④

(四) 日本法官在 20 世纪 80 年代末期的探索

到了 20 世纪 80 年代末期,虽然没有新的司法改革,但是日本的法官们在日常司法实践中发明了一种新的程序以谋求程序的快速进行和促进和解,被称为"听审兼和解会议"程序。⑤ 这个程序"类似

---

① 参见〔日〕高木丰三:《日本民事诉讼法论纲》,陈与年译,中国政法大学出版社2006年版,"勘校导言"第2页。

② 江伟主编:《比较民事诉讼法国际研讨会论文集》,中国政法大学出版社2004年版,第37页。

③ 同上注。

④ 参见〔日〕谷口安平:《程序的正义与诉讼》,王亚新、刘荣军译,中国政法大学出版社1996年版,第2页。

⑤ 参见〔英〕阿德里安·A. S. 朱克曼主编:《危机中的民事司法:民事诉讼程序的比较视角》,傅郁林等译,中国政法大学出版社2005年版,第252—253页。

1976年修改后的德国民事诉讼法规定以及作为其范本的所谓'斯图加特方式'"①。日本首先在大城市的法院进行了试验,获得成功后开始在全国范围内开展。根据"听审兼和解会议"程序,案件受理后,法官召集双方当事人及其律师举行一次非正式的会面,并事先告知其带上他们持有的书面证据。法官力图通过这种方式了解纠纷的争点,是否存在和解的可能,应就什么问题作出判决等。如果没有这个审前的会面程序,法官要想清楚以上问题必须通过若干次正式的庭审,易造成诉讼的拖延。② 这种方式是在庭外秘密进行的,原因在于,日本的法官们根据日本的文化,认为"隐秘和非正式的氛围更适合这个程序的进行……法官、当事人和他们的法律顾问能够进行坦率的和有成果的讨论而且更容易达成和解"③。

这种方式不要求律师事先把准备工作都做好,因为当事人本人也要出席。其在功能上类似于法官和律师对当事人进行交叉的"采访",在某种程度上"发挥某种类似于证据开示程序的作用"④。这体现了当事人在诉讼上的合作。

但是这种方式缺乏明确的法律规定,由法官在实践中创设的"听审兼和解会议"程序在适用的时候非常随意,缺乏同一性,并且也无法规制法官在运用上的恣意和专断。因此1996年《日本民事诉讼法典》吸收了此种程序的精髓,通过修法的形式引入了三种预备性程序以确定案件的真正争点。

(五) 1996年《日本民事诉讼法典》——提高诉讼充实化和诉讼效率

1926年日本修改民事诉讼法后,七十多年没有再进行过大的修改,日本旧民事诉讼法已经不再适应现实的日本社会和经济发展的需要。

---

① 参见〔英〕阿德里安·A.S.朱克曼主编:《危机中的民事司法:民事诉讼程序的比较视角》,傅郁林等译,中国政法大学出版社2005年版,第35页。
② 参见〔日〕谷口安平:《程序的正义与诉讼》,王亚新、刘荣军译,中国政法大学出版社1996年版,第35页。
③ 〔英〕阿德里安·A.S.朱克曼主编:《危机中的民事司法:民事诉讼程序的比较视角》,傅郁林等译,中国政法大学出版社2005年版,第252页。
④ 〔日〕谷口安平:《程序的正义与诉讼》,王亚新、刘荣军译,中国政法大学出版社1996年版,第35页。

并且,按照日本旧民事诉讼法所规定的"一步到庭"的审判方式审理案件耗时太长,费用太高,导致一般市民远离诉讼,往往用其他方式解决纠纷,使民事诉讼的利用率不高。例如日本的各项调查显示,"包含企业在内的多数国民即使被卷入民事纠纷,也倾向于避免利用民事诉讼解决","其主要原因是诉讼所需时间和费用过多"①。而根据日本最高法院统计,"1998 年全日本地方法院审理的一审民事案件平均期限为 9.3 个月。该统计中还包括无实质性争议的案件,因此有争议的案件的审理周期更长,平均长达 21 个月"②。而类似知识产权案件、医疗纠纷案件等专业性、技术性强的案件,审理的期限就更长。"诉讼效率低下一直是日本国民对司法不满的一个主要原因。"③同时,美国、法国和德国等国家和地区都先后修改了民事诉讼法以加快诉讼,如果日本再不修改民事诉讼法就不能适应目前国际经济交往的需要。支持修法者也认为,司法实践中创造的行之有效的经验和做法需要加以制度化。④

因此,日本新民事诉讼法的制定工作自 1990 年正式开始,由日本法务省成立的以三月章先生为首的学者、法官和律师组成的民事诉讼法审议委员会进行了反复的讨论、论证。⑤ 1996 年 6 月 26 日,日本国会正式通过新民事诉讼法,并于 1998 年 1 月 1 日起公布施行。

1996 年《日本民事诉讼法典》主要在以下方面进行了修改。首先,完善争点和证据整理程序,改松散型审理为集中审理。为此,创设

---

① 〔日〕竹下守夫:《日本民事诉讼法的修订经过与法制审议会的作用》,载《清华法学》2009 年第 6 期。

② 《战后诉讼案件数量和平均审理期限的推数表(地方法院第一审)》,转引自张卫平:《日本民事司法制度的改革》,载中国法学网(http://www.iolaw.org.cn/showNews.aspx?id=6193),访问日期:2019 年 3 月 26 日。

③ 〔日〕山本和彦:《纷争处理的迅速化和费用的实证化》,载《法学家》(日本)2000 年 1 月 1.15 合刊,转引自张卫平:《日本民事司法制度的改革》,载中国法学网(http://www.iolaw.org.cn/showNews.aspx?id=6193),访问日期:2019 年 3 月 26 日。

④ 参见白绿铉编译:《日本新民事诉讼法》,中国法制出版社 2000 年版,第 8 页。

⑤ 参见〔日〕高木丰三:《日本民事诉讼法论纲》,陈与年译,中国政法大学出版社 2006 年版,"堪校导言"第 2 页。

了三种预备性程序以确定案件的真正争点。其次,为诉讼的集中审理扩充和完善了当事人收集证据的手段和程序,扩充了文件提交命令制度,实行证据集中。最后,还对上诉进行了限制,建立了小额诉讼程序。①

通过1996年的改革,特别是通过争点整理的灵活运用以及实施集中证据调查,日本诉讼的充实化与迅速化得到了较大程度的改善。根据日本最高法院的统计资料显示,改革后民事案件第一审的平均审理期限较改革前减少了两个月左右的时间。②

1996年民事诉讼法的修改被认为是日本在吸收德国和美国的民事诉讼程序的优点的基础上,开始建立自己独特的民事诉讼程序。谷口安平因此评论道:"我们借用了德国的制度、美国的制度,都失败了。那么我们现在正在建立我们自己的制度,我们在1996年完成了新民事诉讼法的制定,在1998年开始实行,这部新的法律制度运行得非常好,尤其在准备阶段和庭审阶段的问题上。"③

(六) 2003年《日本民事诉讼法典》——计划审理和诉前证据收集手段的扩充

如上所述,通过1996年民事诉讼法的改革,日本在加快诉讼方面取得了较好的效果,然而,对于争点较多且较复杂的大规模诉讼、医疗诉讼、建筑诉讼等需要具有专门知识的案件而言,审理期限"长期化"的现象并没有得到彻底改观。

在社会各界关于全面进行司法制度改革的呼吁下,1999年,日本决定通过官方途径进行全面统一的司法改革,正式启动司法体制改革。1999年日本国会通过《司法制度改革审议会设置法》,通过法律的形式确立了智囊团——审议会通盘规划日本司法制度改革。审议

---

① 参见白绿铉编译:《日本新民事诉讼法》,中国法制出版社2000年版,第8—9页;〔日〕吉村德重、〔日〕川岛四郎:《中日民事程序法比较研究》,载中国法学网(https://www.iolaw.org.cn/showNews.aspx?id=10930),访问日期:2019年3月26日。

② 参见唐力:《日本民事诉讼证据收集制度及其法理》,载《环球法律评论》2007年第2期。

③ 江伟主编:《比较民事诉讼法国际研讨会论文集》,中国政法大学出版社2004年版,第37页。

会囊括了日本法学界、商界、律师界的著名人物,旨在对司法制度的改革与基础建设所需的基本政策进行调查审议。该审议会成立以来,"已召开过60多次司法制度改革审议会,并多次召开听证会、社会各界座谈会,还实施了有史以来有关司法制度运行的大型调查"[1]。在此基础上,审议会于2000年向日本内阁提出了中间报告,并于2001年6月向内阁提出了最终报告,即《日本司法改革审议会意见书——支撑21世纪日本的司法制度》。这一意见书中提出了要建立国民更易接近的,能够满足多样化需要的,具有妥当、迅速和实效性的司法救济制度的设想。[2] 该意见书还明确了以民事案件实际审理期限的减半作为目标,并提出了两项措施:第一,作为原则规定,法院负有就所有案件为制订审理计划而与当事人进行协议的义务,必须进一步推进计划审理的实施;第二,包括诉讼提起前的阶段,为使当事人得以早期收集证据,必须扩充当事人收集证据的手段。此后,日本在2003年7月颁布的《关于裁判的迅速化法律》中,进一步明确规定了所有第一审案件的审理期限应尽可能地限制在提起诉讼后的两年之内,并对法院与当事人课以努力实现裁判迅速化的义务。这次修改草案于2003年由第156届日本国会审议通过,作为司法制度改革的一个环节,这次修改的目的是进一步充实以及加速程序的进行。[3]

通过这次修改,日本引入计划审理制度,扩充起诉前证据收集程序,引入起诉预告通知制度,在原有证据保全、律师证据调查的基础上,新增了起诉前当事人照会,要求对必要的调查有所保证,要求相关机关、团体拿出证据,通过裁判所要求有专门知识的人依知识、经验作出陈述,要求执行官对物品占有等情况进行调查等。为诉讼迟延集中

---

[1] 张卫平:《日本民事司法制度的改革》,载中国法学网(http://www.iolaw.org.cn/showNews.aspx? id=6193),访问日期:2019年3月26日。

[2] 参见日本司法制度改革审议会:《司法制度改革审议会意见书——支撑21世纪日本的司法制度》,载《法律广场》2001年7月号。

[3] 参见张卫平:《日本民事司法制度的改革》,载中国法学网(http://www.iolaw.org.cn/showNews.aspx? id=6193),访问日期:2019年3月26日。

的医疗和建筑质量类案件,日本还设计了专门诉讼程序。①

三、证据收集制度的程序配置

通过数次改革,日本的民事诉讼程序结构呈现为以下特点。

(一)调整法庭审判的诉讼结构,把法庭审判阶段分为口头辩论的准备阶段和对争点集中审理阶段

如上所述,1996年的改革重点放在改革当事人毫无准备的反复开庭审判的所谓"漂流式"的审判方式上,实现以争点为中心集中的审判,以加快诉讼进程。日本为此重新调整口头辩论即法庭审判的诉讼结构,把法庭审判阶段分为口头辩论的准备阶段和对争点集中审判的阶段。目的就在于让当事人之间、当事人与法院之间真正明确争点以后,再进入法庭实质性审判,以便提高庭审功能和效率。为此,《日本民事诉讼法典》专门设立一节规定了以下三种争点和证据整理程序,供当事人双方选择使用。

1. 准备性口头辩论程序②(又译为预备性听审程序)

准备性口头辩论程序,顾名思义是以口头辩论的方法进行争点和证据整理的程序。对社会影响较大的案件,例如环境污染案件、劳工纠纷案件等,法院采用公开审判的方式进行准备比较适宜。准备性口头辩论程序的准备程序是否开始,由审判长决定,不必听取当事人的意见。③ 在公开法庭上进行准备,除询问证人以外,双方当事人可以辩论,审查书证或交换证据等。其开庭的主要目的在于为集中审理而进

---

① 参见[日]高桥宏志:《日本2003年民事诉讼法之修改》,许可译,载张卫平、齐树洁主编:《司法改革论评(第五辑)》,厦门大学出版社2007年版,第224—225页;张卫平:《日本民事司法制度的改革》,载中国法学网(http://www.iolaw.org.cn/showNews.aspx? id=6193),访问日期:2019年3月26日;[日]吉村德重、[日]川岛四郎:《中日民事程序法比较研究》,载中国法学网(https://www.iolaw.org.cn/showNews.aspx? id=10930),访问日期:2019年3月26日。
② 参见《日本民事诉讼法典》第164—167条。
③ 参见《日本民事诉讼法典》第168条。

行准备。在具体形式上,为创造良好的气氛,可以在法庭下的椭圆形桌前由当事人和法院面对面交换意见。

2. 辩论准备程序①

相较于准备性口头辩论程序,辩论准备程序不采用公开审判的形式,而是在非公开的情况下,法官和双方当事人为了集中审判而整理争点和证据的准备程序。它是引用美国民事诉讼中的审前会议(pretrial conference)形式,结合大陆法系国家和地区的诉讼法律制定的,是当前日本最常用的准备程序。但由于法院采用非公开的方式进行口头辩论的准备,涉及对公民接受公开审判的基本权利的限制问题,因此,法院开始这种程序要听取当事人的意见。即使在程序进行过程中,如果双方当事人反对,也必须撤销已经开始的程序。② 在辩论准备程序中,除询问证人、鉴定人或对当事人本人作为证人询问之外,双方当事人和法院可以为整理争点和证据进行必要的诉讼行为,如当事人之间进行辩论、审查书证等。

3. 书面准备程序③

当事人由于居住地远或其他原因不能出庭,法院听取当事人意见后,可以采用书面方式进行争点和证据整理的准备程序。

在每项程序终了之时,当事人与法院之间产生确认此后在集中审理阶段应证明的事实的效力。④ 但是,对争点和证据整理程序终了之后当事人又提出攻击和防御方法的效力问题,日本采取了比德国更加灵活的方法。根据《德国民事诉讼法典》第 296 条第 1 款的规定,原则上对逾期提出的攻击和防御方法赋予失权效力,即法院不予采纳。而《日本民事诉讼法典》则规定,如果一方当事人提出要求,提出方当事人负有向对方当事人说明其没有适时提出的理由的义务。⑤ 而法官在听取当事人的说明后,依自由心证来决定。

---

① 参见《日本民事诉讼法典》第 168—174 条。
② 参见《日本民事诉讼法典》第 168 条、第 172 条。
③ 参见《日本民事诉讼法典》第 175—178 条。
④ 参见《日本民事诉讼法典》第 165 条、第 170 条第 6 款。
⑤ 参见《日本民事诉讼法典》第 166 条、第 176 条第 6 款、第 177 条等。

(二) 加强案件管理,推出计划审理制度

2003年修改后的《日本民事诉讼法典》,通过第二编第二章新设的"计划审理"第147条第2款、第147条第3款,第三章"口头辩论及准备"第157条第2款,对计划审理制度中计划的制订、计划事项、计划的实施等作了全面的规定。

计划审理原则是指"法院与当事人为实现妥善且迅速的审理,必须有计划地推进诉讼程序的原则"①。

1. 计划审理程序的具体内容

(1) 适用的案件范围

根据《日本司法改革审议会意见书——支撑21世纪日本的司法制度》的规定,计划审理囊括了所有的案件。所有案件都应当通过计划审理的方式有序展开。由此,《日本民事诉讼法典》中规定:为了实现妥当、迅速的审理,法院与当事人有义务推动诉讼程序有计划地进行。② 根据这一规定,法院和当事人肩负了"计划审理"的义务。同时,这种法院与当事人所负的有计划地推动诉讼进行的义务是一种一般义务,也就是说,"无论是否按照第147条第3款③的要求来现实地制订审理计划,在个别、具体的案件审理中,都要对审理的终结期限进行预测、把握审理进行状况的同时,有计划地进行诉讼指挥、实施诉讼行为,这是法院与当事人所负担的一般义务"④。

因此,根据上述规定,作为法院和当事人之间的一般义务的"计划审理",并不局限于专门化诉讼及大规模诉讼案件。根据此项法律规定,日本民事审判实务界将计划审理的对象分为"必要的计划审理"与

---

① 〔日〕竹下守夫:《日本民事诉讼法的修订经过与法制审议会的作用》,载《清华法学》2009年第6期。
② 参见《日本民事诉讼法典》第147条第2款。
③ 该款规定了必须协议制订审理计划的案件。
④ 〔日〕小林秀之:《Q&A 平成15年改正民事诉讼法的要点——计划审理的推进与证据收集手续的扩充等》,新日本法规出版社2003年版,第40页,转引自唐力:《有序与效率:日本民事诉讼"计划审理制度"介评》,载《法学评论》2005年第5期。

"一般的计划审理"(又称准计划审理)两种。[1]

必要的计划审理,是指根据案件的性质,通过《日本民事诉讼法典》第147条第3款第1项的规定所确定的计划审理。该条规定:"必须审理的事项为多数或者内容交错的复杂案件,或者根据其他情况,有必要进行妥当、迅速审理的案件,法院必须与当事人进行协议并在此基础上制订审理计划。"[2]主要包括大规模诉讼案件、区别类型审理的案件、属于特定部门的案件、审理期限过长未结案的案件以及当事人之间合意进行计划审理的案件。

一般的计划审理又称准计划审理,是对于一般案件所实施的计划审理。相较于必要的计划审理,程序在应用上弹性更大,不需要严密的计划,只需要当事人和法院就诉讼进程有大致的合意,并依据信赖关系来遵守计划的实施。也就是说,与必要的计划审理相比,准计划审理中计划的变更、准备期间的延长等,更具有灵活性。[3]

(2) 审理计划的实施程序

立法并没有明确审理计划完成时期。理论界普遍认为,从审理计划制订和实施的必要性来看,较早制订审理计划有利于诉讼的有序进行。因此,在第一次准备期日或者第二次准备期日制订审理计划是比较常见的做法。[4]

根据《日本民事诉讼法典》的规定,审理计划应在通过法院和当事人协议的基础上制订。法院通过尽早听取当事人意见来与双方制订审理计划,可以利用高科技通信手段先制订计划草案,然后在确定的期日进行确认。从审理计划的制订过程可以看出法院对当事人意愿的尊重。如果法院和当事人无法就审理计划达成协议,在这种情况下,根据立法者对此的说明,"所谓基于协议的结果制定审理计划,是

---

[1] 参见日本东京地方裁判所实践委员会编著:《关于计划审理的运用》,判例时报出版社2004年版,第14—16页。

[2] 唐力:《有序与效率:日本民事诉讼"计划审理制度"介评》,载《法学评论》2005年第5期。

[3] 参见日本东京地方裁判所实践委员会编著:《关于计划审理的运用》,判例时报出版社2004年版,第18页。

[4] 参见〔日〕前田顺司等:《在东京地裁医疗集中部关于诉讼运营的协议会》,载《判例时报》2003年第1119号,转引自唐力:《有序与效率:日本民事诉讼"计划审理制度"介评》,载《法学评论》2005年第5期。

指法院在协议过程中根据从当事人处获得的情报,来合理考虑制定审理计划,但并非是说在法院与当事人双方不能达成协议的场合下就不能制定审理计划"①。在这种场合下,"即使没有形成协议,法院作为程序的主宰者必须依职权制定审理计划,这种场合的存在也是不能否定的"②。

(3) 审理计划的内容

《日本民事诉讼法典》第147条第3款第2项对审理计划所必备的内容进行了明确规定,具体包括:"(1)审理计划至少应当包括以下必要的计划事项:进行争点整理的期间、对证人和当事人本人进行询问的期间、口头辩论终结以及判决宣告的预定期限;(2)审理计划中可以确定特定的其他计划事项;(3)其他程序进行上所必要的事项,比如可以确定尝试进行和解的期间等。"③

期间的制定是非常困难的问题,为此日本法务省《民事诉讼法改正纲要试案补充说明》特地就此困难进行说明:"首先,在诉讼的早期阶段制定一个比较大致的审理计划。在这之后,随着审理的进行,于必要时对审理计划进行调整。更进一步,随着审理的进行,在争点整理完成以后或者在人证调查完毕后,可以将原先预定要实施的尝试和解加入审理计划中。"④

2. 通过诚实信用原则保障计划审理的进行

1996年《日本民事诉讼法典》引入了诚实信用原则,具体体现为第2条规定:"法院必须努力促进诉讼公正、迅速地进行,当事人必须根据诚实信用来实施诉讼行为。"虽然诚实信用原则是非常抽象的原

---

① 日本法务省民事局参事官室:《民事诉讼法改正纲要试案补充说明》,载 NBL2002 年第 740 号,转引自唐力:《有序与效率:日本民事诉讼"计划审理制度"介评》,载《法学评论》2005 年第 5 期。

② 〔日〕山本和彦等:《走向民事诉讼法改正》,载《法学家》(日本)2002 年第 1229 号,转引自唐力:《有序与效率:日本民事诉讼"计划审理制度"介评》,载《法学评论》2005 年第 5 期。

③ 唐力:《有序与效率:日本民事诉讼"计划审理制度"介评》,载《法学评论》2005 年第 5 期。

④ 日本法务省民事局参事官室:《民事诉讼法改正纲要试案补充说明》,载 NBL2002 年第 740 号,转引自唐力:《有序与效率:日本民事诉讼"计划审理制度"介评》,载《法学评论》2005 年第 5 期。

则,但它构成了法院与当事人行为及其他具体规范的基础,指引着审理计划的制订。

本着诚实信用的原则,法院与当事人在制订审理计划时要通过协议进行,法院应负说明义务,在听取当事人意见的基础上,应向当事人就争点证据收集等进行说明,避免因当事人判断不当而产生不利后果。如果双方在诚信的基础上仍无法达成协议,法院作为程序推动的主体应当有义务制订合理的审理计划。由此可以看出法官在制订审理计划时对程序运行的掌控力。

诚实信用原则的另一方面就是要求法院、当事人遵守经协议制订的审理计划的效力。审理计划一经制订便对法院以及当事人双方产生了约束力,即所谓的"遵守计划的义务"。但这并不意味着审理计划完全不可变更。在诉讼的早期阶段很难预测整个案件审理的特殊情况,在审理计划与具体的审理情况发生冲突的时候,如果因此给诉讼当事人带来不利益是与计划审理实现案件的妥当、迅速审理的目的相违背的。"诉讼就如同有生命的物体一样,伴随着审理的进行,会出现当初未预想到的争点、证据等,这种情况并不少见。因为常常会遇到当事人无法克服的诉讼准备的迟延,为了实现基于充实审理的正当判决这一民事诉讼最为重要的目标,针对这种情况审理计划的变更是不可避免的事情。"[①]

对审理计划的灵活性与确定性的平衡是一个很重要的方面。过分呆板的审理计划不符合实践的需要,而可以随意变更的审理计划也无法发挥理想的作用。《日本民事诉讼法典》对审理计划的变更作出了严格、明确的规定:"根据审理的现状和当事人的诉讼进行状况以及其他的情况考虑,在变更的必要性得以确认时,法院与当事人双方进行协议,并根据协议结果对审理计划进行变更。"[②]因此,审理计划变更必须满足两个条件:变更的必要性以及法院与当事人之间合意的达成。日本民事审判实务对这种"变更协议"的理解是,"只要法院与当事人双方能够交换意见就可以了,没有在特定的期日相聚一起进行协

[①] 日本东京地方裁判所实践委员会编著:《关于计划审理的运用》,判例时报出版社 2004 年版,第 23 页。

[②] 《日本民事诉讼法典》第 147 条第 3 款第 4 项。

议的必要,根据具体情况,以电话、书面交换意见均可"①。

3. 计划审理与失权效力的关系

日本 1996 年民事诉讼法修改时引入了德国 1977 年为加速和简化诉讼程序而制定的《简化修订法》中规定的失权效力,在计划审理制度中也考虑了失权问题。"在明确地制定了审理计划且计划中就特定事项的攻击与防御方法的提出时间做了规定的场合下,为了保证审理计划实施的实效性,对当事人违反计划迟延提出的攻击与防御方法,法院可予以驳回,产生失权的效果。"②这种迟延必须会对诉讼程序可能产生显著的障碍,对于审理计划中所确定的一些期间,必须进行大幅度变更;而当事人对其未能在审理计划规定的期间内提出相应的攻击与防御方法的问题不能提供适当的理由。理由的说明不需要进行严格的证明,只要法官达到一定的心证即可。在这两项条件得以确认的情况下,法院根据申请或者依职权可以决定驳回当事人迟延提出的攻击与防御方法。

这一失权效力是基于当事人与法院之间因协议而产生的"审理契约"的拘束力。"从当事人在一定程度上对于诉讼的进行负有义务的角度看,将其作为审理契约的组成部分,视为在计划审理中当事人与法院的行为规范(诚实协议义务)来考虑较为妥当。"③

在一般计划审理的案件中,关于迟延提出的攻击与防御方法的失权效力是根据《日本民事诉讼法典》第 157 条的规定来判断的,即"当事人因故意或者有重大过失迟延提出攻击与防御方法,在确认这一行为将迟延诉讼终结的场合下,法院根据申请或者依职权予以驳回"④。两项规定相比,计划审理的失权效力是更为严格的制裁。

---

① 日本东京地方裁判所实践委员会编著:《关于计划审理的运用》,判例时报出版社 2004 年版,第 26 页。
② 唐力:《有序与效率:日本民事诉讼"计划审理制度"介评》,载《法学评论》2005 年第 5 期。
③ 〔日〕山本和彦:《审理契约再论》,载《法律家时报》2001 年第 535 卷第 5 号,转引自唐力:《有序与效率:日本民事诉讼"计划审理制度"介评》,载《法学评论》2005 年第 5 期。
④ 唐力:《有序与效率:日本民事诉讼"计划审理制度"介评》,载《法学评论》2005 年第 5 期。

日本通过在民事诉讼中进行计划审理大大改善了诉讼环境。当事人可以根据审理计划针对诉讼的具体情况进行有效的准备,同时由于审理计划中明确预测了诉讼终结的大致期限,当事人可以对程序的进程进行预测。在诉讼资料的提出方面,通过计划审理能够促使当事人更早的提出。随着审理计划的制订,程序的透明性得以提高,可以消除当事人对法院的诉讼程序进行的神秘感,增强当事人对法院的信任。

四、日本证据收集手段

《日本民事诉讼法典》经历了多次修改、完善,特别是在1996年和2003年两次重大修改后,形成具有特色的证据收集与提出制度。这些制度既考虑了为最大限度地发现案件真实而赋予当事人应有的权能,也注意到了必要利益的保护,即考虑了与其他利益平衡的要求。①

在日本,学者们认为民事诉讼制度的价值评判标准有五个方面:① 民事裁判是否适正;② 是否迅速;③ 是否经济;④ 裁判结果能否得到实现;⑤ 能否便于利用。② 适当性被认为是核心的价值评判标准,同时,诉讼效率的低下导致人们认为民事司法制度最需要通过改革来提高诉讼效率。③

(一) 诉状、答辩状、准备书状的记载内容——积极的信息开示制度

当事人有义务不待对方要求而积极主动开示拥有的信息。诉答程序在一定程度上满足了证据信息主动开示的要求。《日本民事诉讼法典》第133条规定诉状中必须记载诉讼请求以及请求的原因。根据该条规定,当事人提起诉讼,应当向法院提起诉状,诉状中应记载下列

---

① 参见唐力:《日本民事诉讼证据收集制度及其法理》,载《环球法律评论》2007年第2期。

② 参见〔日〕青山善充:《对司法制度改革的期望》,载《法学家》(日本)2001年1月1.15合刊,转引自张卫平:《日本民事司法制度的改革》,载中国法学网(http://www.iolaw.org.cn/showNews.aspx?id=6193),访问日期:2019年3月26日。

③ 同上注。

事项:① 当事人及其法定代理人;② 原告的诉讼请求和诉讼理由。①同时《日本民事诉讼规则》具体规定,除上述事项之外,还需要具体记载请求的理由事实,及各与要证事由相关的重要事实及证据,甚至必须添附与要证事由有关的重要书证的副本。

与起诉状的记载事项相呼应,答辩状中的记载事项除了必须对请求的内容作出承认或否认外,还必须对诉状所记载的事实作出肯定或否认。当被告在答辩状中进行否认时,必须列明具体抗辩事实。此外,还应该具体主张再抗辩事实,且应添附重要书证的复印件(《日本民事诉讼规则》第79、81条)。②

上述对诉答程序的规定,要求当事人有义务不需要对方要求就相互主动开示自己所有的主张和证据信息,从而将应早期充实争点整理的内容规则化、充实化、早期化。所以上述书状的要求本身便构成了最初的证据信息开示,体现了日本引入的积极的信息开示制度。

虽然《日本民事诉讼法典》作了上述规定,但在具体的诉讼实践中严格按照规定填写诉状的例子并不多。③ 原因在于当事人(代理人)难以摆脱以前惯行的影响。对原告而言,自然极不情愿在诉状阶段就将手中掌握的资料公之于众。

(二) 当事人照会制度

当事人照会,是指在诉讼中一方当事人对于其为主张、立证准备必要的事项,在法院不参与的情况下,直接照会对方当事人并要求其在合理的期限内对相关事项予以书面答复的制度。④

当事人照会制度是1996年修改《日本民事诉讼法典》时新设立的制度。在此之前,"在日本的旧民事诉讼法中,几乎没有赋予当事人自己收集信息的手段,只能通过法院的介入,依靠释明或者申请文书提出命令取得信息"⑤。由于当事人缺乏证据收集的手段,因此缺乏必

---

① 参见《日本民事诉讼法典》第133条第1、2款。
② 参见王斌:《日本证据开示制度》,载《学海》2007年第5期。
③ 参见〔日〕高桥宏志:《新民事诉讼法施行一年回顾(上)》,载《判例时报》1999年第998号,转引自王斌:《日本证据开示制度》,载《学海》2007年第5期。
④ 同上注。
⑤ 熊跃敏:《日本新民事诉讼法中的当事人照会制度介评》,载《政治与法律》2002年第2期。

要的信息进行早期有针对性的主张和举证。这也是导致诉讼迟延的原因之一。尤其是在医疗过错、交通事故等侵权诉讼中,由于证据支配的偏在性,相关信息和证据往往由被告控制,原告想要尽早获得相关信息相当困难。

针对当事人取证难的问题,在日本律师协会的强力推动下,《日本民事诉讼法典》引进《美国联邦民事诉讼规则》的审前证据开示程序中当事人之间进行质询的制度(interrogatories),制定了当事人照会制度。① 设置当事人照会制度的目的在于,通过当事人之间在诉讼系属中的照会与回答,使当事人直接从相对方处取得必要的信息,从而尽早提出主张与证据,恰当、迅速地解决纠纷。② 当事人利用照会制度收集与证据有关的信息,能够实现争点和证据的早期整理,加快案件的审理过程。③

当事人照会制度的设立,充实了当事人获取证据信息的手段,使当事人能够通过照会收集所需要的证据。这一规定,强化了当事人在一定程度上的"合作"及其对发现案件真实所负的义务④,同时也提高了法院判决的效率,促成案件审理的迅速化。

1. 当事人照会制度的性质

当事人照会制度最突出的特点是无须法院介入,只是当事人之间通过书面形式的照会书与回答书的方式直接向对方当事人收集信息。相较于德国等大陆法系国家和地区中由当事人提出申请,由法院审查后作出相应决定,或发出传票命令证人出庭作证,或指定鉴定人进行鉴定,或发出文书提出命令的法官控制的证据收集模式,日本的当事人照会制度在一定程度上体现了英美法系国家和地区通过当事人自己收集证据的做法,从而打破了日本旧民事诉讼法中收集证据必须经法院的传统做法,开辟了当事人之间直接收集证据和信息的新途径。⑤

---

① 参见《日本民事诉讼法典》第163条。
② 同上注。
③ 参见唐力:《日本民事诉讼证据收集制度及其法理》,载《环球法律评论》2007年第2期。
④ 同上注。
⑤ 参见熊跃敏:《日本新民事诉讼法中的当事人照会制度介评》,载《政治与法律》2002年第2期。

但从严格意义上来说,当事人照会制度并不是当事人之间直接向对方收集证据的制度,而仅仅是一方当事人收集对方当事人所掌握的与案件有关的信息,为当事人进一步收集证据进行的一种准备手段。当事人通过向对方提出质问,了解有关人员的名字、住处、电话号码,谁保管文书等信息,在此基础上再向法院申请证人或文书提出命令,从而有效地扩大当事人收集证据的范围和手段。①

2. 当事人照会制度的内容

(1) 主体

照会是当事人之间进行的行为,因此照会主体当然是当事人。根据《日本民事诉讼法典》的规定,当事人不仅包括形式意义上的原告和被告,而且凡是在诉讼中处于攻击防御关系的主体都能成为照会当事人。值得注意的是,日本学界对辅助参加人和共同诉讼中的共同原告或共同被告之间能否相互照会存在争议。"比较一致的观点认为辅助参加人由于能够实施被参加人所实施的一切诉讼行为,因而可以成为照会主体。至于共同诉讼中的共同原告或共同被告之间只要存在对立关系,实质上处于攻击防御地位,也能相互实施照会行为成为照会主体。"②

(2) 期间

按照《日本民事诉讼法典》第163条的规定,当事人照会仅限于诉讼系属中。对此,立法者解释说,"为了使诉讼公正且迅速地进行,需要在当事人之间建立起一种相互协助的关系,而这种相互协助的关系,只能产生在诉讼系属中"③。但何谓"诉讼系属中",学界有不同的理解,大多数认为其应是从诉状送达后到控诉审的口头辩论终结时的这段时间。也有学者基于人们随时会被卷入诉讼,但交流途径却很少,因此认为应通过当事人照会的契机恢复当事人之间对话和交涉的途径,再做起诉的准备,这样也许更有利于纠纷的解决。这种诉求已

---

① 参见白绿铉编译:《日本新民事诉讼法》,中国法制出版社2000年版,第19页。

② 〔日〕井上治典:《当事人照会制度的本质及其适用》,载〔日〕竹下守夫、〔日〕今井功编:《讲座·新民事诉讼法(1)》,弘文堂1998年版,第75、277、279页。

③ 同上注。

被2003年日本民事诉讼法的修改所接受,诉前照会已经被立法者所采纳。

(3) 事项

按照《日本民事诉讼法典》的规定,该事项是"为准备主张或举证而必要的事项"。法律规定的粗放性导致在实践中照会事项范围的广泛。照会方既可以要求向对方说明基本事实关系,也能要求其提供证据线索。按照学者们的解说,只要不具备除外事由,照会事项应尽量作扩大解释。① 尽管照会事项范围很广,但法律为免除不必要的争执而拖延诉讼,要求提出照会的一方在照会书中仍有义务说明照会的必要性。

(4) 除外事由

广泛的照会范围通过排除性规定得以限定。《日本民事诉讼法典》第163条第1—6项规定了不允许当事人照会的情形:抽象或概括的照会;侮辱相对方或让其感到困惑的照会,此举与当事人照会制度的目的不相符;与已经提出的照会相重复的照会;征求意见的照会;相对方为回答而需要花费不相当的时间和费用的照会,但如果照会方表示承担费用,不受此限制;与能够拒绝作证的事项相同事项的照会。②

对于要求相对方回答的事项,应符合公平与平等原则。为此,下列事项当事人也不能提出照会:一是照会方容易调查的事项,二是事件在性质上不属于相对方支配领域内的事项,三是相对方无根据或不容易调查的事项。照会事项符合照会除外事由的,相对方可拒绝回答并说明拒绝回答的理由。③

3. 当事人照会制度的作用

当事人通过照会,如果能让双方当事人知悉构成纠纷的基本事

---

① 参见〔日〕竹下守夫等编:《研究会·新民事诉讼法——立法、解释、运用》,有斐阁1999年版,第166页,转引自熊跃敏:《日本新民事诉讼法中的当事人照会制度介评》,载《政治与法律》2002年第2期。

② 参见熊跃敏:《日本新民事诉讼法中的当事人照会制度介评》,载《政治与法律》2002年第2期。

③ 参见〔日〕青山善充、〔日〕伊藤真编:《民事诉讼法的争点》(第3版),有斐阁1998年版,第167页,转引自熊跃敏:《日本新民事诉讼法中的当事人照会制度介评》,载《政治与法律》2002年第2期。

实,便能够促进当事人之间案件信息的开示和交流,并因此明确事实关系。特别是在现代侵权诉讼中,由于证据信息等大多由被告持有,当事人照会制度可以发挥在确定事实关系上的积极作用。当事人通过照会程序,可以获得对方当事人所掌握的相关证人的姓名、住所等基本信息。当事人还可通过照会要求对方当事人提供相关书证的清单,从而为文书证据提供前提;同时通过当事人对证据信息的掌握度而衡量双方的攻防武器,从而为当事人的和解创造条件。

但是《日本民事诉讼法典》规定的当事人照会制度却存有致命的制度性缺陷,没有在法律中明确规定被照会者的回答义务,也没有规定拒绝回答或虚假回答时的制裁措施。这是与美国民事诉讼证据开示程序的最根本区别。立法者认为,作为当事人之间自主的信息交流手段,该制度是一项颇具探索性的全新的制度。与施加严格的法律上的制裁相比,立法者更期待当事人之间基于诚信原则、律师作代理人时基于律师伦理自觉履行义务。[①] 另外,也是主要的一点是,当事人不履行回答义务而应承担义务的法律根据是什么,还存在问题。[②]

(三) 文书提出命令

书证对于争点的确定和证据的整理具有特别重要的作用。用文字或符号所记载的思想内容作为证据的书证,一旦被提出,只要对方当事人对书证的制作没有异议,就可以以此书证作为判案的根据。并且由于书证具有证明案件事实的直观性,因此它在很多国家和地区都被认为是最重要的证据形式之一。根据《日本民事诉讼法典》的规定,自当事人提起诉状起到正式开庭审判的任何准备阶段都可以进行书证的审查。当事人如果能尽早提出书证,便可以尽早对书证的真实性交换意见,从而尽早整理争点和证据。

但是,在所谓现代诉讼例如消费者诉讼、环境以及产品责任诉讼

[①] 参见[日]竹下守夫:《日本民事诉讼法的改革》,载《比较法文化》1997年第5号,转引自熊跃敏:《日本新民事诉讼法中的当事人照会制度介评》,载《政治与法律》2002年第2期。

[②] 参见[日]竹下守夫、[日]今井功主编:《讲座·新民事诉讼法(1)》,弘文堂1998年版,第273页,转引自白绿铉编译:《日本新民事诉讼法》,中国法制出版社2000年版,第19页;熊跃敏:《日本新民事诉讼法中的当事人照会制度介评》,载《政治与法律》2002年第2期。

中,证据往往结构性地偏在于被告一方,使得受害者一方很难收集证据以保护自己的利益。如何扩充和完善从对方当事人和第三人手中收集被其占有的文书的方法就成为修法所关注的问题。[1]

文书提出命令制度是日本民事诉讼中具有代表性的证据收集制度之一。[2] 文书提出命令,是指在举证者所要提出的文书由对方当事人持有或者案外第三人持有的情形下,举证者向法院提出申请并由法院向文书持有人发出提交该文书的命令。[3]《日本民事诉讼法典》在1996年的修改为实现案件妥当、迅速的审理,在第220条以列举和概括性规定的方式确定了文书提出命令的适用范围。[4] 1996年《日本民事诉讼法典》中的文书提出命令相较于之前的法律有了很大改变。

1. 文书提出义务一般化

1996年《日本民事诉讼法典》修改之前并没有规定文书提出的一般义务。文书持有人只在持有下列三种文书时才负有提出文书义务:一是当事人在诉讼中援用过的自己持有的文书,二是举证人有权向文书持有人请求交付或阅览的文书,三是文书是为举证人的利益或者是为举证人与文书持有人之间的法律关系而制作的。从以上规定可以看出,文书持有人(对方当事人或案外第三人)并没有提出文书的一般性义务,另外关于文书提出的程序化规定也非常空洞。而改革后的《日本民事诉讼法典》将文书提出义务一般化,在保留第220条所规定的三种文书范围的基础上,增加了第4项规定:除该条所列的三种适用于证人拒绝证言的情况外,文书持有人不得拒绝提出所持有的文书。这一规定使文书持有人提出文书的义务成为公民的一项一般性义务。只要文书持有人所持有的文书与案件有关联,当法院发出文书提出命令后就负有向法院提出文书的义务。因此这项规定强调了当事人之间的协同义务。

---

[1] 参见〔日〕兼子一、〔日〕竹下守夫:《民事诉讼法》(新版),白绿铉译,法律出版社1995年版,第127页,转引自白绿铉编译:《日本新民事诉讼法》,中国法制出版社2000年版,第15页。

[2] 参见唐力:《日本民事诉讼证据收集制度及其法理》,载《环球法律评论》2007年第2期。

[3] 同上注。

[4] 同上注。

2. 文书的特定化

文书提出命令必须由申请人向法院申请并由法院发出提出该文书的命令。当事人必须以书面形式提出申请,并明确写明文书的标题、目的、文书的持有者、应当证明的事实以及文书提出义务的原因等内容。"其中文书的标示(包括题目、做成时间、制作者等)和目的(标示文书的内容)两项内容,是使被申请提出的文书特定化的基本要素。使被申请的文书特定化,是构成文书提出命令制度不可缺少的内容。"①

文书为对方当事人或案外第三人占有,因此申请人有时会因不知悉文书的内容而对文书的特定化存有困难。为了解决这种困难,《日本民事诉讼法典》第222条第1款规定了当当事人对文书的标题及制作文书的目的不明确时,只要当事人表明的特定文书足以使对方当事人或第三人明了其所申请的文书即可。《日本民事诉讼法典》同时还规定了文书持有人的"协助义务",设置了对文书持有人的"文书开示"请求程序。也就是说,申请人在明确文书的标识和目的有显著困难时,可以提出要求文书持有人向法院开示文书的这两项内容。但遗憾的是,法律未就文书持有人不遵守该项开示命令规定相应的制裁措施。

3. 文书提交的范围

随着1996年《日本民事诉讼法典》规定了文书提出一般义务,提出文书的范围已经非常广泛,除了免证特权所保护的三种文书类型外,其他所有文书类型都被包括在文书提出义务的范围内。

4. 文书提出命令与秘密保护

现在,当事人、第三人所负有的文书提出义务已经成为公法上的一项义务,也体现了民事诉讼中当事人之间的协力义务。然而,在某些情况下也不得不考虑发现案件真实与保护其他利益的平衡问题。在这方面,日本的文书提出命令制度采取了以下限制措施。

---

① 〔日〕伊藤真:《民事诉讼法》,有斐阁2004年版,第370页。

(1) 文书提出的排除事由

有以下情况者,不可以命令提出文书。主要包括:文书持有者有立法关于证人拒证权的特定关系;公务上的秘密文书的提出,可能导致损害公共利益或者对公务的进行产生显著的障碍;负有保密义务而该义务无法免除的人所持有之文书;专门以文书持有者使用为目的而制作的文书;有关刑事案件的文书。①

(2) 文书的部分提出命令

为了保护文书持有人的必要利益,在符合文书提出命令的场合下,文书持有人可以仅就明确负有提出义务的部分予以摘抄后提出,而不是提出文书的全部,从而更有效地保护其合法利益。

(3) 文书提出义务的裁定程序

在扩大当事人文书提出义务的同时,法律也必须对被申请人的利益提供保护。因此《日本民事诉讼法典》第223条第3款明确规定了法官在办公室对争议文书的秘密审查程序。当一方当事人要求文书持有人提出文书,但该文书持有人却认为自己不负有提出之义务而发生争执时,可以要求法院对此加以审查。② 法官可以命令文书持有人提出该文书,只供法官阅览而他人无权要求对该项文书进行开示,通过秘密的审查程序来判定文书持有人对该文书是否有拒绝权。③ 秘密阅览程序在保护当事人资讯请求权的基础上也保护了被申请人的合法利益,进一步强化了文书提出命令制度在司法实践中的可操作性与应对性。

文书提出命令制度充实了当事人收集证据的手段,保障了诉讼对事实真相的追求。文书提出命令的规定也体现了对当事人之间在事实发现上合作义务的强调。双方当事人负有相互协助、协同发现案件真实的义务。

与当事人照会及文书开示请求不同,对于违反文书提出命令,《日本民事诉讼法典》对此规定了明确的制裁措施。《日本民事诉讼法典》除了在第224条第1款和第2款保留了旧法第316条和第317条

---

① 参见唐力:《日本民事诉讼证据收集制度及其法理》,载《环球法律评论》2007年第2期。

② 参见张卫平主编:《外国民事证据制度研究》,清华大学出版社2003年版,第374页。

③ 参见《日本民事诉讼法典》第223条第3款。

规定的制裁措施,即当当事人不服从文书提出命令或毁灭文书时,法院即认定对方当事人所主张的关于该文书所记载的事实为真实外,还进一步强化了违反文书提出命令的制裁力度,根据该法第224条第3款的规定,在文书持有人不服从文书提出命令或为了妨碍使用文书而毁灭等情况下,以致申请文书的当事人所主张的事实以其他证据证明非常困难时,法院可以认定申请文书的当事人所主张的事实为真实。①

(四) 证人证言的收集

日本对证人资格的限制非常宽松,除当事人及其法定代理人外所有了解案件事实或状况的人,原则上都可以作为证人。同很多国家和地区一样,基于证人证言的重要性,日本法律规定了证人作证的普遍义务。根据《日本民事诉讼法典》第190条的规定,除另有规定外,法院对任何人都可以作为证人进行询问。因此,凡是属于国家裁判权管辖的人员都负有作证的义务。"这种义务可以具体化为出庭义务、宣誓义务以及陈述义务三项内容。"②

原则上,证人提供证言应当在法庭上进行。法院应当经当事人申请才能要求证人出庭作证。当事人在提出证人询问申请时,在申请中应当表明询问预计需要的时间以及具体明确的询问事项,并直接将申请送达对方当事人。法院一旦决定同意当事人的申请,应当下达传唤状传唤证人在指定日期出庭作证。当事人负有确保本方证人出庭的义务。

《日本民事诉讼法典》也规定了庭外询问证人制度。根据《日本民事诉讼法典》第195条的规定,在以下情况下,受命法官及受托法官可以进行法院外的证人询问:① 证人在受诉法院没有出庭义务,或者因存在正当理由不能出庭的;② 证人为了到受诉法院出庭,需要不必要的费用或时间的;③ 就地询问证人,对发现事实有所必要的;④ 当事人没有异议的。

随着现代科学技术的发展,日本还规定了通过即时视频等通话方

---

① 参见白绿铉编译:《日本新民事诉讼法》,中国法制出版社2000年版,第4页。

② 张卫平主编:《外国民事证据制度研究》,清华大学出版社2003年版,第350页。

法来进行询问。对于居住地离法院很远但又需要对其到庭询问的,可以通过高科技手段即通过视频对证人进行询问。

为了保障证人出庭义务的实现,《日本民事诉讼法典》第192—194条分别规定了制裁措施,包括罚款、罚金、拘留以及拘传。但是《日本民事诉讼法典》第205条也规定了证人可以通过书面证言的方式来代替证人询问,具体条件为:法院认为适当且当事人无异议。

证人虽然出庭,但是拒绝陈述案件事实的,根据《日本民事诉讼法典》的规定,除了法律规定的证言拒绝权,证人不得拒绝陈述,否则会遭受罚款或罚金的制裁。

(五)对当事人的询问

当事人询问,是指将当事人本人作为证据方法进行询问,并将询问中当事人陈述作为证据材料的程序制度。①《日本民事诉讼法典》曾学习德国的做法,在第336条规定对当事人询问的实施必须以"通过其他方式证据调查还不足以形成法官的心证的场合"为前提。但由于当事人作为案件的直接参与者所具有的对案件情况最了解的特点,导致立法者对当事人陈述的地位越来越看重。《日本民事诉讼法典》吸取了重视对当事人询问的独立价值的观点,在第207条第2款作出规定:"法院在认为适当时,可以在听取当事人意见后首先进行当事人询问。"由此条规定可以看出,虽然日本不把当事人陈述作为辅助性证据形式,但规定了尊重当事人意思自治的条件,即当事人同意后可以首先对当事人进行询问。

对当事人的询问,法院既可以依当事人的申请也可以依职权来进行。在当事人接受询问时,如果当事人无正当理由违反出庭、宣誓和陈述义务,那么就有可能遭受法院拟制对方当事人关于询问事项为真实的不利后果。②

---

① 参见〔日〕中野贞一郎、〔日〕松浦馨、〔日〕铃木正裕编:《新民事诉讼法讲义》,有斐阁1998年版,第268页,转引自张卫平主编:《外国民事证据制度研究》,清华大学出版社2003年版,第364页。

② 参见张卫平主编:《外国民事证据制度研究》,清华大学出版社2003年版,第365—366页。

(六) 勘验

在日本,勘验是指法官通过其感官的作用来对事物的形状与现象进行感知与认识,并将其结果作为这个证据材料的证据调查。①

虽然法律并未对公民的勘验协助义务作出与证人作证义务及文书提出义务相同的规定,但是日本的学理还是认为,协助法院进行勘验是国民协助国家司法权行使的一项普遍性义务。

勘验也是由当事人申请而进行,并且勘验申请书中应载明通过勘验应证明的事实、勘验标的物、提交的申请或者委托送交的申请等事项。法院不能主动提出勘验。在接到申请后,法院如果认为有必要,则以决定的方式发布勘验命令;反之则驳回申请人的申请。

(七) 鉴定

日本对鉴定人地位的规定与德国相同,鉴定人是作为法院辅助人而存在的,并不属于原告或者被告的鉴定人。对于鉴定人的选任,根据《日本民事诉讼法典》第213条的规定,法院要依据当事人的申请,从具有鉴定资格的人员中指定鉴定人。鉴定程序的启动,原则上依赖于当事人的申请,法院不能主动依职权作出鉴定命令。但是在勘验中需要鉴定时,法官可以依职权作出鉴定命令。从上述规定可以看出日本对鉴定程序设计的独特之处。程序的启动权由当事人控制,但鉴定人的选任由法院指定,从而在鉴定问题上使法院和当事人之间的权限达到一种微妙的平衡。

鉴定人同证人一样有出庭义务、宣誓义务,以及向法院提交鉴定意见的义务。

鉴定人可以在庭审时口头提交鉴定报告,也可以在期日以外提交鉴定书。采用何种形式取决于法官的自由裁量。当事人可以对鉴定人提出回避的申请。

---

① 参见〔日〕中野贞一郎、〔日〕松浦馨、〔日〕铃木正裕编:《新民事诉讼法讲义》,有斐阁1998年版,第281页,转引自张卫平主编:《外国民事证据制度研究》,清华大学出版社2003年版,第377页。

(八) 诉讼前证据收集手段

如前所述,2003年《日本民事诉讼法典》在修改时引入了"计划审理制度"。诉讼的早期即制订审理计划对充分发挥计划审理制度的作用殊为重要。因此,在诉讼的早期阶段即尽早收集和提供证据材料及相关信息,进行争点整理以便能对诉讼程序的进程作大致的预测便成为计划审理制度顺利运行的重要保障。为此,2003年《日本民事诉讼法典》在改正时扩充了提诉前证据收集程序,强化了专门案件的审理程序并创设了专门委员制度,规定了增加司法人员的要求等。

提诉前证据收集程序的扩充包括以下几个方面。

1. 提诉预告通知制度

提诉预告通知制度,是指在起诉前准备提起诉讼的一方对纠纷的相对方以提诉预告书的形式予以通知的一种制度。制定这一制度的目的在于,在诉前扩充证据收集的手段。"以提诉预告制度的导入作为一个前提,在一定的条件下,通知者和被通知者可以相互要求照会、可以申请证据收集处分。"[①]

通过提诉预告通知的送达,可以使潜在的诉讼当事人之间形成一种"准系属状态",并在案件真正系属前为纠纷双方课以诉讼法上的义务,使提诉前证据及信息收集正当化。[②] 向被通知人发送提诉预告通知后,当事人就可以在提诉前进行交涉,使得案件的大概情况和争点在一定程度上得以明确,确保制订审理计划所需要的最低限度的信息。

在程序上,根据《日本民事诉讼法典》第132-2条第3款的规定,提诉预告通知书必须写明关于准备提起诉讼的"请求目的"和"纠纷要点"。为了平衡双方当事人的利益,被通知者只要对提诉预告通知书作出书面答复,也可以利用提诉前证据收集程序。这样一来,通知者和被通知者为了诉讼提起后主张和立证的准备,在提诉前为明确一定事项可以利用诉前证据和信息收集程序。

[①] 〔日〕菅野雅之、〔日〕冈健太栏郎:《民事诉讼法改正·民事诉讼法制定》,载《自由与正义》2003年第54卷第7号。

[②] 参见唐力:《日本民事诉讼证据收集制度及其法理》,载《环球法律评论》2007年第2期。

2. 提诉前之当事人照会制度

当事人照会制度作为一种当事人之间进行的信息交换形式,是《日本民事诉讼法典》于1996年修改时新设立的制度(第163条)。前面已经论述,这一制度是在参考美国证据开示制度的基础上,在日本律师协会的强力推动下得以设立的。按照这一制度的构想,当事人双方可以通过照会的形式,向对方了解与案件相关的信息,以促进主张及立证的迅速性和充实性。当事人照会制度的积极作用在于,当事人通过照会"可以早期提出诉讼主张及证据方法,并早期进行争点整理以及进行证据的集中调查,法院可以早期作出判决,促成案件审理的迅速化。同时,促进当事人双方和解也被认为是当事人照会制度能够发挥作用之所在"①。《日本民事诉讼法典》将当事人照会制度扩充至提诉前证据收集程序,其对于充实当事人的诉前准备并对提诉后审理计划的制订等,都具有促进作用。

根据《日本民事诉讼法典》第132条第2、3款的规定,在提出了提诉预告通知的场合,为了提诉后主张和立证所必要的事项得以明确,通知者可以要求被通知者在一定期限内进行书面答复;被通知者在作出书面答复以后,也可以同样的方式照会通知者,要求其进行书面答复。当事人照会制度是当事人之间直接进行的以获取案件有关信息的制度。通过诉前照会,当事人可以收集必要信息来帮助自己明确主张以及立证。诉前照会制度丰富了案件事实发现的手段,强化了当事人在一定范围内对案件事实解明的协同义务。②

提诉前当事人照会的事项与提诉后当事人照会的事项(《日本民事诉讼法典》第163条)大致相同,即"为了主张或者立证所必要明了的事项"。为了避免照会制度被滥用,《日本民事诉讼法典》对照会事项也做了必要的限制,以下三种事项不得在诉前照会中提起,即:第一,提诉后当事人照会制度中限制的事项也同样适用于提诉前的当事人照会;第二,关于对方或者第三者的私生活秘密的事项;第三,关于对方或者第三者营业秘密的事项。

---

① 东京律师协会民事诉讼问题特别委员会编著:《当事者照会的理论与实务》,青林书院2001年版,第8页。

② 参见〔日〕秋山干男:《当事者照会的作用》,载《法学家》(日本,特集)1998年。

由于诉前照会只需要纠纷一方向相对方发出预告通知,因此程序规定非常简单。同时诉前照会制度在实施中效果还不错。有学者这样论述道:"就笔者所接触的律师而言,使用诉前照会这一方式的人并不在少数,而使用诉后照会的就很少。据说原因在于,与诉后照会相比,起诉以后采取要求法院行使释明权这一方式可能更为迅捷。如此,由于法院不可能在诉前进行释明,因此诉前照会的方式就会派上用场。"①

有学者认为,由于法院对诉前照会不会进行事前审查,因此存在制度被滥用的可能。如果建议立法只允许律师使用诉前照会这一方式,那么就会带来如下的积极效果:

打算起诉的一方自不必说,可能成为被告的一方也会尽早把案件委托给律师处理,比如同律师商议如何答复照会、是否应当向对方发出起诉预告通知等,这样一来,律师就很容易介入双方当事人之间。也只有如此,代理律师之间才有可能进行诉前交涉、争点整理以及和解等工作。②

这也不失为一种解决问题的思路。但是在一个没有强制律师代理的国家和地区,强调诉前律师对纠纷的介入,在理论上无法找到依据,在现实中更是难以实现。

3. 提诉前申请法院发布证据收集处分令制度

《日本民事诉讼法典》规定在满足法定条件的情况下,在提起诉讼前,当事人可以申请法院以发布命令的方式获取证据。当然,这也是以提诉预告通知的提出和答复作为前提的。"换言之,根据提诉预告通知等,可以在一定程度上弄清当事人所考虑的案件或者纷争的要点,当事人、法院才可能对证据的必要性作出判断,可以认为这是构成这一制度的基础。"③

如上所述,为了使法院实施证据收集处分命令,提诉预告通知者

---

① 〔日〕高桥宏志:《日本2003年民事诉讼法之修改》,许可译,载张卫平、齐树洁主编:《司法改革论评(第五辑)》,厦门大学出版社2007年版,第226—227页。

② 同上注。

③ 〔日〕小林秀之:《Q&A平成15年改正民事诉讼法的要点——计划审理的推进与证据收集手续的扩充等》,新日本法规出版社2003年版,第91页。

和对提诉预告书进行了答复的被通知者必须提出申请。时间限定在提诉预告通知书提出后 4 个月内的不变期间,否则除非有对方的同意,不能再提出证据处分的申请。除此之外,《日本民事诉讼法典》还规定了非常严格的条件:① 申请发布命令的证据属于未来诉讼中作为立证所必要的证据;② 申请人自行收集有困难;③ 该证据的收集不至造成不当的时间花费或者使被嘱托者担负不当的负担;④ 听取对方当事人的意见。这些条件是非常严格的,特别是第三项条件被认为是为了防止这项制度被滥用而考虑的极具限制性的条件。

《日本民事诉讼法典》规定了以下几种诉前证据收集处分手段:① 文书送交命令。这一方法是要求文书的所有者将该文书提交至法院的命令。比如有关行政机关保管的文书、医院保存的病历等。② 委托调查。这一方法是法院就某一事项委托有关公、私机构协助调查的方法。比如委托银行、行政机关、交易所等对相关事项进行调查。③ 委托听取专家意见。在需要专业知识的专门化案件中,如果当事人申请,可以委托有关专家提供意见,从而帮助当事人更好地预测诉讼。④ 要求执行官对某些现实情况进行勘验、调查。比如根据案件特点,可以命令执行官对争议标的物的形状、占有关系等进行实地调查。

上述证据收集处分完全是在提诉前实施的,目的是为了使提诉后的审理计划的制订更为顺利,并在一定程度上助益于诉前和解。法院所作出的处分必须遵守,法律未提供救济的方法。但在不遵守处分命令的场合,立法也未规定相应的制裁措施。

"通过委托送达文书的方式,那些原来在起诉以后才能获得法院认可的信息现在在诉前就可以得到了。过去连律师会照会都无法办到的事情现在也可以办到了,比如银行存款名义、存款余额等信息的查询。专家意见陈述制度是从德国的独立证据调查制度演变而来,应当说是一种简易的鉴定方式。由执行官进行现状调查的制度来源于法国法上的专家验证制度。作为勘验的替代性制度也会发挥其应有的作用。"①

利用上述制度,当事人在诉前就可以进行证据收集,以使在未来

---

① 〔日〕高桥宏志:《日本 2003 年民事诉讼法之修改》,许可译,载张卫平、齐树洁主编:《司法改革论评(第五辑)》,厦门大学出版社 2007 年版,第 226—227 页。

的诉讼中诉状的记载更为准确,争点和证据整理程序也更为充实,其结果就是进一步缩短了起诉后的审理期间。

(九) 专门委员制度

"知识产权案件、医疗纠纷案件及劳动关系等需要专门知识的案件,又称为专门化诉讼案件。"①这些案件的共同特点就在于审理难度大,审理周期长,证据偏在于一方,且案件需要的专业化知识很多,证据收集非常困难。这些因素的存在也正是计划审理制度导入的根本决定因素。

在这些需要专业知识的所谓专门化诉讼中,法院与当事人获得充分的有关专业知识来进行争点整理、制订审理计划是极为重要的。因应这种需要,2003年《日本民事诉讼法典》创设了专门委员制度(第92-2条)。根据该条规定,"针对争点和证据整理以及对关于诉讼程序顺利进行所必要的事项进行协议的问题,为了明了诉讼关系,在听取当事人意见的基础上,为听取基于专门知识的说明,法院可以让专门委员参与"②。在这一点上,可以将专门委员理解为法院的"助手"。"为了促使审理的充实和迅速化,在诉讼的更为早期阶段让具有专门知识经验的专家参与审理,从向法院提供专门知识这一点来看,专门委员制度是作为辅助法官的目的而设立的。"③

总之,专门委员制度的引入,对于帮助法院和当事人更准确地把握案件,合理地制订审理计划等,都具有十分重要的意义。

(十) 律师照会

《日本律师法》第23条第2款规定,"律师可就受委托的案件,照会所属律师协会、工务所或公私团体并请求报告必要事项"。不论诉讼是否系属,律师都可以利用该制度。尽管法律规定接受照会的对方

---

① 唐力:《有序与效率:日本民事诉讼"计划审理制度"介评》,载《法学评论》2005年第5期。
② 同上注。
③ 日本东京地方裁判所实践委员会编著:《关于计划审理的运用》,判例时报出版社2004年版,第116页。

当事人具有公法上的回答义务,但是在其不履行义务时却没有任何制裁。①

(十一) 宣誓陈述书

2003年《日本民事诉讼法典》的修改引入了宣誓陈述书制度,即陈述人在公众面前宣誓证书记载内容的真实性并署名,进而由宣誓陈述书确认上述状况。

总之,日本民事诉讼程序既包含德国法的要素也体现出美国法的影响,同时还有基于自己的民族性而发展出的自己独特的性质。

首先,日本没有采纳德国的律师强制代理原则。这是有其历史渊源的。几个世纪以来,日本的统治者一直禁止代人"打官司"。② 即使时至今日,日本在任何一级法院进行诉讼都没有规定强制的律师代理。相当一部分案件是当事人自己进行诉讼。至于为什么日本不采用律师强制代理制度,有学者指出背后存在复杂的原因,律师人数少是一个可能的回答,日本的律师人数按人口比只是德国的1/5。同时,开业律师的地域分布也很不平衡,大部分集中于大城市。③

由于很多案件没有律师代理,因此与律师代理制度具有"血肉关系"的美国式的对抗制在很大程度上无法与日本的诉讼程序相匹配。虽然第二次世界大战后美国法强行渗透至日本民事诉讼程序,法官的阐明权由于受美国关于对抗制的理论与实践的影响也曾一度不再适用,但基于司法实践的需要,1955年,日本最高法院改变了态度,推翻了先例,确定在必要的时候澄清法律是法官的职责。④ 这样一来,法官必须通过提问以及为澄清争端和获得公正判决提出建议而对于程序进行积极的干预。最后的结果是,日本模式站在了第二次世界大战前

---

① 参见王斌:《日本证据开示制度》,载《学海》2007年第5期。
② 参见〔日〕谷口安平:《程序的正义与诉讼》,王亚新、刘荣军译,中国政法大学出版社1996年版,第30页。
③ 参见〔日〕棚濑孝雄:《律师集中于大都市的现象及功能上的意义》,载《日本法年报》1980年第13卷,转引自〔日〕谷口安平:《程序的正义与诉讼》,王亚新、刘荣军译,中国政法大学出版社1996年版,第31页。
④ 参见江伟主编:《比较民事诉讼法国际研讨会论文集》,中国政法大学出版社2004年版,第37页。

的德国模式和美国模式的中间点。①

在律师费用问题上,日本没有采用德国的败诉补偿制,而是呈现出多样化的特点,有美国式的按小时计费,也有胜诉分成的方法。这导致日本的律师在诉讼中为委托人利益而努力的意愿比德国律师强烈,但还未达至美国的水平。同时,日本的律师在地位上与法官完全平等,这在一定程度上保证了诉讼程序的对抗性。因为"对抗式的辩论只是在律师和法官的法律上以及社会上的地位完全平等这一事实被广泛认知的前提下才能真正实现"②。

同时,由于日本人具有厌讼的传统,他们"倾向于不轻易提起诉讼。他们仅仅是在尝试了各种各样其他的方法来解决纠纷并都失败了的情况下才诉诸法院"③。由于在诉讼中当事人和解的意愿不高,从而使诉讼也带有较强的对抗性色彩。

从日本历次对民事诉讼法的改革可以看出,与德国一样,面对日益增长的民事纠纷的数量,通过像美国一样将程序分为审前准备和相对集中的庭审程序从而促进诉讼的快速解决一直是日本努力的目标。

为了配合在诉讼结构上的变革,日本规定了非常充足的证据收集手段来保证与案件事实相关的证据能够进入法官的视野。因此,对日本具体证据收集手段的研究对于中国重构证据收集制度、配置证据收集手段意义重大。

日本借鉴美国的口头质询程序,独创当事人照会制度,使当事人在诉讼系属后能够自己进行范围广泛的信息开示与交流,扩充了当事人证据收集的手段;通过设定文书提出命令,使文书被对方当事人或案外第三人所占有时,能够通过申请法院发布文书提出命令来获得此类证据,并且要求对方当事人在申请特定文书遇到困难时,有协助义务;为保障被申请人的利益,设置了比较完备的程序来进行证据开示命令,同时设定了法官的秘密审查制度来确保被申请人的合法保密利益不受任意侵害;在证人证言的收集上,需由当事人申请才能传唤证人到庭作证,同时设定了法院外证人询问程序,以及在法院认为适当

---

① 参见〔日〕谷口安平:《程序的正义与诉讼》,王亚新、刘荣军译,中国政法大学出版社1996年版,第2页。

② 同上书,第33页。

③ 同上注。

且当事人没有异议时,认可书面证言的法律效力;在需要案件澄清时,法官可以主动要求当事人出庭接受询问,也可以通过当事人申请法院传唤当事人到庭,并对不遵守命令的当事人规定了可能遭受法院就询问事项拟制为真实的不利后果。在日本,鉴定人的地位属于法官辅助者,鉴定程序的启动由当事人申请,但鉴定人由法官指定。但受美国法的影响,在一部分案件中,当事人开始自己聘请专家作为鉴定人,而鉴定结果的对立是很常见的。日本通过交叉询问来保证专家鉴定的真实性。在日本,勘验必须由当事人申请,法院不能主动进行。日本对诉前证据收集程序的规定比较系统详尽,在提出提诉预告通知制度的基础上,可以通过当事人诉前照会收集相关信息,也可以在符合一定条件的前提下,申请法院来收集证据。诉前证据保全制度及诉前证据收集手段的扩充,使案件能够更快地确定争点,更快地审判。日本还规定了律师照会制度及宣誓陈述书程序,律师可就受委托的案件,照会所属律师协会、工务所或公私团体并请求报告必要事项。不论诉讼是否系属,律师均可利用该制度。宣誓陈述书要求陈述人在公众面前宣誓证书记载内容的真实性并署名,进而由宣誓陈述书确认上述状况。

从上述可以看出,日本在证据收集手段的配置上充足而详尽,并独创了诉前照会、当事人照会等极具特色的程序。但日本证据收集手段的设置有一个致命的缺陷,例如当事人照会制度,当事人一方对另一方文书特定化的协助义务,律师照会向对方的回答义务等都没有规定相应的制裁措施。这也反映出日本在接受美国文化方面,由于与其传统的不相融以及没有律师充分代理的情况下的矛盾心理。

同时在美国法的强烈影响下,日本法官自身主动的证据收集的规定被废止。但法院仍能主动传唤当事人本人进行询问(《日本民事诉讼法典》第336条),也可以主动照会公共机关、商工会、交易所等要求提供信息(《日本民事诉讼法典》第262条)。

日本司法官员在社会上享有很高的权威和威信。一般人对法官的职业道德和公正性抱有很强大的信任感。法官能够独立地执行其职务,很少受律师以及其他方面的影响。[1]

---

[1] 参见〔日〕谷口安平:《程序的正义与诉讼》,王亚新、刘荣军译,中国政法大学出版社1996年版,第36页。

第六章　中国台湾地区证据收集制度

中国台湾地区所谓"民事诉讼法"(以下简称"民事诉讼法")自1999年开始,在5年内进行了三次大幅度修正,完成了自1930年以来首次"全面性、根本性翻新作业"①。中国台湾地区这一时期的修法态度非常慎重并经过了充分的准备。自1983年中国台湾地区司法机构成立民事诉讼法研究修正委员会以来,该委员会通过收集各法域的立法例和学说,同时参考各方的修正意见,在对现行相关规定进行通盘检讨、逐条讨论的基础上,历经17年有余,"始作成财产权诉讼部分之修正草案"②。为了逐步改革诉讼制度并顾及相关规定修订的时效性,中国台湾地区司法机构分"三次提案",先后送经立法机构审议通过,才最后完成了民事诉讼制度之"世纪性大修改"③。

2000年对"民事诉讼法"的全面修正被部分学者评价为体现了创新性的、符合社会独特需求的法律修改,摆脱了20世纪初期所采抄袭性继受模式,以因应中国台湾地区社会独特之时代需求,而且汲取该地区近二十年来民事程序法学理论进展之成果,将诸多创新理论实定法化,实具有异于德、日等国之立法上独特性。④

因此研究"民事诉讼法"在这一阶段的修正或许可以为我们带来很多程序上的借鉴。"民事诉讼法"于2000年修正时,为弥补诉讼实务上一直采用的并行审理的缺陷,改善之前相关规定所定自由顺序主义之流弊,明确规定实行集中审理主义及适时提出主义。一方面使当事人担负诉讼促进义务,促使其将所掌握之事实、证据及相关资料,尽可能在诉讼前阶段提出;另一方面扩大法官阐明义务的范围,以便法

---

① 许仕宦:《程序保障与阐明义务》,学林文化事业有限公司2003年版,"序言"第1页。
② 同上注。
③ 同上注。
④ 同上书,第3页。

官及当事人能及早了解案情并整理、确定及简化争点,有利于当事人和解和集中的证据调查,使言词辩论集中有效。此次修正用以促进审理集中化,贯彻直接审理主义及言词审理主义之精神,并发挥各审级之功能,健全诉讼制度。①

一、公正程序请求权及武器平等原则的引入

在中国台湾地区,程序保障论已经被理论和实践全面接受,成为在处理民事诉讼具体问题上的上位概念、前导法理。相较于德、日等国的理论状况,中国台湾地区的程序保障论颇具特色。部分学者认为:"其系兼含有关达成慎重而正确的裁判之程序保障及有关达成迅速而经济的裁判之程序保障等两面意义,而不只谈论有关追求真实的程序保障。甚至,晚近于重视事前的程序保障之同时,视野亦已扩展于强调事后的程序保障赋予程序参与机会之重要性。"②

公正程序请求权理论,是从宪法理论中的法治原则及自由权、人身权、平等权、所有权等基本权利创造或导出的,反映到程序法上,强调权利实现上的程序保障,使程序的进行能够实现宪法上的基本权利。

就民事诉讼而言,公正程序请求权"要求法官所为之程序形成,必须是民事诉讼当事人就程序当然可以期待之水平"③。也就是说,法官不能进行自相矛盾的行为,不能因为自己的失误或延滞而给当事人带来程序上的不利益,并且在程序进行中对当事人有照顾之义务。④法官在程序进行过程中,应当防止导致当事人法律救济手段丧失的行为的发生,并应致力诉讼当事人之间力量关系的均衡。因此,公正程序请求权要求法官应该确保当事人自主决定自我责任的可能性,维护当事人实体和程序上的利益,维持当事人之间的实质公平。

法官在民事诉讼中不仅参与程序过程,而且应该在判决的形成上

---

① 转引自许仕宦:《程序保障与阐明义务》,学林文化事业有限公司2003年版,第299页。
② 同上书,第4页。
③ 同上书,第43页。
④ 同上注。

负有协同责任。为此,法官与当事人为了协同发现事实,必须在行动上进行合作,法官的阐明义务发展为一般的诉讼忠告义务与照顾义务。因此对于不懂法律知识的当事人,根据"民事诉讼法"第 199 条第 1 项的规定,在不违反法官中立义务的情况下,法官应就法律上的争议指示当事人所不知或因疏忽没有注意的法律观点,促使当事人进行适当的辩论,也即存在"法律观点"的阐明义务。

公正程序请求权还要求在诉讼进行中,当事人仅仅在形式上有发表意见的机会是不够的。法院有义务保障当事人能够利用程序来实现权利。因此,在程序裁量权行使上,法院有义务特别朝向当事人之利益而行使裁量权。如果法院的裁量欠缺公正,当事人可以以程序上的错误为理由上诉以资救济。①

在证据呈示方面,法院就当事人所声明的证据,认为不必要的,不予调查。② 但是如果是当事人为证明有利于自己的事实,提出的唯一的证据方法,法院不能轻易地以认为不必要而予以舍弃。这就是所谓的"唯一的证据方法"判例理论,以保障当事人不受法院恣意、专断的判断的危害。根据"民事诉讼法"第 288 条的规定,法院在不能依当事人声明之证据而得心证,认为必要时,得依职权调查证据。对此,中国台湾地区"最高法院"认为其背后的法理在于"类因当事人本人之鲁钝或受外物之牵制,不熟悉不敢声明证据等情形,法院为维持裁判公平与正义所必要,而后为之"③。此处的"公平与正义"即应指程序上的公正。

武器平等原则又称当事人对等原则或机会均等原则,不仅要求维持当事人在诉讼上法的地位的形式平等,更应保障其权利在裁判上实现的机会实质均等。如果当事人之间存在诉讼行为能力上的不平等,法院应该进行调整。

经济发展不平衡的现实使得进入诉讼的当事人在法律知识及经济条件上会存在差距,在是否有律师代理上也各不相同。面对这种客观存在的不平等,必须设置相应的救济措施,从而避免当事人因这些

---

① 转引自许仕宦:《程序保障与阐明义务》,学林文化事业有限公司 2003 年版,第 46 页。
② 参见中国台湾地区"民事诉讼法"第 286 条。
③ 转引自许仕宦:《程序保障与阐明义务》,学林文化事业有限公司 2003 年版,第 49 页。

差距的存在而在证据收集、举证等方面存在实质上的不平等。为此，法官应积极行使阐明权，通过与当事人就法律上、事实上及证据上的讨论来积极地介入当事人的诉讼及证据收集过程，通过发挥阐明权的补偿机能，实现武器平等原则乃至机会均等原则。法官应保障当事人不能仅因为语言的错误、知识的欠缺、资历的贫乏及律师不熟练等理由而遭败诉。①

为保障当事人之间实质的公平，使双方当事人居于平等、对等的程序上的地位，不负举证责任之当事人，于一定情形，应负事案解明义务。

法院就当事人间证据收集及证明手段也应维持程序上的公正。在证明妨碍即当事人以不正当手段妨碍他方当事人举证活动的情形下，例如一方当事人故意将证据灭失、隐匿或有其他妨碍使用的行为时，若让当事人利用此等不正当手段取得有利于自己的诉讼结果是不正当的。在这种情况下，法院应斟酌该当事人妨碍他方当事人举证的情形及所妨碍证据的重要性等因素，依自由心证判定他方当事人关于该证据之主张或依该证据应证之事实为真实，以示制裁。②

在违法收集证据的情形下，除非举证人所采用的证据收集手段仅具有较轻的违法性，并有比对方当事人更应该受保护的正当利益，否则不宜以其有利于发现客观真实而促进诉讼。

二、由辩论主义转向发现案件真实的协同主义

2000年"民事诉讼法"修正时就在第199条第1、2项规定，审判长应注意令当事人就诉讼关系之事实及法律为适当完全之辩论；审判长应向当事人发问或晓谕，令其为事实上及法律上陈述。③

之所以进行这样的修改，在于"民事诉讼法"虽然承认适用法律是法官的职责，但对当事人主张的事实的法律适用往往影响裁判的结

---

① 参见许仕宦：《证据搜集与纷争解决》，新学林出版股份有限公司2005年版，第55页。

② 转引自许仕宦：《程序保障与阐明义务》，学林文化事业有限公司2003年版，第58页。

③ 同上书，第431页。

果。因此为了防止法官未经阐明即适用法律对当事人产生突袭性裁判,除了命令当事人就事实问题进行适当的陈述及辩论外,还应当让他就法律观点进行必要的陈述和辩论。同时,为了扩大诉讼制度解决纷争的功能,如原告主张的事实,在实体法上能够主张多项法律关系,但由于其不懂法而不知道主张时,审判长或受命法官有义务向其说明可以进行的主张,以便当事人能够利用同一诉讼程序彻底解决纷争。法官就此阐明的限度一直是一个很难明确界定的问题。由于"民事诉讼法"采用当事人处分原则,因此原告究竟想主张何种法律关系,是否想进行诉的变更、追加,及其是否为诉之变更、追加,应由原告斟酌其实体利益及程序利益而为决定,故规定上述晓谕程序,以利其衡量该二利益而为适当之主张。①

关于新诉讼资料之提出,法院有无阐明义务？就此问题,部分学者及中国台湾地区"最高法院"的判例都有争论。中国台湾地区"最高法院"1982年台上字第2808号判例明示:"民事诉讼资料采辩论主义,举凡法院判决之范围及判决基础之诉讼资料均应以当事人声明及所主张者为限。审判长之阐明义务或阐明权之行使,亦应限于辩论主义之范畴,不得任加逾越,否则即属违背法令。故审判长尚无阐明令当事人提出新诉讼资料之义务……"②

但在"民事诉讼法"修正后,此判例被废除。究其原因在于,基于"民事诉讼法"规定之学说理论,相关人员认为中国台湾地区民事诉讼之事证收集原则系协同主义,纵谓辩论主义,其内容及根据亦有异于德国、日本之规定或理论。③

"民事诉讼法"于裁判资料收集方面虽采用辩论主义,但在程序规定上与之前相比更要求法院的协力,可说已采行协同主义或协力主义。④ 即关于裁判所需基础事实之确定,其必要资料之提出或收集(事实之主张、证据之声明),原则上属于当事人的权能和责任,但为了发现真实及促进诉讼,防止突袭性裁判,法院应该进行必要的协助。

---

① 参见中国台湾地区"司法院"编:《"民事诉讼法"部分条文对照表暨总说明》,2000年,第65页。

② 许士宦:《程序保障与阐明义务》,学林文化事业有限公司2003年版,第433页。

③ 同上书,第436页。

④ 同上注。

基于以上理论,根据"民事诉讼法"的规定,原告究竟应该主张哪种法律关系,应由原告综合考量其实体利益及程序利益来决定;但对于事实对法院而言已经很显著或者事实为何已经由于法官职务上的便利而知悉这种情况,只要裁判前就该事实令当事人有辩论之机会,虽然此事实不是由当事人提出,法院亦得斟酌之("民事诉讼法"第278条第2项)。

法院是否依职权调查证据,"民事诉讼法"除维持法院能够进行必要的嘱托调查(第289条)、鉴定(第340条、第365条、第203条第4款)、勘验(第203条第4款)、调查公文书之真伪(第355条第2项)、调取机关文书(第350条)等规定外,在其不能依当事人声明之证据而得心证,或因其他情形认为必要时,能够依职权调查(第288条)。此等例外情况下的职权调查目的在于为迅速发现真实。但由于法官的职权调查有可能对当事人而言会因不知悉情况而发生促进诉讼的突袭,因此应该赋予当事人就是否应予调查有陈述意见的机会(第288条第1、2项增修),且法院认为有必要时,得依职权询问当事人本人(第367-1条)。

对于法院主动的职权调查权,法理上认为,调查证据,原则上应该基于当事人的申请而进行,但是为了维护公共利益或者因特殊类型诉讼(如公害诉讼)中缺乏证据收集能力的当事人的利益,维护裁判的实质正义与公平,仍应许法院依职权调查证据,以济传统辩论主义之穷。① 一般认为,现行法就职权调查证据规定的范围过大。因此为了合理限制法院职权的行使,仍应以当事人声明证据为原则,如果当事人对声明何种证据不清楚时,法官应该先行使阐明权使当事人明白,促使其声明证据。经过法官的阐明后,当事人仍然不知声明证据,在此等情况下,法院才在认为有必要时依职权调查证据。因此,法官职权调查的行使为最后的救济手段。同时为了保障当事人不受突袭性审判,应当赋予当事人应有的程序权保障,在法院依职权调查证据时,应当令当事人就是否应予调查陈述意见。增设当事人询问制度也是为了保证法院为发现案件真实或者促进诉讼进行,能够以当事人陈述作为证据。

---

① 参见许仕宦:《程序保障与阐明义务》,学林文化事业有限公司2003年版,第170页。

"民事诉讼法"为充实言词辩论之内容,保障当事人之程序权,并防止发生突袭性裁判,增设了法院在调查证据前的争点晓谕义务(第296-1条第1项)。理由在于,关于案件审理,如果一面整理争点,一面调查证据,容易造成重复的调查和询问,从而拖延诉讼。为充实言词辩论之内容,保障当事人之程序权,并防止发生突袭性裁判,法院应该在调查证据前将争点告知当事人,使得双方当事人都能够清楚争点与待证事实的关联后才能进行证据调查。①

通过争点晓谕程序,能够凸显双方当事人在诉讼中的攻击防御目标,从而防止诉讼突袭,并进而助益于集中审理,同时也有利于争点整理和证据调查阶段的衔接。这项规定也将法院表明法律见解的义务更具体化,要求法院在调查证据前,为防止发生突袭,除了将事实或证据上的争点晓谕给当事人外,还应将法律上的争点一并晓谕。

关于当事人所不争执之事实,"民事诉讼法"一方面维持之前的相关规定,当事人主张的事实经他方当事人自认的,无须举证;如果对方当事人不争执的,也认同自认(第279条第1项、第280条第1项);另一方面对自认的撤销不再要求有当事人的主观错误的条件要求。并且为尊重当事人的合意,规定经对方当事人同意也可以撤销(第279条第3项);同时规定对当事人主张的事实,已经向对方当事人在相当时期进行了合法通知,如果当事人在言词辩论期日不到场,也没有提供准备书状对此进行抗辩,视同自认(第280条第3项)。

三、诉讼促进义务及证据开示

(一) 证据提出的诉讼促进义务

"民事诉讼法"为使第一审成为事实审之中心,并达成审理集中化之目标,因此修正了一直实行的自由顺序主义审判阶段,采用适时提

---

① 参见邱联恭:《司法之现代化与程序法》,台北三民书局1992年版,第221页以下,转引自许仕宦:《程序保障与阐明义务》,学林文化事业有限公司2003年版,第129—130页。

出主义及受到严格限制的续审制。"民事诉讼法"明确规定当事人提出攻击或防御方法,原则上应依诉讼进行的程度,在言词辩论终结前适当时期进行。"民事诉讼法"对于二审程序中新的攻击防御方法的提出规定得非常严格,一律禁止其在二审中的提出。此规定要求当事人担负诉讼促进的义务,要求攻击防御方法应适时提出,以便加快诉讼。

"民事诉讼法"为贯彻适时提出义务,加重了一般性诉讼促进义务与个别的诉讼促进义务,并强化失权效力,对违反诉讼促进义务者施加失权制裁。在一定条件下,法院可以或者应该驳回其攻击防御方法之提出(第196条第2项、第268条第2项、第276条、第444-1条第5项、第447条第3项)。这种诉讼促进义务,法理认为是基于当事人对他方所负的诚实信用原则及对法院所负的促进诉讼的公法上义务。①

失权的规定可以间接促使当事人攻击防御适时的提出以及具体的迟延排除机能。

(二) 事实证据提出的协力义务

"民事诉讼法"对证明妨碍的规定具体而系统化。"民事诉讼法"增订了证明妨碍的一般性、总则性规定,在当事人因妨碍他方当事人使用,故意将证据灭失、隐匿或导致难以使用的情形下,法院可以考虑当事人具体妨碍的样态、所妨碍的证据的重要性等具体情形,通过自由心证的方式认定他方当事人关于该证据之主张或依该证据应证之事实为真实(第282-1条第1项);但基于当事人的程序参与权,法院应该在对妨碍人课以不利益时,在裁判前让该当事人有辩论的机会。

通过不正当手段获得利益在法律上是不具有正当性的。法律通过证明妨碍的一般性规定,使之能够适用于所有种类的证据方法,从而远远扩大了证明妨碍的适用范围。"民事诉讼法"还通过此种一般性规定,排除证据收集上的障碍,从而扩大当事人证据收集的手段,促进诉讼的迅速进行。这同时也是武器平等原则的要求。

---

① 参见中国台湾地区"司法院"编:《"司法院""民事诉讼法"研究修正资料汇编(十四)》,1998年,第639页。

面对现代诉讼的大量存在,"民事诉讼法"为发现案件真实,促进诉讼及维持双方当事人的公平,将文书、勘验物提出的限定义务修改为一般义务。负举证责任的当事人据此可以要求持有该物的当事人或第三人能够开示该物,有利于证据的收集。具体规定笔者在分析文书提出命令及勘验物、鉴定物时具体分析。

综上所述,"民事诉讼法"同时扩张当事人及法院之权利(权能、权限)及加强两者之义务,要求当事人与法院之间及当事人双方之间相互协力,协同发现真实及促进诉讼,并兼顾程序利益与实体利益。

因此,就"民事诉讼法"而言,就当事人诉讼上权利(权能)及义务而言,对于诉讼程序之开始、审判对象之范围的确定及程序终结方面,当事人仍具有主导权。对于裁判资料之收集、提出方面,当事人仍具有事证提出权、争点决定权、选择权(自认权),以及自由处分权。因此所谓辩论主义的前两个命题仍然适用。在此范围内,仍采行辩论主义,仅仅在合意、撤销、自认及协议简化争点方面有少许变化。

在当事人的程序权利方面,"民事诉讼法"仍尊重当事人的处分权,同时加重当事人之诉讼促进义务及事证提出义务,采适时提出主义并附随相关制裁效果。这一目的主要在于促进诉讼效率。在事证提出方面,一方面将证明妨碍进行一般性规定,而不再只就文书提出命令进行证明妨碍的规定;另一方面扩大文书、勘验物、鉴定资料等证物提出义务为一般义务,并对无正当理由而不提出者,扩张真实拟制的范围而加重制裁,从而促使当事人积极提出证据。

这些规定目的都在于保障当事人的证据接近权和武器平等原则。

就法院而言,在收集裁判基础的证据方面已经突破了辩论主义的要求。法院原则上应该考虑当事人所未主张的显著事实及其职务上所已知事实,并于必要时得依职权调查证据。法院主动的证据收集权在于对事实的追求和防止诉讼突袭,并维护当事人之间的实质公平。在此范围内,"民事诉讼法"已突破传统的辩论主义,其为发现真实及促进诉讼,加强法官阐明义务及法律见解表明义务,提出诉讼促进义务等,都体现出其倾向于采用协同主义。

四、具体的程序配置

(一) 诉答程序

根据"民事诉讼法"的规定,诉状除应表明原因事实(第244条第1项第2款)外,还应记载准备书状所应具体记载的请求所依据的基础事实(第244条第3项、第265条第1项、第266条第1项第1款及第3项)、证据、其相关应证事实(第266条第1项第2款、第285条第1项)及对他方当事人所主张事实、证据之陈述(第266条第1项第3款及第3项、第195条第2项);答辩状则应记载答辩之事实、证据、其相关应证事实及对原告所主张事实、证据之陈述(第266条第2、3项,第195条第2项,第285条第1项);审判长或法官如果认为言词辩论的准备还不充足,能够命令当事人在一定期间内就上述应记载的事实或证据提出书状予以补全,并可以命令当事人就法院认为必要的事项进行详细表明或提出证据(第268条、第272条第1项);还可以指定一定的期间让当事人提出整理争点的摘要书状(第268-1条第3项、第272条第1项)。

"民事诉讼法"就上述书状、准备书状及答辩状应记载事项等规定,目的在于充分准备言词辩论,促使"法官及当事人尽可能于诉讼程序前阶段(争点整理阶段),整理、确定及简化事实上及证据上争点,以达到审理集中化之目标"[①]。记载此等事证的书状均应预先告知对方当事人及法院(第267条),使他方当事人能够据之及时准备必要的攻防武器,同时使法院的事实审理更迅速、正确,有利于案件事实的发现和诉讼效率的提高。"民事诉讼法"希望通过法院的诉讼指挥权乃至阐明权的规定,能够保障在适时提出程序中当事人不致受诉讼的突袭而适时提出必要事实、证据,同时通过法院的诉讼指挥权促使当事人之间协力收集证据,达成审理集中的目标。

---

① 中国台湾地区"司法院"编:《"民事诉讼法"部分条文对照表暨总说明》,2000年,第1、88—92页。

(二) 准备程序

为整理争点,"民事诉讼法"增设准备性言词辩论期日程序、准备书状现行程序、准备程序及自律性争点整理程序等多种争点整理程序(第 250 条、第 267—268-1 条、第 270—272-1 条),以备法院选择。此项制度的设计是为了借助争点整理程序发挥下述机能:使集中于争点调查证据成为可能,而达成审理集中化之目标;促使参与争点整理之法官、当事人及受其委任为代理人之律师,更能于事前准备,提高诉讼审理之迅速性及正确性;以该项准备为基础,就案情进行多面向沟通,而凸显真正之争点,有助于彻底防止突袭,使法院所为判决更加客观化、更具有可信度及接纳度;由纷争当事人参与争点整理,可使其获得针对争点平衡追求实体利益及程序利益之机会,借以更确保其程序选择权。①

对这些多重争点整理程序的选择,由法官自由裁量,使其能够针对各种诉讼案件类型的特性需求或个别案情之不同,分别机动性裁量选择其中之一或并用其二。

五、扩充当事人收集证据之手段

"民事诉讼法"自 1999—2003 年修改的重点放在证据制度上。修正核心系加强、扩充当事人收集事证之手段,使其在起诉前或诉讼前阶段,即可依简易程序取得事案解明所需之事证资料。② 为了达致此目的,"不仅扩大容许证据保全之范围,明认证明妨碍之法理,酌许证人之书状陈述,扩大文书、勘验物及鉴定资料之提出义务范围,并且采认当事人本人讯问制度"③。改革的目的在于"确保当事人公平接近事证之权利,维护实质的武器平等原则,且使其得于他造甚至法院共用该等事证资料而达成共识,赋予当事人较量系争实体利益与所涉程

---

① 参见许士宦:《证据搜集与纷争解决》,新学林出版股份有限公司 2005 年版,第 183 页。
② 同上书,"序言"第 1 页。
③ 同上注。

序利益之大小轻重,并抉择何者优先追求之机会,期待其能基于此项资讯,自主决定、选择纷争解决之方式"①。

(一) 文书提出命令制度

"民事诉讼法"的修订,主要以证据法、集中审理促进方案及第三审律师强制代理制度之采行为重心,而文书提出命令制度之改善又为证据法修正之核心。②

证据被对方当事人或案外第三人所持有是参加诉讼的当事人在收集证据时经常面对的难题。在这种情况下,如何通过简易、低廉的程序获得他方或第三方持有的证据对立法者而言是一个重要的课题。

民事裁判的过程,应赋予当事人充分的程序保障,使其就裁判对象之法律关系、裁判基础之事实证据,有辩论、主张、举证及争执证据之证明力等机会,避免当事人成为受处分的客体。为使此种程序保障落到实处,必须使当事人能够在辩论之前收集相关证据及信息,否则,此种程序保障将沦为形式上的机会。为保障当事人之程序主体地位,不仅有赖于法院对诉讼进行的阐明,而且需要获得他方当事人或第三人负担与案件有关资讯的协助义务。也就是说,当事人相互之间及当事人与法院之间能平等接近,共同使用、拥有涉及案件请求之诉讼资料、证据材料及相关法律上、事实上及证据上之资讯,在收集到充分证据材料的基础上,当事人及法院才能就案件作出适当的判断,从而有助于诉讼和解的进行。因此,"程序保障之落实程度如何,乃系于当事人收集有关系争请求之实证及相关资讯之允足程度为何"③。

如果在证据为对方当事人或第三人持有的场合,法律能够规定强制措施使得对方当事人或第三人将证据提交给法院,能够极大地帮助当事人证明权的实现以及促进法院审理的效率和充实度。加强证据持有人之证据调查协力义务,可使当事人能够接近与系争请求有关联之全部证据,从而保证正义判决的实现。

但强制证据提供也有可能会侵害持有人或得利用该证据的第三

---

① 参见许士宦:《证据搜集与纷争解决》,新学林出版股份有限公司2005年版,"序言"第1页。
② 同上书,第337页。
③ 同上书,第331页。

人之隐私、营业秘密或其他业务上的秘密。因此如何平衡两者利益也是一个不得不面对的问题。

1. 文书的收集与开示

在"民事诉讼法"修正之前,通说认为对文书收集的范围采用限制主义,借以谋求"裁判之正确性与文书持有人之秘密保护间之调和",从而在"无害于文书持有人秘密保护之利益范围内,易于使用他人所持之文书"。① 这也和德国在 2001 年修法之前的规定相一致。《德国民事诉讼法典》自 1877 年制定以来,对文书的收集也一直采用限制主义。

与德国修法的方向一致,"关于德国民事诉讼法上文书提出义务之范围,其'民事诉讼法'在二〇〇一年修正前虽采限定主义,但修正后已采一般义务"②。"民事诉讼法"为了发现案件真实,促进诉讼及维持当事人间公平,已经将文书提出义务明定为一般义务。

之所以进行这种修改,理由在于"为贯彻当事人诉讼资料使用平等原则,及便于发现真实并整理争点,以达到审理集中化之目标,应有扩大当事人及第三人提出文书义务范围之必要"③。并且,随着社会经济的发展,公害案件、产品制造人责任及医疗事故损害赔偿等现代型纷争与日俱增,导致在诉讼中很容易出现证据仅存在于当事人一方,如果没有此方当事人的配合,对方当事人很难取证的情形。因此,"民事诉讼法"扩大了文书提出的范围,将之前所定之引用文书,修正为当事人就其于诉讼程序中曾经引用之文书,使其不限于准备书状内或言词辩论时曾经引用者(第 344 条第 1 项第 1 款);同时将法律关系文书修改为一般文书,就与本件诉讼有关之事项有关联的,均负提出义务(第 344 条第 1 项第 5 款、第 348 条)。④

"民事诉讼法"将法律关系文书修改为一般文书,扩大了举证人使用文书的范围,"借以包含就当事人间法律关系或与该法律关系有关之事项及其他与本件诉讼有关之事项所作成之文书,使与待证事项有

---

① 许士宦:《证据搜集与纷争解决》,新学林出版股份有限公司 2005 年版,第 338 页。
② 同上书,第 340 页。
③ 同上注。
④ 同上书,第 343 页。

关之文书,即有提出义务"①。以此改善不公平的证据偏在的现象,弥补了大陆法系收集证据手段不够完备之缺失,以贯彻当事人间武器平等原则。通过这一点的修改,中国台湾地区的有关规定较接近于英美法系。②

中国台湾地区相关部门在审议所谓"民事诉讼法修正草案"时,明言:"扩大当事人文书提出义务范围……使当事人就其实体及程序上之法律关系、争点、攻击或防御方法等与本件诉讼有关之事项所作之文书,均负有提出之义务。"③

对第三人的文书提出义务,相关部门关于该规定之制定理由中也已明示:"第三人提出文书之义务,系对于法院之诉讼审理应予以协助之公法上义务,基本上与作证义务具有同一性质……"④因此,在诉讼上,无论当事人或第三人均负有一般性文书提出义务。

扩大文书提出义务,除了追求案件事实发现以外,也与审理集中化及限制第三审上诉的程序改革有密切关系。因为如果当事人没有充足的证据收集手段来收集证据,那么意味着判决所需要的证据材料不能全面收集,集中化审理就无法实现。因此,之所以要求当事人或第三人提出就与诉讼有关事项所作之文书,并非仅仅为了发现案件真实,同时也在于通过整理争点达到促进诉讼的目的。

扩大文书提出义务范围,保证了当事人之间武器平等原则,有利于维持当事人在诉讼程序上公平、公正的竞争。根据"民事诉讼法"的规定,当事人可以要求对方当事人提交与诉讼有关联的文书。通过充分的文书开示,双方当事人可以掌握各自所拥有的与诉讼关联的证据

---

① 许士宦:《证据搜集与纷争解决》,新学林出版股份有限公司2005年版,第343页。

② 美国之证据开示程序,当事人得依其获取开示之范围,系以该事项是否与诉讼标的有关联性为断,而不以文书记载内容是否与实体法律关系之关联为准,而根据中国台湾地区所谓"民事诉讼法修正草案"之规定,亦系以文书之记载内容是否与诉讼关系有关,逐一判断其持有人应否负提出义务。再者,所谓"民事诉讼法修正草案"扩大文书提出义务范围之根据,明揭为贯彻当事人诉讼资料使用平等原则,及便于发现真实并整理争点,以达到审理集中化之目标,此等理念或法理根据,亦与证据开示程序之指导理念具有共通性。

③ 转引自许士宦:《证据搜集与纷争解决》,新学林出版股份有限公司2005年版,第348页。

④ 同上书,第349页。

材料,从而防止诉讼突袭。同时,双方在掌握攻防武器的基础上,基于理性人的考量,更容易与法院及他方当事人就案件事实或诉讼主张达成共识,有助于自主决定纠纷解决的方式。因此,采行一般性文书提出义务,实乃扩充当事人之程序选择机会。为此,"当事人既无避免提出所持对己不利文书之密匿自由,亦不许以他造缺乏证据、资讯为奇货而不当获取胜诉"①。

2. 文书特定协助义务

根据"民事诉讼法"第 342 条第 2 项第 2、3 款及第 346 条第 2 项的规定,当事人申请法院发布文书提出命令时,应表明该文书及其内容,此乃申请人应尽的文书特定责任。但由于文书为对方当事人或第三人所持有,要求申请文书提交一方明确所申请文书的内容常有困难。为此,如当事人就前述之表明明显有实际上困难且法院认为适当时,法院可以命令他方当事人或第三人为必要的协助,以便其能斟酌实际情况,协助申请人实现实体法上的权利。

因此,"民事诉讼法"第 342 条增订第 3 项,规定当事人申请法院命他方当事人提出文书,在特定文书内容明显有表明之困难时,法院可以命令他方当事人为必要的协助。此项规定,并为当事人申请法院命第三人提出文书时所准用(第 346 条第 2 项)。②

在申请人表明文书之名称、内容显有困难时,持有文书的对方当事人或第三人应提供该文书之资讯或为其他协助。这种协助不仅仅是为了协同发现案件事实,也有促进诉讼的需要。因为诉讼程序的拖延不仅使当事人双方遭受程序上的不利益,而且使所有纳税人都减少了使用法院的机会。"故自司法资源有效利用之角度观之,任何人都有协力义务。"③

中国台湾地区的文书特定协助制度参考了《日本民事诉讼法典》有关文书特定之程序,但又有自己的特点。

第一,在申请对方当事人及第三人特定协助时,不以记载识别事

---

① 转引自许士宦:《证据搜集与纷争解决》,新学林出版股份有限公司 2005 年版,第 352 页。

② 同上书,第 353 页。

③ 同上书,第 354 页。

项及申请为条件,而日本则需要。因此,中国台湾地区的规定体现了其赋予法院更大的裁量权及对文书充分收集的关注。

第二,在对他方当事人或第三人的协力方面,规定法院明确命令被申请人协助提供特定文书,而日本仅规定法院向被申请人表明申请要求。因此,中国台湾地区的规定更有助于事证收集制度之扩充。

第三,关于负协助义务者违反其义务的制裁,两者就此均未设明文规定。

实际上,中国台湾地区的文书特定协助制度在一定程度上与美国证据开示程序中的口头质询等有相似点,但是中国台湾地区通过法院为中介进行且缺乏强制措施的支持。

3. 违反文书提出义务之制裁

对于违反文书提出义务的制裁,"民事诉讼法"规定了两种情形:一般情形下,当事人无正当理由而不遵守提出文书命令的,法院审酌情形认定他造关于该文书之主张为正当。但在案件构造上证据偏在于一方之诉讼,法院得依自由心证认定举证人关于该文书之性质、内容及文书成立之主张为真,或认定举证人依该文书应证之事实为真时,以对违反文书提出义务者发挥制裁之实效。① 但在此情形下,法院应于裁判前令当事人有辩论之机会(第345条第2项)。

"民事诉讼法"仅规定法院得审酌情形,拟制他造关于文书之主张或依该文书应证之事实为真,不需限制任何条件。而在同等情况下,根据《日本民事诉讼法典》的规定,当事人不依从文书提出命令时,法院原则上得认定他造关于该文书记载之主张为真时,有两个限制条件,即仅当他方当事人就该文书之记载为具体的主张,并且以其他证据证明确有困难。因此中国台湾地区的该规定相较于《日本民事诉讼法典》之规定赋予法院更大之裁量权。

此种规定在发挥对违反该义务的当事人的制裁力量的同时,也易于对当事人造成突袭性裁判。因为,赋予法院之裁量权愈大,当事人就不提出文书所生法律效果之预测愈困难。从而,必须要求法院就其有关真实之拟制,于裁判前应令当事人有辩论之机会,以防止突袭性

---

① 参见许士宦:《证据搜集与纷争解决》,新学林出版股份有限公司2005年版,第363页。

裁判,确保当事人之辩论权、证明权。①

对第三人无正当理由不遵守提出文书命令的,"民事诉讼法"除提高罚金金额外(第349条第1项),另明确规定,法院在必要的时候,可以裁定命令对其进行强制处分,同时为平衡第三人的利益,赋予该第三人有陈述意见的机会。由于第三人并非纠纷当事人,因此对第三人的利益保护应该慎重。"民事诉讼法"既扩大第三人之文书提出义务范围,同时也加强文书提出拒绝权,事先使第三人有陈述意见之机会,其即可借此表示拒绝提出的权利;或者第三人提出文书之一部分即可,此时经其事先表示意见以后,法院即不必命令其提出全部文书。而且,法院以裁定命令第三人提出文书后,对无正当理由拒不提出者,得交由执行法院强制执行或由受诉法院径为强制执行,故而下裁定命令其提出之前,亦应有较为慎重之程序。第三人毕竟非属纷争之直接当事人,而系基于他人之诉讼仍被要求协助举证者,是故对该第三人利益之保护方面,仍应慎重其事。

"民事诉讼法"的规定异于德、日民事诉讼法中有关第三人违反文书提出义务时所受制裁之规定,后者并无直接强制性规定。就此而言,"民事诉讼法"较能借以发挥扩大收集事证之机能。

"民事诉讼法"对第三人的保护措施,规定在裁定前应先赋予第三人陈述意见之机会,且在扩大文书提出义务范围之同时,增设保护隐私、业务秘密等规定,使第三人可据以拒绝提出;同时增订命为强制处分之裁定,不因抗告而停止执行,兼顾了对第三人的保护和促进诉讼。

(二) 证人之书状陈述

证人的书状陈述制度在1935年修正时已经在简易程序中适用②,然而由于直接审理主义理论的盛行,实务中并没有较多适用。

"民事诉讼法"在1999年修正时,在简易程序及小额诉讼程序中扩大了证人书状陈述制度,在法院认为适当或者双方当事人协商同意时,法院可以命令证人在法院外通过书面证言的方式代替到庭陈述。其制定理由在于法院依照事件性质,在证人的陈述本身就是以文书或

---

① 参见许士宦:《证据搜集与纷争解决》,新学林出版股份有限公司2005年版,第365页。

② 同上书,第233页。

其他资料为内容的时候,可以通过书面进行陈述;或者法院在考虑依证人的身份、职业、身体、住居地等相关情况后,认为不适合或者不必要让证人出庭陈述时,或者双方当事人都同意证人以书状陈述时,应该允许证人在法庭外以书状为陈述。①

中国台湾地区司法机构在 1999 年函请相关部门审议所谓"民事诉讼法修正草案",将证人之书状陈述制度扩大到通常诉讼程序,使其能够在所有程序中适用。其在第 305 条增订第 2、3 项,分别规定:证人须依据文书、资料为陈述,或依事件之性质、证人之状况,经法院认为适当者,得命证人于法院外以书状为陈述,亦得命两造会同证人于公证人前作成陈述书状;经两造同意者,证人亦得于法院外以书状为陈述。此种规定的目的在于,直接审理主义及言词审理主义固然是民事诉讼的基本原则,但如果根据证人的具体情况能够或者适于书状陈述的,为促进诉讼,达到审理集中化的目的,以及节约司法资源,可以在上述法律规定的范围内让证人通过书状陈述作证。②

中国台湾地区相关部门在审议时认为,法院如果能命令证人在法院外以书状为陈述,容易产生流弊,因此就所谓"民事诉讼法修正草案"第 305 条第 2 项加以修正,仅限于两造会同证人于公证人前作成陈述书状,其余则照案通过。③ 下面具体分析三种情况下的证人书状陈述程序。

1. 法院认为适当时的证人书状陈述制度

"民事诉讼法"扩充了证人书状陈述制度,允许法院在认为适当时,可以命令证人在公证人前作成书状,以及双方当事人同意的,可以在法院外进行书状陈述(第 305 条第 2、3 项)。

扩充证人书状陈述制度,通过法官运用司法裁量权以及尊重当事人的程序处分权来决定证据调查原则,兼顾了事实的发现与诉讼的促进。因为在特定的情形下,采用书面审理,可节省、避免不必要的劳力和时间的付出,有助于维持系争标的外的财产权、自由权,避免损耗。

---

① 参见许士宦:《证据搜集与纷争解决》,新学林出版股份有限公司 2005 年版,第 236 页。
② 同上书,第 238 页。
③ 参见中国台湾地区"立法院"司法委员会编:《"民事诉讼法"部分条文修正案(法律案二五三辑,下)》,2000 年,第 451、498、546、563 页。

由于证人的书状陈述与言词辩论原则和直接辩论原则相违背,因此"民事诉讼法"规定了明确的适用条件。

根据"民事诉讼法"第 305 条第 2 项的规定,证人须依据文书、资料为陈述,或依事件之性质、证人之状况,经法院认为适当者,得命两造会同证人于公证人前作成陈述书状。由此可以看出,法院适用裁量权命令证人以书状陈述的情形限于以下三种状况:

① 证人须依据文书、资料为陈述。在此情形下,即使对证人进行询问,证人也是就账簿或其他文书资料的内容进行转述。因此,证人不必到庭陈述,通过书状陈述无论对证人、当事人还是法院而言,都可以省略证人询问,减轻法院负担,促进证据调查程序简易、迅速。而且,在某些情况中,账册或其他文件数量庞大,难以携带或无法搬至法院,此时许证人以书面作证,亦可减轻其到场作证之负担,并使作证成为可能。①

② 依事件的性质。这种状况主要针对简易诉讼、小额诉讼案件,案情并不复杂,需要简易、迅速的审判。因此,证人的书状陈述适合此类案件的具体需求。对于案情复杂的案件,证人的书状陈述也具有证据开示的独特机能。证人的书状陈述能使当事人双方整理确定案件的争点和待证事项,从而确定是否进一步询问证人。"此系受英美法民事诉讼上事证开示之供述录取书(depositions)及陈述书(witness statements)交换等制度所具准备正式证据调查及事案解明机能所启发。"②尽可能在诉讼前阶段为准备性作业,借用书面审理之上述机能,以调整、发现争点之重心所在,然后再加强集中审理。③ 诉讼可分为争点整理阶段和证据调查阶段。在前一阶段,通过证人的书状陈述获取证据材料,可以整理、减缩争点,从而促进和解,或者为庭审做准备。证人以书状陈述后,法院如认为其陈述未尽明了完足而须加以说明,或因当事人申请对证人为必要询问,而有保障当事人诘问权之必要时,法院经斟酌具体情形,仍得通知证人到场陈述(第 305 条第 4 项)。

---

① 参见中国台湾地区"司法院"编:《"司法院""民事诉讼法"研究修正资料汇编(六)》,1990 年,第 281、298、304 页。

② 许士宦:《证据搜集与纷争解决》,新学林出版股份有限公司 2005 年版,第 241 页。

③ 同上书,第 301 页。

③ 或依证人之状况,而经法院认为适当的。所谓证人状况,即"依证人之身份、职业、健康、住居地及其他情形,或不能确保证人之到场,或足可确保其书状陈述之信用,于此等情形,均无使证人到场陈述之必要"①。

具备以上三种情形之一并不必然可以以书状陈述。法院认为适当的才能命令证人作成陈述书状。但"适当"作为不确定的法律概念,学界认为法官在衡量判断时,应考量当事人之实体利益和程序利益,同时应视实际情形,有时须赋予当事人之一造或两造有陈述意见之机会,使其得参与此判断程序。②

在上述情形下,允许证人以书状代替到庭接受询问,可以节省法院、当事人及证人的时间、劳力及费用,以达成迅速经济之裁判。有时也可以实现争点的整理工作,达到促进诉讼的目的。

但在法院裁量命令证人于法院外以书状陈述的场合,必须限定在两造会同证人于公证人前作成陈述书状。这一目的在于保证证言之真实性及当事人的在场见证权。

中国台湾地区的书状陈述制度相较于德国、日本的书状陈述制度有着自己的特点。就法官命令进行书状陈述而言,德国将其系于法官自由裁量,不受当事人申请的约束。在德国,法院依证明问题之内容及证人之物认为适当时,可以命令证人进行书状陈述。《德国民事诉讼法典》第377条第3项取消了其他任何限制条件,目的就在于简化程序使法院减轻负担同时达成诉讼程序促进的目的。③

1996年《日本民事诉讼法典》为审理之简易化,也规定在通常诉讼程序中采用证人的书状陈述制度。适用条件是法院认为适当场合且当事人无异议(《日本民事诉讼法典》第205条),规定当事人无异议在于保障当事人的陈述权。

比较可见,"民事诉讼法"之规定在要件上实质上与日本、德国无大区别。细微差别来源于不同的证人询问制度以及对不同权利保护

---

① 许士宦:《证据搜集与纷争解决》,新学林出版股份有限公司2005年版,第243页。
② 参见中国台湾地区"司法院"编:《"司法院""民事诉讼法"研究修正资料汇编(十二)》,1996年,第91、97—98页。
③ 参见许士宦:《证据搜集与纷争解决》,新学林出版股份有限公司2005年版,第245页。

的侧重。同时德国和中国台湾地区都另行规定,在一定情形下法院应该通知已经进行书状陈述的证人出庭作证,以保障当事人的发问权("民事诉讼法"第 305 条第 4 项,《德国民事诉讼法典》第 377 条第 3 项)。就书面陈述的方式而言,"民事诉讼法"的规定颇为独特,要求双方当事人会同证人在公证人前作成陈述书。这是为确保陈述书状之真正性、真实性,并保障当事人之在场见证权。但其在程序简化方面,不如德国、日本的规定。

2. 当事人两造同意之书状陈述

根据"民事诉讼法"的规定,在当事人双方同意的场合,证人可以在法院外以书状为陈述。因此,无论证人是否符合前述法院裁量三要件,都可以基于合意在法院外以书状为陈述。这种合意为当事人诉讼契约的一种。此规定表明,"立法明白承认扩大两造当事人收集事证之权限,在此范围内,某程度限缩法官之权限"[①]。"依该规定,证人以书状陈述使用范围较广,据此,便利当事人整理争点,法院决定是否继续审理。亦即,其应有助于减少开庭次数,达到审理集中化之目标,而减轻法官工作之负担。"[②]

"民事诉讼法"此规定,更尊重双方当事人及证人的意愿,其并未以客观真实之发现为事实审理制度之目标,而是追求发现真实与促进诉讼两基本要求平衡点上之信赖真实。[③]

在双方当事人同意的情形下,证人的书状陈述更可以发挥证据开示的功能,在程序上简单易行。此规定可以使当事人据以收集案件相关事实信息,并且如果通过证人的书状陈述发现重要的证据信息,不通过出庭作证将会导致证据的效力不足时,"民事诉讼法"第 305 条第 4 项又明确规定:若有重要资讯尤须其加以说明或对之有必要发问的,亦可进而通知其到场陈述。

3. 证人书状陈述的程序及效果

由于书状陈述的非言词、非直接性,因而不能接受当事人的交叉

---

① 许士宦:《证据搜集与纷争解决》,新学林出版股份有限公司 2005 年版,第 248 页。
② 同上注。
③ 同上书,第 250 页。

询问。为此,"民事诉讼法"为确保证人证言的真实可信性,明确规定证人以书状为陈述时,无论是在公证人前作成陈述书状,或者在法院外以书状为陈述,均须具结,且该结文应附于书状,经公证人认证后提出(第305条第6项)。具结即宣誓。经过具结程序,便具有了证据形式上的公信力。同时为了便利证人的书状陈述,根据现代科技的发展,"民事诉讼法"另规定证人得以电信传真或其他科技设备将其于公证人前所作成书状或法院外所为陈述书状、结文及认证书等文书传送于法院,效力与提出文书同(第305条第7项)。

同时,为保证书状陈述的可信性,"民事诉讼法"又规定,在证人作成陈述书状或以书状为陈述后,如认证人之陈述须加以说明,或者经当事人申请,法院认为必要的时候,仍得通知该证人到场陈述(第305条第4项)。

德国、日本均未要求证人为宣誓或取代宣誓之保证。中国台湾地区为确保证人书状陈述之真实性,仍要求具结。"民事诉讼法"此规定,适合中国台湾地区目前社会状况之需求,据以逼使证人为真实陈述。同时,法院在命令证人作成陈述书状时,依诉讼指挥一并告以仍得通知到场陈述,也能够进一步督促证人为真实、完全之陈述。

(三) 鉴定

随着社会的复杂化、科技化,许多案件需要依赖高度专业化的判断。例如公害案件、医疗事故纠纷、航空器事故、汽车产品瑕疵等现代型诉讼,争点多涉及专门的知识或经验法则。面对这类纠纷,法官常常感觉不能胜任,因为这些纠纷已经不能仅仅依赖一般的常识或者日常的经验法则来进行判断。因此鉴定已经成为能够左右判决结果的重要的证据手段。

2000年"民事诉讼法"修正的重点之一即是鉴定程序,主要对以下方面进行了修改:加强当事人对于鉴定人之选择权(第326条第2项),扩大鉴定人义务之范围(第328条),加强鉴定人的中立性、公正性(第330条第1项、第331条第2项),明确规定了鉴定资料的提供义务及当事人的意见提供权(第340条第1、2项)等。[1]

---

[1] 转引自许士宦:《证据搜集与纷争解决》,新学林出版股份有限公司2005年版,第269页。

1. 鉴定人的地位

鉴定程序的设置首先应该回答的第一个问题是,鉴定人到底是谁的鉴定人。在中国台湾地区,鉴定人在民事诉讼上的地位究竟是法院的辅助机构,还是如英美法规定般只是一种证据方法?研究中国台湾地区的民事诉讼即可知,"民事诉讼法"在修正前即认定鉴定人兼具两者地位,修正后的相关规定亦维持该项定位,并且更加重视两者角色的平衡。① 虽然"民事诉讼法"在制定之初,将鉴定作为证据一节,但明确表示,"鉴定乃由当事人以外之第三人就法院所指定之诉讼资料,陈述意见之谓,陈述意见之鉴定人,一方面为辅助法官之智识者,另一方面为一种证据方法"②。因此,根据鉴定人的法官辅助者的地位,鉴定人的选任或撤换,由法官裁量决定,同时规定当事人可以以申请法官回避之原因决绝法官对某鉴定人的选任(第326、331条)。

"民事诉讼法"兼顾鉴定人所具有的上述两面性格。作为辩论主义下当事人提出的证据方法,"民事诉讼法"肯定了法院选任鉴定人前,应该命令当事人陈述意见,以便法院参考。理由在于通过与当事人讨论,能够更妥当地选择胜任的鉴定人,并且当事人的参与能够使其对于鉴定结果更为信服。"民事诉讼法"同时肯定当事人合意选任鉴定人,如果当事人对于鉴定人的指定达成合意,除非法院认为该人选不适当,否则应该肯定当事人的合意选择,以尊重当事人的自由处分权。选任双方当事人所共同信赖者作为鉴定人,既有助于贯彻保障程序选择权之精神,提高当事人对鉴定结论的信服程度,同时也可以减轻法院的负担。

鉴定人作为法官辅助者具有"民事诉讼法"第32条第1—5款情形之一者,原则上不得为鉴定人,且于诉讼程序终结前,当事人得随时根据这些情况拒绝该鉴定人。也就是说,既然鉴定人是法院的辅助机关,那么应当同法官一样,如果有影响鉴定人作出客观鉴定的因素,当事人当然可以申请其回避。因此不管诉讼程序进行到何种程度,在诉

---

① 转引自许士宦:《证据搜集与纷争解决》,新学林出版股份有限公司2005年版,第270页。

② 同上注。

讼终结前,当事人都可以以法定事由拒绝鉴定人的鉴定。同时,为使鉴定人能够迅速正确作出鉴定,"民事诉讼法"加强了当事人、证人的协力义务,增订鉴定人所需资料如为证人或当事人所持有,法院于必要时,能够依职权或根据当事人的申请命令证人或当事人提供该资料(第337条第1项),以供鉴定。①

因此,中国台湾地区对鉴定人的定位颇具特色。

2. 鉴定资料收集权

关于鉴定人如何收集鉴定资料,"民事诉讼法"维持原规定:如果鉴定资料在法院,法官应告知鉴定人可以利用鉴定资料(第337条第1项);鉴定人在鉴定过程中,为进行鉴定的需要,也可以申请法院调取证物或询问证人或当事人;经许可后,鉴定人可以对证人或当事人自行发问(第337条第2项)。② 因此,鉴定人虽然没有法院的证据调查权,但有求问权及发问权,能够申请法院询问,或者在法院许可后自行发问,以收集鉴定资料。鉴定资料也会存在由当事人或第三人掌握但又不愿提供的情况。针对此种情况,"民事诉讼法"增订"法院于必要时,得依职权或依申请命证人或当事人提供鉴定所需资料"(第337条第1项后段),这样就使法院能够强制证人或当事人提供鉴定所需资料。此种当事人或第三人的鉴定协力义务,与"民事诉讼法"扩大文书、勘验物提出义务相同,均为贯彻当事人诉讼资料使用平等原则,以便于发现真实,促进诉讼,达到审理集中化而为适时审判之目标。③

根据部分学者的总结,有关鉴定人之鉴定资料收集权之规定,相较于德国、法国、日本等国民事诉讼法之规定,具有下述特征:"民事诉讼法"明文承认当事人或第三人负有鉴定协助义务(第337条第1项)。此项规定比德国、日本的规定更强。虽然《德国民事诉讼法典》也规定法院在必要时可以赋予鉴定人在特定范围内解明事项的权限,据此鉴定人可以直接要求当事人双方提供鉴定所必要的资讯及文书,但鉴定人没有强制交付的权限。《日本民事诉讼法典》虽然也已经扩

---

① 转引自许士宦:《证据搜集与纷争解决》,新学林出版股份有限公司2005年版,第273页。

② 同上书,第285页。

③ 同上注。

大文书、勘验物等提出义务为一般义务,但就当事人或第三人是否负有鉴定协助义务并未明文规定,仍须依文书、勘验物提出命令予以处理。①

对于当事人或第三人违背鉴定协力义务的,法院可以分别为拟制真实或科处罚金、强制处分等制裁。德国、日本虽然都规定了违背文书或勘验物提出义务的当事人,能够以拟制真实的间接强制的方法来进行制裁,但不能对违反该等义务提出的第三人进行直接强制。而"民事诉讼法"规定了对第三人的强制处分等制裁,体现了民事诉讼对案件真实的强烈追求。

当事人的法定听审请求权保证了当事人在程序中的参与权。当鉴定人在法院外独立进行鉴定准备程序时,有时需要勘验物品或场所,收集、阅览文书,诊断人体或人体状态。就此情况,2000 年审议所谓"民事诉讼法修正草案"时,增订:当事人于鉴定人进行鉴定时也要提供意见(第 337 条第 2 项后段)。鉴定人申请法院询问或经法院许可直接发问证人或他造当事人时,因属法院之证据调查程序,当事人应该有在场见证权及发问权(第 296、320、367-3 条)。②

当事人的程序参与权要求应肯定其在场见证权及记录阅览权,从而使当事人具有充分认识、知悉判决法院的全部行为及审理状况,并能够在法院进行审理时到场见证、表明意见从而参与程序等,使他能够得知调查证据结果,并可随时陈述意见及主张。③

鉴定程序对当事人公开,使当事人既能够公开发表自己的意见,也可以监督程序的进行。因此有学者总结其具有下述实质功能:"当事人于证据调查时在场,得具以正确认知调查对象之证据,经由自行或声请发问,指摘矛盾证言而予讯问,就证据资料陈述意见,唤起法官之注意,完全之证据调查因此成为可能。而且,基本上当事人比法院更接近、知道事实关系,如当事人于证据调查时不在场,即可能掉落重要之质问。何况,对证人唤起记忆,通常若非当事人即不可能为之。

---

① 参见许士宦:《证据搜集与纷争解决》,新学林出版股份有限公司 2005 年版,第 289—290 页。
② 同上书,第 309 页。
③ 同上书,第 310 页。

易言之,当事人公开原则,具有迅速发现真实及防止突袭性裁判之机能。"①

如果鉴定人进行上述专门性事实调查时违反当事人公开原则,其调查事实之认定无效。因为当事人的程序参与权未能得到保障,其法定听审权受到侵害。在这种情况下,没接到通知的当事人应该要求再次进行调查。

由以上可以看出,"民事诉讼法"强调鉴定人与当事人间的协同关系,一方面加重当事人的鉴定协力义务,使法院得能够依职权或者根据当事人申请,命令当事人提供鉴定所需资料(第337条第1项);另一方面又加强当事人的程序权,使当事人能够监督鉴定人实施鉴定,并参与鉴定意见的形成。因此"民事诉讼法"同时扩大鉴定人与当事人双方之权利、义务,使彼此能协力迅速作成正确鉴定,以发挥鉴定所具有之协助法院为适正裁判、协助当事人自主解决纠纷等机能。②

德国也强调鉴定人与当事人的合作。在德国,虽然通说认可鉴定过程中当事人的在场见证权及表明鉴定意见权,但是是通过法院的裁定来保障当事人的在场见证权的。其并没有像中国台湾地区一样直接规定当事人的意见表明权。而日本则未就此问题进行明确规定,以致在解释上有否定当事人之该等权利的说法。相比较而言,中国台湾地区的程序性规定直接有效,有利于当事人的实行。

(四) 诉前证据保全

研究民事诉讼就会发现,虽然理论上存在事实争议和法律争议之分,"几乎所有事件之解决均系于法院之事实认定,仅是法律解释成为争点之民事诉讼几近于无"③。而大陆法系民事诉讼法的基本思想都在于为了进行证据的调查,必须先行确定当事人的主张和争点,否则当事人的攻击防御就可能偏离应有的争点,也容易造成诉讼突袭。为避免出现这样的结果,"诉讼上请求(诉之声明、诉讼标的)及请求原因(原因事实以及对此之否认、抗辩或抗辩之承认与否)必须先行特

---

① 许士宦:《证据搜集与纷争解决》,新学林出版股份有限公司2005年版,第310页。
② 同上书,第314页。
③ 同上书,第16页。

定、确定"①。

因此,以如果起诉则将成为争点之事实作为应证事实进行证据调查而认定事实,成为构筑新纷争解决制度之出发点。诉前证据保全系起诉前之证据调查程序,该程序不是从起诉开始的,而是自证据调查开始就可以进行纷争的处理、解决制度。德国之独立证据程序及中国台湾地区之起诉前证据保全制度均反映出此种纷争解决制度的基本思想。②

正是在上述理念的指导下,"民事诉讼法"于 2000 年对证据保全制度进行了修订,目的即是为了"便利当事人使用诉讼制度,预防纷争之发生或扩大,扩大诉讼之制度解决纷争之功能,促进诉讼妥适进行及疏减诉源"③。

"民事诉讼法"扩大了可以申请证据保全的范围(第 368 条第 1 项后段),设立诉前证据保全制度,以便于当事人在起诉前即可以收集事证资料,根据收集到的证据材料掌握纠纷的实际状况,从而有助于纠纷的自行解决,达到预防诉讼,避免纠纷扩大的目的。同时借助诉前证据开示程序达到证据开示的目的,使主张权利的当事人能够特定其诉讼请求、主张,整理争点并促成审理集中化之目标,亦扩大纷争解决方式,"容许两造在证据保全程序上,就诉讼标的、实施、证据或其他事项成立协议,经为一定给付之协议者且有执行令(第 376-1 条)"④。

1. 诉前证据保全制度设立目的及作用

关于诉前证据保全制度,一般认为是为了在诉前先行证据调查并保全证据调查结果的程序。通说认为,如果能获得纠纷相对方的同意,当然可以先行证据调查,保全证据并使当事人通过对证据的掌握和了解而有利于达成诉讼前纠纷的解决。但如果纠纷对方并不同意证据调查,在没有诉讼关系产生时,先行证据调查没有法律上的依据。只有当证据有灭失或以后难以获得的情形时,为了确保将来诉讼上案件事实的发现,保证判决的正确性,才可以为证据保全的目的而进行

---

① 许士宦:《证据搜集与纷争解决》,新学林出版股份有限公司 2005 年版,第 13 页。
② 同上书,第 16 页。
③ 同上书,第 3 页。
④ 同上注。

证据调查。

鉴于法律赋予当事人证据收集的权限有限,部分学者尝试从解释论、立法论上扩张、充实相关事证开示程序。有学者认为,应该承认证据保全制度所具有的事证开示机能。如果纠纷当事人能够在诉讼前查明案情,获得充分的证据材料,那么纠纷双方就可以更清楚自己在纷争中所处的法律状态,从而理性判断其纷争所涉实体利益与程序利益之大小轻重,有助于达成和解,减少诉讼。"为此,应重新检讨、扩充证据保全程序,使其同时发挥争点开示之机能,而更助益于当事人平衡追求该二种利益,寻求存于此二者之平衡点上真实。"①

回应学者的建议,中国台湾地区司法机构民事诉讼法研究修正委员会所拟定并经中国台湾地区司法机构于1992年公布的所谓"民事诉讼法修正初稿",鉴于证据保全制度除了可以发挥传统的事先防止证据灭失或碍难使用,避免将来在诉讼中举证困难之外,也具有使当事人尽早知悉事实状态,达成和解,进而消除讼争的功能,因此,"为增进证据保全制度之利用,以发挥其功能,爰于旧法第三六八条增订后,规定就确定事物之现状有法律上利益并有必要时,亦得向法院声请保全证据,俾资适用"②。

中国台湾地区司法机构于1999年送请相关部门审议的"民事诉讼法"部分条文修正案,更加认可证据保全制度之目的及机能,同时为了防止其被滥用,对事证开示的范围进行了限制。除了上述证据保全的机能以外,还可以借助诉前证据保全程序"赋予当事人于起诉前充分收集及整理事证资料之机会,而有助于法院于审理本案诉讼时发现真实及妥适进行诉讼,以达到审理集中化之目标"③。因此为发挥证据保全制度的功能,应该扩大许可申请证据保全之范围,就确定事、物之现状,亦得申请保全证据。为保护相对方的合法利益,"民事诉讼法"部分条文修正案又明确规定此种保全证据之申请,限于有法律上利益并有必要时,才可以进行,并且在证据方法上以鉴定、勘验及保全

---

① 邱联恭:《准备程序制省思》,载台湾民事诉讼法研究基金会编:《民事诉讼法之研讨(四)》,台北三民书局1993年版,第707页。

② 中国台湾地区"司法院"编:《"民事诉讼法修正草案"初稿条文暨说明》,1992年,第344—345页。

③ 同上注。

书证为限。①

上述修正案经审议通过,并且其在第368条增订第2项,明确规定"前项证据保全,应适用本节有关调查证据方法之规定"②。由此可知,"民事诉讼法"已明确肯定起诉前证据保全制度具有保全证据、预先调查以此来准备诉讼的功能。诉前证据保全还具有预先确定事实关系,促成裁判外纠纷的解决,达致预防诉讼的目的,同时还可以有助于收集证据、整理争点,以保证集中审理的实现等机能。

通过这次修订,中国台湾地区放宽了诉前证据开示程序,使诉前证据开示程序不仅具有传统上的证据保全作用,而且兼具英美法上的证据开示功能。因此,"当事人依此开示程序所获得之资料,既可于程序中成立协议,亦可作为将来于诉讼外和解、于乡镇市调解委员会调解、于法官面前调解或于公证人面前做成愿意接受强制执行之公证书等之基础资料"③。而且,"为达成审理集中化之目标,亦须令原告于起诉时将所有可能之证据材料悉予整理,赋予充实收集事证资料之机会,俾法官只须开少数庭即可结案,以节省劳力、时间、费用。为此,扩充证据保全制度,以充实事证开示制度,让当事人于诉讼前可充分收集事证,使法官于本案审理阶段无须介入太深,亦可迅赴事功"④。

"民事诉讼法"明定起诉前之证据保全应适用有关调查证据方法之规定,彰显起诉前之证据保全系起诉前之证据调查程序。此点转换了纷争解决制度的基本思想。⑤

2. 证据保全类型及事证开示、调查

(1) 证据有灭失或碍难使用之虞时之证据保全

证据有灭失或碍难使用之虞者,当事人可以向法院申请保全(第

---

① 参见中国台湾地区"立法院"司法委员会编:《"民事诉讼法"部分条文修正案(法律案专辑二五三辑,上)》,2000年,第148—149页。

② 中国台湾地区"立法院"司法委员会编:《"民事诉讼法"部分条文修正案(法律案专辑二五三辑,下)》,2000年,第490页。

③ 中国台湾地区"司法院"编:《"司法院""民事诉讼法"研究修正资料汇编(十五)》,1999年,第639页。

④ 同上书,第601页。

⑤ 参见许士宦:《证据搜集与纷争解决》,新学林出版股份有限公司2005年版,第13页。

368条第1项前段)。在这种情况下,如果不能立即进行证据调查,则将来会有毁灭、灭失或不能使用的危险,从而在真正进行诉讼的时候没有办法或者难以举证。但是否有法律规定的证据灭失或难以使用的风险,则属于法官的自由裁量权。

在能够使用证据保全的范围上,因"民事诉讼法"引入了当事人本人询问制度,当当事人陈述有灭失或碍难使用之虞时,当然也可以申请证据保全。① 因此,中国台湾地区能够保全证据的类型包括人证、鉴定、勘验、书证及当事人询问五种证据方法,比德国、奥地利等国之证据保全范围更广。②

为避免滥用证据保全制度,保护相对人的隐私权或其他合法权利,保全证据之申请应表明:① 对方当事人,如果不能指定对方当事人的必须说明理由;② 应保全的证据;③ 依该证据应该证明的事实;④ 应保全证据之理由。

诉讼前证据保全并没有使当事人双方进行争点整理的程序。在此情况下,申请证据保全有可能仅仅根据申请人一方的申请就获得批准。此时比诉讼中的证据保全更易被滥用或借以侵害他方当事人的秘密。因此如果法院于裁定后实际开始调查证据以前,给他方当事人表示意见的机会,即可有限度地避免因证据保全范围扩大而被滥用的危险。因此"民事诉讼法"增订第373条第2项,规定当事人于证据调查期日在场者,得命其陈述意见,使法院得及时修正调查证据之范围、方向及方式,甚至撤销证据保全裁定。该规定不但可以避免因证据保全范围扩大而被滥用之危险,而且能在证据开示程序上适时保护隐私及业务秘密。③

通过证据保全程序进行证据保全时,可以利用"民事诉讼法"所规定的各种证据调查方法(第368条第2项)。法院在证据保全程序中调查证据时,当然受申请人申请的证据保全范围的拘束(第370条第1项),但法院对证据保全的方式、方法有采用自己认为适当的方法的自

---

① 参见中国台湾地区"司法院"编:《"司法院""民事诉讼法"研究修正资料汇编(十五)》,1999年,第600—617页。

② 在德国,因证据方法有灭失或碍难使用危险或经他造同意者之证据调查,只限于勘验、证人及鉴定三种证据方法,不包括当事人本人询问及书证。

③ 参见许士宦:《证据搜集与纷争解决》,新学林出版股份有限公司2005年版,第33页。

由裁量权,以调和申请人之证据保全、收集权保障与他造或第三人以私权及业务秘密保护等两种基本要求、权利。

(2) 经他造同意时之证据保全

经他造同意者,得向法院申请证据保全(第 368 条第 1 项前段)。此种证据保全只需当事人的合意,不需要有证据灭失或以后难以使用的危险为要件。在这种情况下,证据保全的主要目的不在于保存证据之现状或维持其效用,而在于事前确定事实关系而无须等起诉后才进行证据调查。

很多纠纷都是由于双方当事人对事实关系的认定上有分歧所导致的。对于事实关系的纷争,如果双方当事人能够合意进行诉讼保全,可以有助于自立解决纷争、促成和解,从而减轻法院的负担。因此,此种诉前证据保全程序能够发挥回避诉讼、预防诉讼的机能。

在日本,关于经对方当事人同意的证据保全,虽其实际被利用情形甚少,但为了避免将来引发诉讼而频繁使用该制度,故于 1926 年以其有被滥用之虞为由予以删除。①

(3) 就确定事、物之现状有法律上利益并有必要时之证据保全

"民事诉讼法"为发挥证据保全制度之功能,扩大了允许申请保全证据的范围,因此增订就确定事、物之现状有法律上利益并有必要时,亦得申请为鉴定、勘验或保全书证(第 368 条第 1 项后段)。如何理解"确定事、物之现状有法律上利益并有必要",相关规定制定者特意举例说明:"例如,于医疗纠纷,医院之病例表通常无灭失或碍难使用之虞,但为确定事实,避免遭篡改,即有声请保全书证之必要;另为确定人身伤害之程度及其原因时,亦得声请鉴定。又,所有人对无权占有人请求返还所有物之前,为确定占有人使用其所有物之范围及状况,亦得声请勘验。"②

确实在很多案件中,事、物之现状虽未必灭失,但就其现状之确定,可以有助于主张权利的当事人在诉讼前即收集相关资讯、事证,从而为诉讼做好准备,进而明确事实和诉讼请求,并且有利于当事人和

---

① 转引自许士宦:《证据搜集与纷争解决》,新学林出版股份有限公司 2005 年版,第 38 页。

② 中国台湾地区"立法院"司法委员会编:《"民事诉讼法"部分条文修正案(法律案专辑二五三辑,下)》,2000 年,第 491 页。

解、调解和仲裁,从而扩大诉讼外纷争解决制度的功能。"此种证据保全无须具备证据有灭失或碍难使用危险或他造同意之要件,比起旧法规定,实际上本质性扩大证据调查之范围。"①

对该类型之起诉前证据保全,其证据保全的范围限定于鉴定、勘验或书证三种证据方法,将人证及当事人本人询问排除在外。这主要是为了限制因证据保全制度范围过大所生的弊端。倘将当事人本人及人证亦列入规范范围之内,可能产生当事人或证人不胜其扰等问题。②

部分学者通过比较分析认为,中国台湾地区的有关规定即使对范围进行限缩,仍比德国独立证据程序所能够调查的证据范围广。《德国民事诉讼法典》将诉前证据保全范围限定于书面鉴定,且限定了适用诉前书面鉴定的事项的具体类型:① 人之状态或物之状态、价值;② 人身伤害、物之损失或物之瑕疵之原因;③ 除去人身伤害、物之损失或物之瑕疵所须花费。而"民事诉讼法"第368条第1项后段所定"确定事、物之现状",其中,"事"系指"事实","物"则指物体,两者之范围并未限定,包括一般之事实及物体现状之确定。

根据"民事诉讼法"的规定,就事、物现状之确定,须有法律上利益并有必要时,才能够申请证据保全。此处"有法律上利益并有必要",与《德国民事诉讼法典》所定之"有法律上利益"或"有正当理由"相同,均属于不确定法律概念,存有相当大的解释空间,因此如果不限定能够申请保全证据的方法,很可能出现当事人利用该规定在诉讼前申请证据保全从而达到骚扰他人的目的,甚至也可能出现在还没有提出具体的事实主张的情况下,就运用这一概念申请法院进行证据保全,以此作为收集证据的手段,使法院也遭受骚扰之烦。③ 对此,学者们指出,除已立法限定于鉴定、勘验或保全书证等证据方法外,在解释、运用上亦应审慎为之,避免其成为当事人摸索证据之手段。

证据保全制度之目的,并非完全在于避免诉讼,只要当事人保全证据所要调查之事实,将来有可能构成实体法上权利,即可认为有法

---

① 许士宦:《证据搜集与纷争解决》,新学林出版股份有限公司2005年版,第41页。
② 同上书,第42页。
③ 同上书,第43页。

律上利益并有必要,以兼顾保护当事人之程序利益及实体利益。①

"民事诉讼法"不仅规定了很独特的诉前证据开示程序,而且规定了当争议双方在诉前就诉讼标的、事实、证据或其他事项达成协议时,法官应将其协议通过笔录记明。如果是就诉讼标的达成协议,法院应将协议的法律关系及争议情形记明笔录。如果协议具有为一定能够给付的内容,可以作为执行依据(第 376 条)。当事人于起诉前就诉讼标的、事实、证据或其他事项达成协议,双方之纷争可能因此而获得解决或避免扩大。此外,如果当事人之间的纠纷未能通过诉前解决,那么即使其将来提起诉讼,因为已经在保全程序中就特定事实、证据或其他事项达成协议,所以法院在审理案件时,也可以减少争点从而发挥节省法院及当事人进行诉讼所需之劳力、时间或费用的作用,达到诉讼经济的目的。

但此种协议之效力为何,除了对有一定给付内容的可以有执行力以外,"民事诉讼法"就其他协议未作规定。这种情况下所成立之协议,不仅具有民法上和解之性质,兼有程序法上合意之效力。其具体效力为何,学者们指出应当依协议的具体情况来确定。

"民事诉讼法"的上述规定是参考《德国民事诉讼法典》第 492 条第 3 项规定而成,但具有下述不同的特征。

第一,其制定目的在于利用证据保全程序,使当事人有更多程序选择以平衡追求实体利益与程序利益之机会,与《德国民事诉讼法典》该规定为促进和解、减少纠纷及减轻法院负担的目的有很大不同。

第二,德国独立证据程序中的和解是法官在认为适当的时候通过职权通知当事人至法院讨论案情,以达成和解;但中国台湾地区的制度在于侧重当事人自主合意解决纷争,法院一般不介入。法官的作用在于在当事人达成协议的场合由其将该协议记明笔录。就事证开示而言,《日本民事诉讼法典》倾向采用英美法制,通过当事人照会制度等,重视当事人、律师互相准备案件所需资料之制度,与德国明显不同。而"民事诉讼法"之内容则介于其间,与德国、日本立法例均不同,可说脱离德国、日本立法例之束缚。

第三,"民事诉讼法"中的诉前证据保全程序已经接近于英美法上

---

① 参见中国台湾地区"司法院"编:《"司法院""民事诉讼法"研究修正资料汇编(十五)》,1999 年,第 611、634—635 页。

证据开示的功能,期待通过诉前证据保全而达到起诉前即达成和解的目的,并不仅仅是作为诉前的一种证据收集手段。

3. 证据保全资料在诉讼中的利用

诉前证据保全程序能够发挥诉前证据收集的作用,那么此程序与以后发生的诉讼彼此间的关系应该妥当规定。从程序的延续性上来看,就整个纷争解决的过程而言,可以说诉前证据保全程序和其后的诉诉讼程序是同一程序的前后阶段。前阶段证据保全程序的目的在于保全证据、开示证据、确定事实关系,后阶段则在于利用前阶段所保全的证据和收集调查的证据作为判案的基础。①

提起起诉后,不仅发动诉前证据保全程序的当事人可以利用诉前证据保全的结构,对方当事人也可以利用其结果。但由于"民事诉讼法"没有像德国般明确规定一方当事人在独立证据程序中调查收集的事实与法院调查的证据具有同等效力,可以在其后的诉讼程序中无须再调查即可成为法院裁判的工具,因此在诉前保全证据程序与随后的诉讼程序之间关系的保障不够充分。在是否必然在其后的诉讼程序中使用诉前保全收集的证据方面,没有随日本规定必须在起诉状中就诉前收集的证据进行表示,而是与德国规定类似,是否表示取决于当事人自己的意愿。纵观中国台湾地区诉前证据保全的制定意旨,不如日本的规定更能达到诉讼经济的目的。

由于诉前证据保全不一定通过受诉法院进行,并且在保全程序中也会存在他方当事人不明确或未在证据保全日到场发表意见的情况。因此为保障当事人的程序参与权,贯彻直接审理主义,"民事诉讼法"第371-1条明确规定:当事人就已于保全证据程序询问之证人,于言词辩论程序中申请再为询问时,法院应为询问。但法院认为不必要者,不在此限。

中国台湾地区的这项规定在一定程度上调和了德国和日本两种程序性规定,可以说采用了折中主义。在日本,为贯彻直接审理主义,虽然证人已经在保全程序中进行了询问,但在后来的诉讼中法院应该再行询问(《日本民事诉讼法典》第242条),否则不得采用该证据调

---

① 参见许士宦:《证据搜集与纷争解决》,新学林出版股份有限公司2005年版,第80页。

查之结果。而在德国,独立证据程序的独立性较高,独立证据程序所调查之证据,视为在受诉法院面前进行调查(《德国民事诉讼法典》第493条),因此即使当事人没有援用该证据,仍当然成为本案诉讼之证据。

本该在诉前证据保全程序中履行协助义务提出文书、勘验物等义务的人,在起诉后才履行此义务的,根据诉讼促进义务的规定,当事人不在适当时期提出攻击或防御方法,而致诉讼延滞者,虽该当事人胜诉,法院也可以命令其负担因延滞而生费用之全部或一部分(第82条)。这项规定在于使因可归责当事人自己的事由而致诉讼延滞的,负担因其延滞而生之费用,从而以维持衡平,并促进诉讼。

(五) 强制血缘鉴定

根据2000年"民事诉讼法"所增订的"法院于必要时,得依职权或依声请命证人或当事人提供鉴定所需资料"(第337条第1项后段),由于血缘鉴定也属于鉴定中的一种类型,因此学者们认为,根据此规定可以推导出当事人或第三人在诉讼上负有提出鉴定所需资料及忍受鉴定等鉴定协助的一般义务。根据"民事诉讼法"的规定,法院为实施血缘鉴定,其所需之血液、毛发等鉴定资料,得依勘验程序或鉴定程序,分别命当事人或第三人提出该等鉴定物或勘验物。[①]

根据这项合理推论,在请求认领子女及否认婚生子女等人事诉讼中,当事人能够申请法院命令他方当事人或第三人进行血液检验(第364、286条),法院也可以通过职权命令进行勘验来收集证据。该规定为关于亲子关系等需要通过血液检验才能获得证明的案件提供了一项有力的证据收集手段。

对于被申请人拒绝遵守法院命令,后果如何这一问题,部分学者进行了一系列论证,认为根据"民事诉讼法"中的文书提出义务,在当事人违反此义务的时候,虽然也采用真实拟制的方法,但扩大了真实拟制的范围,法院不仅可以衡量考虑他方当事人关于该文书之主张为正当,而且也可以斟酌认定该文书应证之事实为真实(第345条第1项);此项修正亦为勘验所准用(第367条)。因此,如果当事人没有正

---

① 参见许士宦:《证据搜集与纷争解决》,新学林出版股份有限公司2005年版,第481页。

当理由拒不履行勘验协助义务,法院可以认定勘验事项的主张为真实,或者认定他方当事人应证之事实为真实。

关于当事人违反规定能否直接强制的问题,德国法规定了当间接强制无效果时可以直接强制,但美国法则规定对此不可以强制进行。

关于第三人违反命令时,"民事诉讼法"维持了可以科处罚金的规定,必要的时候可以强制处分(第367条准用第349条第1项),但鉴于血缘关系人身,例如涉及抽血等问题,不应该强制进行。

事实上由于血缘鉴定的独特性,还是通过法律明确规定为宜。

(六)不负举证责任当事人之事案解明义务

"民事诉讼法"在2000年修正之前,已经明文规定当事人双方相互间的陈述义务(第195条第2项)。经由当事人之间相互对于案件事实和主张的陈述,法院能够在进行证据收集调查之前,通过诉讼指挥权及阐明权,促使被告的否认具体化,从而明确双方当事人之间的事实争点,促进诉讼的迅速和提高诉讼效益。

在辩论主义的诉讼架构下,争点的具体化由当事人负责。就性质而言,部分学者认为,在辩论主义下,事实资料的提出不仅仅是当事人的权利,也是一种责任。根据主张责任和举证责任的原则,当事人有责任在法院进行证据收集调查之前使双方当事人之间的事实争点明确化,从而特定待证主题。在主张的具体程度上,对原告而言,为了便利被告对其主张进行防御,"最低限度,原告之事实主张应具体化至使被告借以对之陈明是否接纳该事实之程度"[①]。对被告而言,如果他作出否认的表示,也应促使其达到否认具体化到"倘认为被告之陈述为真,则无从导致如原告所主张之法律效果"[②]的程度。只有被告陈述具体到这种程度时,法院才能够把握待证事实究竟为何,从而判断当事人声明的证据与待证事实之间的关联性以及衡量是否需要证据调查以及调查的范围。对法官而言,当事人主张及否认的具体化程度越高,其判断有关证据与待证事实之间的关联性则越容易。

因此,"民事诉讼法"要求当事人不仅对对方当事人主张的事实进

---

① 许士宦:《证据搜集与纷争解决》,新学林出版股份有限公司2005年版,第540页。

② 同上注。

行具体陈述,而且对他方当事人提出的证据也要具体陈述自己的态度。对他方当事人提出的事实或证据上的主张予以否认的,应该在准备书状或答辩状记载具体的否认理由(第 195 条第 2 项、第 266 条第 1 项第 3 款及第 2 项第 2 款)。通过这些规定,当事人所负的陈述义务及诉讼促进义务获得加强。当然审判长在此时也应有义务在认为上述准备书状或答辩状的记载不充足时,命令当事人予以补充从而提出记载完全的书状。审判长也可以命令当事人就某一特定事项详细表明所用的证据(第 268-2 条)。因此,审前准备阶段,法院应依其诉讼指挥及阐明权,通过对当事人主张及否认的具体化,整理双方当事人之间的事实争点及证据争点(第 268-1 条第 1、2 项)。

  因此,根据上述规定的精神,如果被告对原告诉讼请求所依据的原因事实进行抗辩,原则上要求其进行积极否认,而不能够仅仅否认但不提任何理由。不允许其仅为单纯否认(第 266 条第 2 项第 2 款)。因为单纯的否认经常会使当事人之间无法明确争点,从而使当事人之间的攻防无明确集中的目标,并且法院也无法限缩审理对象。根据此条法律的精神,被告对事实具有争点决定权。如果被告决定将原告所主张的事实作为争点进行证据调查,那么应当陈述与原告主张的事实相反的个别事实。当然,如果原告主张的事实仅仅是概括、抽象的情形,被告当然也可以进行单纯的否认从而促使原告提出具体的主张。但在原告已经提出了具体的事实主张的情形下,被告如果否认,就必须附随理由,提出具体的与原告主张的事实相反的事实主张。尤其是在原告所主张的事实是一种消极事实时,被告更应该进行反对事实的具体陈述。因为在消极事实成为主要事实的情形下,由于负举证责任的当事人对自己所不知道的发生过程的事实为具体主张显然有困难,因此在原告仅仅作出抽象主张时,否认该事实主张的被告如果因为已经知道该事实的发生过程,更应该进行积极事实的陈述从而否认原告的主张,不能够仅仅因为原告主张的事实是抽象的事实,那么他就也提出抽象的否认。也就是说,在这种情形下,不负主张、举证责任之他造就否认消极事实之理由负有具体陈述之义务。①

  因此,基于以上理由,"民事诉讼法"在 2000 年修正时,除了维持

---

  ① 转引自许士宦:《证据搜集与纷争解决》,新学林出版股份有限公司 2005 年版,第 543 页。

原规定当事人负真实完全义务外(第195条第1项),加重了当事人之具体化义务(第195条第2项,第266条第1、2、3项,第268条,第268-2条),并且增加了当事人之事证提出义务(第277条、第282-1条、第342条第3项、第344条第1项、第359条第2项、第367条、第367-1条)。

关于"民事诉讼法"是否已采行一般事案解明义务尚有争议。① 有学者综合考虑修改的条款,根据"民事诉讼法"中关于文书协助义务(第342条第3项)以及扩大当事人文书提出义务之范围(第344条第1项第5款)的规定,将此规定准用于勘验物提出义务及勘验忍受义务之情形(第367条)。同时"民事诉讼法"又扩充了证据保全程序,通过诉前证据保全发挥某种程度之事证开示机能。因此,从这些条款修订的理由来看,可知其是在一定范围内,要求不负举证责任之当事人,在法定要件具备时,应对他造负某种程度之事案解明义务或事证提出协力义务。②

由此,具体总结不负举证责任之当事人负有具体的事实陈述及证据提出义务的情形如下:① 负举证责任之当事人处于事实产生过程之外,不具有为其诉讼所必要之资讯,不能自行解明事案;② 相反,不负举证责任之当事人则拥有此方面之资讯或能容易取得,而可期待其解明案情。③

如果被告不积极履行事案解明义务,会有什么法律后果? 如果被告没有积极履行积极否认的陈述,法院有阐明的义务(第199条第1、2项、第272条第1项),原告亦可以通过向被告发问要求他进行积极的否认(第200条第1项、第272条第1项),被告在这种情况下仍然不陈述其反对的事实时,即构成违反积极否认之义务。即使被告进行了单纯否认,也不符合法律规定的积极具体陈述的规定。在这种情况下,由于被告不进行陈述或仅仅进行了单纯否定的陈述无异于没有进行陈述的结果,因此在法律后果上,其所为(不为)视同自认(第280条第1项)。在这种情况下,虽然被告没有明确表示自认的意思,但既然

---

① 许士宦:《证据搜集与纷争解决》,新学林出版股份有限公司2005年版,第546页。
② 同上书,第546—547页。
③ 同上书,第547页。

其未积极争执,则可以将之作为判决的基础,从而省略调查证据,并因此追求程序利益。承认拟制自认的主要根据在于,"被告未尽其所负陈述义务及诉讼促进义务……对于原告所主张之事实本负有提出答辩以使否认具体化之责任,如其就此有所不尽或懈怠,则可将其视同自认为处理"①。

在现代型诉讼中,由于证据偏在于一方当事人,负举证责任的当事人处在侵害事实等形成的过程之外,因此很难收集说明案件事实具体情况的证据。在这种情况下,不能够容许能够提出案件事实实情的不负举证责任的当事人一方拱手旁观,否则难以保证当事人之间的实质公正。如果容忍诉讼的胜负系于占有证据的一方的隐匿则导致程序不公正,违反武器平等原则。因此,具有事案解明所需事证不负举证责任当事人,于一定情形负有开示该等事证,以协力负举证责任之他方当事人解明事案之义务。对这种义务的承认能够使当事人获得应有的程序保障,以保护举证人的解明权,并维持当事人在诉讼程序上的公平、公正竞争,避免因事证偏在的一方仅因他方当事人缺乏证据而获不当胜诉,以贯彻当事人间武器平等原则。通过这种规定,负举证责任之当事人可以从不负举证责任的对方当事人手里获得与案件相关的证据的开示,从而收集相关证据材料。因此,这一规定也体现了通过当事人之间的合作来发现案件事实的理念。

(七) 自认

"民事诉讼法"于 2000 年对自认规则进行修正,将第 279 条第 2 项"当事人撤销自认所及于自认效力之影响"部分删除,同时亦删除第 3 项自认撤销之要件中"且系出于错误而自认",从而使法院之裁判符合实质之真实。同时为了尊重当事人的合意,自认之对方当事人已同意自认人撤销自认的,无再加限制之必要,因此于第 3 项增列经他造同意,亦得撤销自认之规定。②

---

① 邱联恭:《口述民事诉讼法讲义(三)》,1999 年笔记版,第 136、167—168 页;许士宦:《程序搜集与纷争解决》,新学林出版股份有限公司 2005 年版,第 555 页。

② 参见中国台湾地区"司法院"编:《"民事诉讼法"部分条文对照表暨总说明》,2000 年,第 118—119 页。

当事人基于辩论主义之争点决定权为自认后,其所自认之事实即无须再举证证明(第279条第1项)。所以,作出该自认的当事人就其自认应自负责任,法院也受当事人自认的约束,不得以违反该自认的事实作为判决的基础。

原则上自认的效力从当事人自认有效成立时发生,当事人应不可自行任意撤回。但为尊重当事人的自由处分权,"民事诉讼法"作出了例外性规定,允许在存在下列两种情形时,除非另有规定,可撤回自认(第279条第3项):一就是自认人能证明其自认与事实不符者。"民事诉讼法"将"且系出于错误"始得撤销之要件予以删除,是为了促进诉讼的进行。二就是自认人之他造同意者。

(八) 证明妨碍

2000年"民事诉讼法"修改的一个重大成果就是对证明妨碍的一般化规定,以代替之前的规定仅就部分种类进行调整。因此,"民事诉讼法"为了避免因当事人作为或不作为而导致他方当事人不能提出或使用特定证据的情况,删除第362条,而在第282-1条增订一般性规定:"当事人因妨碍他造使用,故意将该证据灭失、隐匿或致碍难使用者,法院得审酌情形认他造关于该证据之主张或依该证据应证之事实为真实。前项情形,于裁判前应令当事人有辩论之机会。"

"民事诉讼法"在证据通则部分进行如此规定,应该认可它适用于全部种类的证据方法,成为一般性规定。

"民事诉讼法"明示:"当事人以不正当手段妨碍他造之举证活动者,例如故意将证据灭失、隐匿或有其他致碍难使用之情事,显然违反诚信原则;为防杜当事人利用此等不正当手段以取得有利之诉讼结果,并顾及当事人间之公平,爰增设证明妨碍之总则性规定,使法院得审酌情形,认他造关于证据之主张或依该证据应证之事实为真实,以示制裁。"①

当事人因妨碍他造使用,故意将证据灭失、隐匿或致碍难使用者,"系指当事人知悉该证据方法之证明功能,而意图妨碍他造将其作为诉讼上证据,且故意毁损证据方法或以其他方式致令他造不能或难于

---

① 许士宦:《证据搜集与纷争解决》,新学林出版股份有限公司2005年版,第213页。

使用"①。

对于当事人妨碍他方当事人使用证据的,法院应该衡量具体情况,认定他方当事人关于该证据的主张依该证据应证的事实为真实(第282-1条,参照第345条第1项、第363条第1项、第367条、第367-1条第2项),并且如果法院认为存在显失公平的情形时,可以通过转换举证责任(第277条但书)的方法对妨碍方进行惩罚。理由就在于,顾及当事人之公平及贯彻诚实信用原则。根据"民事诉讼法"的规定,转换举证责任也是一种制裁方法。这种制裁尤其是在一些大型现代化诉讼中尤其能够发挥作用。在关于公害事件、交通事故、商品制作人责任、医疗纠纷等事件等的处理时,如果仍然严格按照主张有利于己之事实的当事人就其事实负举证责任原则的话,难免产生不公平的结果,故规定依其情形显失公平者,转换举证责任(第277条但书制定理由)。

对证明妨碍行为,法院可以具体衡量实际情况,认定他方当事人关于证据的性质、内容之主张为真或者依该证据应证的事实主张为真实。但是否一定就认定其为真实由法官自由裁量。如果有其他证据存在,并经当事人申请调查,仍然应该依一般原则进行证据调查。并且法院如果综合其调查结果以及辩论情况,能够得出举证人的主张是不真实的心证,在这种情况下不能为上述之拟制。

如上所述,当事人有证明妨碍之情形时,法院可以认定他方当事人的主张为真。但究竟何者为真实,是他方当事人关于证据材料之主张为真实还是关于证明主题为真实,还是应该转换证明责任,对此,法官享有较大的自由裁量空间。具体到个案中,这种区分是很微妙的。为避免因此对当事人发生突袭性裁判,"民事诉讼法"特增订"于裁判前应令当事人有辩论之机会"(第282-1条第2项、第345条第2项),这主要是为了保障当事人的程序性权利。

---

① 许士宦:《证据搜集与纷争解决》,新学林出版股份有限公司2005年版,第215页。

第七章 中国证据收集制度之完善

一、中国民事诉讼法的历史发展

1910年,在沈家本的主持下,清政府以《德国民事诉讼法典》为蓝本,参照有关大陆法系国家和地区的民事诉讼法,结合中国封建社会的习俗制定的《大清民事诉讼律草案》,成为中国封建社会第一部民事诉讼法典。这部法典对中国此后的民事诉讼立法有着很大的影响。北洋政府以之为蓝本,于1921年7月22日公布了修正后的《民事诉讼律草案》,并于9月1日施行,同年11月14日将《民事诉讼律草案》更名为《民事诉讼条例》。① 《德国民法典》为20世纪早期中华民国制定的第一部现代法典提供了原型。② 因此,从历史起源上,中国的法律制度隶属于大陆法系。1949年中华人民共和国建立后,以前存在的法律基本被废弃。中国的法律建设全面转向苏联模式。《德国民法典》的典范力量通过源于大陆法系的苏联法律在中国得以继续发挥影响。③

1949年以后,由于社会主义计划经济体系在中国的建立,国家拥有所有的工厂和土地,个人拥有的私人财产非常少,因此商品交换很少存在。在这种社会环境下,个人很少意识到自己的民事权利,日常生活中也没有很多的民事争议。如果夫妻之间或者日常生活中的其他领域出现争议,人们一般通过调解的方式解决。相应的,在1949年后的很长时间内,并没有民事诉讼法的存在。然而,1978年改革开放政策实施之后,中国开始了对农村和城市的改革。社会主义计划经济体制逐渐被社会主义市场经济体制所代替。个人成为市场的主体。

---

① 参见刘家兴主编:《民事诉讼法学教程》,北京大学出版社2001年版,第10页。
② See Danner and Bernal, Introduction to Foreign Legal Systems, Oceana Publications Inc., 1994, p.102.
③ Ibid.

随着个人社会地位的变化,人们的观念也在变化。收入的增加也带来了社会的不公。越来越多的民事和经济争议使制定民事诉讼法成为迫切的需要。因此在 1982 年制定了《中华人民共和国民事诉讼法(试行)》①[以下简称《民事诉讼法(试行)》]。

1982 年《民事诉讼法(试行)》存在两个法源。一是当时的司法习惯,二是体现了民法典传统的苏联法。② 1982 年《民事诉讼法(试行)》的主要特点是完全倾向于纠问式民事诉讼模式,由法庭完全控制案件事实发现和法律适用。人民法院应该根据《民事诉讼法(试行)》设定的程序客观全面地收集和调查证据③,并根据自己收集的证据进行判决。尽管《民事诉讼法(试行)》规定当事人有权对争议事项进行辩论④并应当提供证据来证明其诉讼主张⑤,但是对事实的主张和证据的提供仅仅是法庭可能考虑的因素,而不能决定法官的判断。因此根据 1982 年《民事诉讼法(试行)》的规定,一件案件在原告起诉后,所有其他的工作都由法官来进行。人民法院有权从有关单位和个人处获得证据。⑥ 人民法院应该检查和决定从有关机关、社会组织、企业、单位或个人处获得的证据的有效性。⑦ 当人民法院认为应该对特定问题作出解决时,它有权通知有关部门聘请专家。⑧ 法官也应该亲自对物证和地点进行勘验。⑨ 因此,在纠问式民事诉讼模式下,一名优秀的法官应该亲自进行检查和勘验,或者亲自到证人家里听证人作证,或者自己积极地收集其他证据,并基于自己收集的证据获得对案件事实的判断。如果双方当事人提交的证据与法官自己收集的证据有矛盾,法院将不会考虑当事人自己提供的证据。即使当事人相互承认的案

---

① "试行"被加入到民事诉讼法标题中是因为在制定民事诉讼法的时候,立法者不知道这一法律是否适合争议解决的需要。1982 年《中华人民共和国民事诉讼法(试行)》一直实行了近 10 年,直到 1991 年被修改。
② See Danner and Bernal, Introduction to Foreign Legal Systems, Oceana Publications Inc., 1994, p.102.
③ 参见 1982 年《中华人民共和国民事诉讼法(试行)》第 56 条第 2 款。
④ 参见 1982 年《中华人民共和国民事诉讼法(试行)》第 10 条。
⑤ 参见 1982 年《中华人民共和国民事诉讼法(试行)》第 56 条第 2 款。
⑥ 参见 1982 年《中华人民共和国民事诉讼法(试行)》第 57 条第 1 款。
⑦ 参见 1982 年《中华人民共和国民事诉讼法(试行)》第 57 条第 2 款。
⑧ 参见 1982 年《中华人民共和国民事诉讼法(试行)》第 63 条。
⑨ 参见 1982 年《中华人民共和国民事诉讼法(试行)》第 64 条。

件事实,仍然不能对法官的判决形成约束。经过法院主导的证据收集,大多数案件会通过调解程序解决,因为民事诉讼法的基本原则之一就是调解原则。① 如果调解不能达成,才会进入庭审程序。但是由于法官已经在庭审前认定了案件事实,因此庭审一般是形式性的。同时由于法院主导证据收集,因此没有必要在民事诉讼法中规定证据收集的具体方法。

相异于英美法系由当事人主导的证据收集模式和大陆法系在当事人主义框架下的法官在特定情况下主动收集证据的模式,1982年《民事诉讼法(试行)》规定的完全由法官主导的法院主动进行证据收集的模式体现了对案件客观真实的追求,体现了国家对民事诉讼的主动干预。② 根据20世纪80年代及以前中国主流的民事诉讼理论,法院控制的主动的证据收集是基于实现国家赋予它的审判权能的要求。一方面,查明案情、公正裁判是法院的职责。法院应本着查明案情的宗旨,主动收集、调查证据。另一方面,裁判必须以真实可靠的事实为依据,所以法院应当对当事人提出或援用的一切证据进行审查和判断,并且有权不受当事人举证的限制,根据审理案件的需要,自行调查,收集某些证据材料,这是法院重要的审判职权。因此,法院收集调查证据是审判权能赋予它的职责和职权,是审判制度的重要内容。

但是,随着经济体制改革的深入,快速增长的案件数量以及当事人对法院控制证据收集而产生的诉讼偏私的严重不满,导致在改革开放之初制定的1982年《民事诉讼法(试行)》已经不能满足诉讼实践的需要。因此1991年《中华人民共和国民事诉讼法》(以下简称《民事诉讼法》)通过。与1982年《民事诉讼法(试行)》相比较,1991年《民事诉讼法》有以下明显的变化:

首先,法官主动的证据收集权被限制。根据1982年《民事诉讼法(试行)》第56条第2款的规定,人民法院主动收集证据的权力是无边界的。但根据1991年《民事诉讼法》第64条的规定,就证据而言,只有当事人及其代理人因为客观原因不能够获得的证据或者人民法院认为审理案件需要的证据,人民法院才会主动调查收集。因此理论上

---

① 参见1982年《中华人民共和国民事诉讼法(试行)》第10条。
② 参见刘家兴主编:《民事诉讼法学教程》,北京大学出版社2001年版,第133页。

法院的权力有了行使范围的限制,加强了当事人收集证据的责任。但使用的"人民法院认为审理案件需要的"表述,明显说明法院仍然拥有非常大的自由裁量权来进行主动的证据收集。因此,在民事诉讼实践中,法院仍然享有基本无限制的主动收集证据的权力。

其次,通过限制法院的职权,当事人的举证责任被加强。尽管1982年《民事诉讼法(试行)》中规定了当事人的举证责任,但没有相应的法律规范来配合。1991年《民事诉讼法》则规定了特定的条款来保障当事人的举证权。

如上所述,尽管1991年通过的《民事诉讼法》试图限制法院主动收集证据的权力,但法院是否有必要主动收集证据仍然在法院的自由裁量权适用范围内。并且因为当事人和法官历史上角色定位的惯性作用,在实践中,当事人仍然依赖法院收集证据。但是随着中国经济的发展,中国人的思想也发生了变化。越来越多的人开始意识到自己的权利并珍视权利的行使。他们已经不害怕走进法院来保护自己的权益,同时,法院主动收集证据要求法官在纠纷解决中做绝大部分工作。诉讼数量的增长让法官无法通过传统的方法来处理案件。因此,社会大众要求修改《民事诉讼法》的呼声再次高涨。

法律教育的复兴也是呼吁司法改革的另外一个重要原因。在1978年以前,大多数中国人对欧洲和美国的民事诉讼法理论和原则非常陌生。改革开放后,中国法律教育发展迅速,有超过50所大学建立起法律系并设立了专门研究政法学的机构。现在经过40余年的发展,法学专业已经成为中国最热门的专业之一。每年有成千上万的学生在攻读法学硕士和博士学位,也有越来越多的学生去美国、日本、德国等国家继续深造。西方的法学理论被介绍到中国并得到应用。然而,部分由于语言的障碍,尽管中国的法律体系来源于欧洲,但现在美国民事诉讼法理论在中国得到更多的介绍。很多学者推荐美国法作为司法改革的主要来源。他们希望将美国的当事人处分原则移植到中国,并希望通过当事人之间的对抗来揭示案件的事实真相。

在上述因素的影响下,通过地方法院的改革尝试,2001年民事诉讼程序进行了一次重大改革。比较特别的是,这次改革不是通过对《民事诉讼法》进行修订的方式,而是通过最高人民法院发布司法解释的方式进行的。

根据《中华人民共和国宪法》(以下简称《宪法》)的规定,最高人民法院审判委员会可以对新制定的法律发布司法意见并进行解释。尽管司法解释在效力上比《民事诉讼法》低,但是法院在审判案件的时候同样应当遵守最高人民法院制定的司法解释的规定。进行一次民事诉讼法的修改是非常困难的,因此在中国,很多改革措施都通过最高人民法院制定的司法解释来进行。

2001年最高人民法院发布了《民事证据规定》,于2002年4月生效实施。这一司法解释反映了中国关于民事诉讼法理论20多年的研究成果。

《民事证据规定》中最显著的改革是引入了当事人的举证责任。与1991年《民事诉讼法》第64条第1款的规定相似,《民事证据规定》第2条明确规定,当事人有义务提供证据证明自己的事实主张;但与1991年《民事诉讼法》不同的是,举证不明的后果被明确规定,即没有证据或者证据不足以证明当事人的事实主张的,由负有举证责任的当事人承担不利后果。

《民事证据规定》对1991年《民事诉讼法》的另外一项重要改变在于,其再一次对法院主动的证据收集权力进行限制。如上所述,1991年《民事诉讼法》第64条通过"人民法院认为审理案件需要的证据"仍然赋予法院无边界的收集证据的权力。因此《民事证据规定》第15条对"人民法院认为审理案件需要的证据"进行了解释,将之限制为以下两种情况:

① 涉及可能有损国家利益、社会公共利益或者他人合法权益的事实;

② 涉及依职权追加当事人、中止诉讼、终结诉讼、回避等与实体争议无关的程序事项。①

除了上述两种情形,人民法院调查收集证据,应当依当事人申请进行。

总之,通过代表中国对现代民事诉讼理论研究成果的《民事证据规定》的发布,"以司法改革或者审判方式改革的名义,不论是理论研究还是司法实践都有统一的目标——建立对抗制的民事诉讼

---

① 参见最高人民法院《关于民事诉讼证据的若干规定》第15条。

模式"①。

二、中国证据收集的程序配置

在1982年《民事诉讼法(试行)》中,庭审程序仅仅是形式上的,在庭审之前,法官已经认定了案件事实。因为与案件有真正利害关系的当事人不能够决定证据的提供和事实的认定,导致其无法预测诉讼的审判结果并经常质疑判决的公正性。同时,法院全面介入案件的事实调查也不能够保证中立。源起于20世纪80年代的民事审判方式的改革开始强调庭审的作用,认为所有的证据都应当经过双方当事人在法庭上口头辩论、质证后才能被采信,并且为了保证法院的中立性,与美国的民事诉讼模式类似,法官不允许在庭审前介入诉讼。但是由于中国既没有陪审团来决定案件事实,也没有足够的有经验的律师②来进行证据收集和为庭审做准备,因此法院在庭审前无法对案件进行充分的准备,也无法全面地规划庭审并给出公正的判决。而当事人由于没有足够的渠道和方法来自己收集证据,在庭审中很难避免诉讼突袭。基于以上理由,在美国民事诉讼证据开示程序的影响下,《民事证据规定》引入了一种新的模式,将审判分为审前阶段和庭审阶段。

根据1991年《民事诉讼法》的规定,如果原告希望开启一个诉讼程序,必须向人民法院提交起诉状,并按照被告人数提供副本。为了说服法院以及通知对方当事人,原告应当在起诉状中表明诉讼请求及所依据的事实及理由,同时应当附上所依据的证据和其他资料及证人的姓名和地址。③ 要求原告在起诉状中附上所有的证据和其他资料及证人的姓名和地址,从本质上可以认为是对原告主动开示自己所掌握的证据的要求。然而在实践中,由于法律没有规定对不遵守规定的原告的处罚措施,法院也没有对此进行严格要求,所以大多数原告并没有遵守规定进行初次的证据披露。为解决此问题,《民事证据规定》第

---

① 肖建华:《回归真实:民事诉讼法的真谛——对〈关于民事诉讼证据的若干规定〉的批判》,载《河南省政法管理干部学院学报》2006年第1期。

② 中国并没有强制的律师代理规定,大部分当事人也没有钱去聘请律师帮助诉讼。

③ 参见1991年《中华人民共和国民事诉讼法》第109、110条。

1条再次重申这项规定,但是仍然没有规定违反这项规定的惩罚措施。

在审前阶段,强制的诉答程序也被引入《民事证据规定》。尽管德国和美国的民事诉讼中都存在强制的诉答程序,但是中国1982年和1991年的民事诉讼法中并没有此规定。原告提交诉状开启诉讼后,被告对起诉状的答辩是被告享有的权利。很多被告都不愿意在庭审前提交答辩状,因为他们不想让原告为接下来的庭审进行充分的准备。没有被告的答辩状,原告就不能进行有的放矢的证据收集,导致法院也不能明确原被告之间真正的争点。为了避免诉讼突袭,根据《民事证据规定》第32条的规定,被告应当在答辩期届满前提出书面答辩,阐明其对原告诉讼请求及所依据的事实和理由的意见。但是如果被告没有遵守此条规定,仍然没有规定处罚措施。因此,在实践中这只是一项指导性条款。

三、中国证据收集规范存在的问题

首先应当注意,根据1991年《民事诉讼法》第63条的规定,证据被分成书证、物证、视听资料、证人证言、当事人陈述、鉴定结论及勘验笔录。

(一) 缺乏法庭主动进行证据收集的规范

如上所述,《民事证据规定》最显著的变化就是引入了举证责任。根据《民事证据规定》第2条的规定,收集证据的责任由当事人承担,如果承担说服责任的一方当事人不能够提供足够证据证明自己的事实主张,那么由该方当事人承担不利后果。法院主动的证据收集权力被限定为前述已经分析过的两种情形,这反映出立法者试图将纠问式诉讼模式转化为对抗制诉讼模式的趋势。法庭主动进行证据收集的适用范围甚至比德国的还窄。事实上,除了有关社会公共利益以及程序问题之外,在中国,法院主动的证据收集权力完全被取消。尽管中国的法律制度属于大陆法系,根据《民事证据规定》的规定,在法院主动的证据收集权力的形式上,中国已经与《德国民事诉讼法典》的规定有了很大的不同。如前述介绍,根据《德国民事诉讼法典》第273条、第143—144条的规定,法庭拥有极大的权力进行主动的证据收集。

在向美国的对抗制民事诉讼靠拢的同时,与美国法官一般没有权力收集证据的证据开示程序相比,中国法院主动收集证据的权力虽然基本被取消,但《民事诉讼法》没有向当事人提供足够的工具来收集证据。

(二) 举证期限与证据交换不够完善

《民事证据规定》中另外一个显著的变化就是在审前程序中规定了举证期限和当事人之间的证据交换程序。

根据《民事证据规定》第 34 条的规定,当事人应当在举证期限内向人民法院提交证据材料,当事人在举证期限内不提交的,视为放弃举证权利。对于当事人逾期提交的证据材料,人民法院审理时不组织质证。但对方当事人同意质证的除外。同时结合《民事证据规定》第 47 条的规定,没有经过法庭质证的证据不能作为判案的依据。这就意味着当事人逾期提供的而对方当事人不同意质证的证据不会被法院接受。

由于中国没有规定强制的律师代理制度,一般而言,当事人又对法律很不了解,因此法官有义务对当事人进行指导。人民法院应当在送达案件受理通知书和应诉通知书的同时向当事人送达举证通知书。举证通知书应当载明举证责任的分配原则与要求、可以向人民法院申请调查取证的情形、人民法院根据案件情况指定的举证期限以及逾期提供证据的法律后果。[①] 举证期限也可以由当事人协商一致,并经人民法院认可确定。

对于当事人在举证期限内提交证据材料确有困难的,根据《民事证据规定》第 36 条的规定,当事人应当在举证期限内向人民法院申请延期举证,经人民法院准许可以适当延长举证期限。当事人在延长的举证期限内提交证据材料仍有困难的,可以再次提出延期申请,是否准许由人民法院决定。

《民事证据规定》中关于举证期限的规定在法官和学者中引起了很大的争议。与德国的相关规定不同,《民事证据规定》第 34 条对当事人逾期举证设定了非常严格的失权后果,甚至没有为法官就当事人没有提供或逾期提供的证据的结果设定自由裁量权。面对同样的情况,德国的法庭只有在法庭认为逾期举证足以拖延诉讼的结束,并且

---

① 参见最高人民法院《关于民事诉讼证据的若干规定》第 33 条第 1 款。

根据法官的自由评判，当事人对于这种延误，负有极大的过错的情况下，才能拒绝这些证据的提交。① 因此在德国，逾期举证有其他的诉讼程序相配合，例如足够的证据收集工具和优秀的律师的帮助。中国并没有足够的证据收集手段，而逾期举证的后果又如此严重，这两者结合实际上会损害诉讼中的事实发现。因此，不仅当事人经常不能够理解举证期限，而且一些法官也拒绝在诉讼实践中适用此规定。② 根据对位于四个具有不同的经济条件和不同的司法资源的地区的法院进行实地调查，一位学者发现，有些法官拒绝接受举证期限，一般允许当事人超过举证期限提交证据，而有些法官则严格遵守举证期限的规定。③ 因此，这条规则也变成了某些法官与当事人讨价还价索取贿赂的可能的工具。

为弥补《民事证据规定》所规定的过于严格的失权效果对发现案件事实的损害，2012 年《民事诉讼法》再次修订时，在第 65 条修正了《民事证据规定》中过于刚性的失权后果。2015 年最高人民法院《关于适用〈中华人民共和国民事诉讼法〉的解释》（以下简称《民诉法解释》）在第 101、102 条对当事人逾期提供证据的后果区分情况进行了具体规定。其中第 101 条规定当事人逾期提供证据的，人民法院应当责令其说明理由，必要时可以要求其提供相应的证据。同时规定当事人逾期提供证据有客观原因，或者对方当事人对逾期提供证据未提出异议的，视为未逾期，可以作为案件事实认定的依据。而对当事人因故意或者重大过失逾期提供的证据，第 102 条虽然原则性规定法院不予采纳作为案件事实认定的依据，但是如果该证据与案件基本事实有关的，人民法院应当采纳。相较于《民事证据规定》中过于刚性的失权后果的规定，2012 年《民事诉讼法》在举证时限的规定上体现了对案件事实发现的追求超越了对诉讼效率的追求。证据交换并不是针对

---

① 参见《德国民事诉讼法典》第 296 条第 2 款。
② 由于最高人民法院的司法解释的效力比《中华人民共和国民事诉讼法》低，而《中华人民共和国民事诉讼法》中又没有关于举证时限的规定，因此很多律师以此抗辩举证时限的效力，同时很多法官也拒绝在诉讼中适用此规定以避免当事人的反对。
③ 参见王亚新：《实践中的民事审判（一）——四个中级法院民事一审程序的运作》，载王亚新、傅郁林等：《法律程序运作的实证分析》，法律出版社 2005 年版，第 70 页。

所有案件的强制程序。对于证据较多或者复杂疑难的案件,人民法院应当组织当事人在答辩期届满后、开庭审理前交换证据。如果当事人申请,人民法院可以组织交换证据。① 交换证据的时间可以由当事人协商一致并经人民法院认可,也可以由人民法院指定。人民法院组织当事人交换证据的,交换证据之日举证期限届满。

证据交换应当在审判人员的主持下进行。这与德国的程序类似。通过证据交换,审判人员对当事人无异议的事实、证据应当记录在卷;对有异议的证据,按照需要证明的事实分类记录在卷,并记载异议的理由。通过证据交换,确定双方当事人争议的主要问题。②

当事人收到对方交换的证据后提出反驳并提出新证据的,人民法院应当通知当事人在指定的时间进行交换。证据交换一般不超过两次。但重大、疑难和案情特别复杂的案件,人民法院认为确有必要再次进行证据交换的除外。③

(三) 证据保全

与德国证据保全制度相似,1991 年《民事诉讼法》也规定了证据保全。在证据可能灭失或者以后难以取得的情况下,诉讼参加人可以向人民法院申请保全证据。④ 但是与《德国民事诉讼法典》的规定不同的是,即使没有当事人的申请,人民法院也可以主动进行证据保全。这条规定也反映了传统的纠问式诉讼模式的影响。《民事证据规定》限制了申请证据保全的时间,规定了证据保全的方法⑤,尽管其同《德国民事诉讼法典》规定的证据保全类似,目的在于保存证据,但客观上也提供了当事人可资利用的在特定的情况下收集证据的工具。

(四) 申请法院收集证据

根据 1991 年《民事诉讼法》及《民事证据规定》的规定,对当事人

---

① 参见最高人民法院《关于民事诉讼证据的若干规定》第 37 条。
② 参见最高人民法院《关于民事诉讼证据的若干规定》第 39 条。
③ 参见最高人民法院《关于民事诉讼证据的若干规定》第 40 条。
④ 参见 1991 年《中华人民共和国民事诉讼法》第 74 条。
⑤ 参见最高人民法院《关于民事诉讼证据的若干规定》第 23、24 条。

而言,最有力的证据收集方式是申请法院帮助收集证据。《民事证据规定》第17条对当事人此项权利的行使进行了规定,即符合下列条件之一的,当事人及其诉讼代理人可以申请人民法院调查收集证据。① 申请调查收集的证据属于有关部门保存并须人民法院依职权调取的档案材料;② 涉及国家秘密、商业秘密、个人隐私的材料;③ 当事人及其诉讼代理人确因客观原因不能自行收集的其他材料。

当事人及其诉讼代理人想申请法院收集证据时,应当提交书面申请。申请书应当载明被调查人的姓名或者单位名称、住所地等基本情况,所要调查收集的证据的内容,需要由人民法院调查收集证据的原因及其要证明的事实。从《民事证据规定》第17条规定可以看出,当事人由于客观原因不能自行收集的证据,可以申请人民法院进行收集。然而,什么是"客观原因"属于法院的自由裁量权行使的范围。尽管程序规定与德国法类似,但具体方法是不同的。在德国,如果法院接受了当事人的申请,法庭只需发布证据调查令,要求相关个人和单位提交证据即可,而不需要法官走出法庭亲自收集证据。与当事人相比,法官没有足够的动机进行主动的证据收集,并且由于大量的案件等待法官解决,他们也没有足够的时间来亲自收集证据。而在中国的诉讼实践中,如果法官愿意帮助一方当事人收集证据,他们会亲自进行证据收集;如果法官不愿意帮助当事人进行证据收集,在收到当事人的申请后,他们会以不属于"确因客观原因不能自行收集的其他材料"为由,而拒绝对当事人提供帮助。因此,中国法官证据收集的权力存在法官与当事人进行交易收取贿赂的可能性。当法庭拒绝帮助当事人收集证据时,它应当向当事人或其诉讼代理人送达通知书。在此情况下,对当事人而言,唯一的救济手段是当事人及其诉讼代理人可以在收到通知书的次日起3日内向受理申请的人民法院书面申请复议一次。这实际上意味着没有救济的途径。并且,由于中国仍然是一个发展中国家,多数当事人没有足够的财力来聘请优秀的律师帮助其进行诉讼,因此这样的程序设计不能够保证诉讼的公正。

为弥补此项规定的缺陷,2012年《民事诉讼法》的修订也对当事人因客观原因不能自行收集的证据类型进行了微调,特别是对由有关部门保存的证据类型进行了一般性规定,不再仅限于档案材料;在使用条件上将"须人民法院依职权调取"修改为"当事人及其诉讼代理人无权查阅调取的",从而减轻了申请人的说服责任,扩大了当事人可以申请人民法院调查收集证据的范围。同时为了限制法院在决定是否批准当事人的申请时的恣意，2015年《民诉法解释》第95条从消极方面规定了人民法院不予准许申请的证据范围，只有与待证事实无关联、对证明待证事实无意义或者其他无调查收集必要的，人民法院才不予准许，从而可以推导出，除了以上三种情况，一般而言，对当事人申请法院调查收集证据的申请，法院都应当批准。

但是对于法院根据申请调查收集证据，《民事证据规定》和2015年《民诉法解释》都没有赋予当事人在法庭收集证据过程中的参与权，因此法庭收集证据的过程是不透明的，从而导致当事人对其证据收集的公平和公正性的怀疑。

就立法体例而言，不论是1991年《民事诉讼法》、2001年《民事证据规定》还是2012年《民事诉讼法》都没有根据法定证据种类列举性规定各种证据的收集方法。2015年《民诉法解释》就不同种类的证据收集方法进行了补充，虽然没有体系性规定，但根据各条款的规定可以得出如下结论。

1. 书证的收集

书证作为重要的证据种类之一，大多数国家和地区都为其设计了专门证据收集程序。在中国，对书证的收集主要有四种方法：审前证据交换、申请法院收集证据、法院主动收集以及证据保全。根据2015年《民诉法解释》第112、113条的规定，对于书证在对方当事人控制之下的，承担举证证明责任的当事人可以申请法院责令对方当事人提交。对于对方当事人无正当理由拒不提交的，法院可以认定当事人所主张的书证内容为真实。同时2015年《民诉法解释》还规定，对方当事人以妨碍当事人使用为目的，毁灭书证或做出其他证据妨碍行为的，法院可以对之处以罚款、拘留的强制措施。但是，对于书证由案外人控制的情形，中国没有明确的规定。

2. 证人证言

1991年《民事诉讼法》第70条对公民的作证义务进行了一般性规定。凡是知道案件情况的单位和个人，都有义务出庭作证。只有确有困难不能出庭的，经人民法院许可，可以提交书面证言。从此条规定可以看出，第一，所有知道案件信息的人都有义务作证，甚至没有规定免证特权的条款。唯一的例外是那些不能正确表达意志的人不能作证。[①] 这条规定体现了《民事诉讼法》对客观真实的追求。第二,所有的证人都必须出庭作证。然而,与严格的要求证人全部出庭作证的法律条文相比,实践中当事人让证人出庭提供证言极其困难。当事人不出庭作证的情形根据 1982 年《民事诉讼法(试行)》的规定,并不会对案件事实发现造成严重的损害。因为根据 1982 年《民事诉讼法(试行)》的规定,在庭外收集证人证言是法官的责任。但随着民事诉讼模式的改变,在以庭审为中心的司法改革的背景下,尤其是举证责任由当事人负担后,证人拒绝出庭作证并且不接受法官和当事人的质询已经在查明案件事实方面成为非常严重的问题。如果一方当事人只是向法庭提供一份书面证人证言,对法庭而言,其很难将之作为有效的证据。因此,如何保证当事人收集证人证言已经成为立法者不得不考虑的问题。对此,《民事证据规定》中规定了一些条款来试图解决此问题。

1991 年《民事诉讼法》规定"证人确有困难不能出庭的,经人民法院许可,可以提交书面证言"。但"确有困难"是一种模糊性的语言定义,已经成为当事人仅仅提交证人的书面证言而不使其出庭作证的借口。针对这种状况,为了限制"确有困难"的适用范围,《民事证据规定》对"确有困难"的情形进行了具体解释:

① 年迈体弱或者行动不便无法出庭的;
② 特殊岗位确实无法离开的;
③ 路途特别遥远,交通不便难以出庭的;
④ 因自然灾害等不可抗力的原因无法出庭的;
⑤ 其他无法出庭的特殊情况。

以上情形,经人民法院许可,证人可以提交书面证言或者视听资料或者通过双向视听传输技术手段作证。

在证人如何出庭作证的程序性规定上,《民事证据规定》第 54 条只具体规定了当事人向人民法院申请证人出庭作证程序这一种方式,如果一方当事人希望证人出庭作证,他应当在举证期限届满 10 日前提出,并经人民法院许可。人民法院对当事人的申请予以准许的,应当在开庭审理前通知证人出庭作证,并告知其应当如实作证及作伪证

[①] 参见 1991 年《中华人民共和国民事诉讼法》第 70 条。

的法律后果。证人因出庭作证而支出的合理费用由提供证人的一方当事人先行支付,由败诉一方当事人承担。

为了更好地查明案件事实,让更多的证人出庭作证,2015年《民诉法解释》第117条首先延长了当事人申请证人出庭作证的期间,只要求在举证期限届满之前提出即可,取消了提前10天的限制。同时2015年《民诉法解释》还具体规定了对可能涉及损害国家利益、社会公共利益的案件,人民法院可以依职权主动通知证人出庭作证的情形。并且其补充规定经双方当事人同意并经人民法院准许,法院没有通知出庭的证人也可以出庭的情形。2015年《民诉法解释》对证人出庭作证情形的扩大化解释,有利于案件事实的更好发现。

然而,即使《民事证据规定》引入了双向视听传输等现代技术来保证证人出庭作证,根据学者在某一中级人民法院所做的实证调查,证人出庭作证率仍然只有5%左右。[①] 根据学者的研究,证人出庭作证率低存在一定的原因。例如没有强制证人出庭的法律规定;不能有效地保护出庭作证的人免受报复;证人一般意识不到他有出庭作证的义务;个人之间特殊的人际关系使当事人不愿意出庭作证从而得罪别人;等等。[②]

因此,如何保证双方当事人收集有效的证人证言是另外一个重要的问题。

3. 鉴定结论

与《德国民事诉讼法典》相似,1991年《民事诉讼法》中启动了专家鉴定程序并规定聘请鉴定部门的权力属于法院。[③] 然而由于很多学者认为,法院主动启动鉴定程序及聘请专家会有损法官的独立性和中立性,更容易引起对法官腐败的指控和对鉴定结论的质疑,因此《民事证据规定》规定了以当事人申请鉴定为主,在当事人未申请但法院认为有必要的情况下主动开启鉴定程序为辅的鉴定开启程序。对鉴定人的选任,也尊重当事人的合意,首先通过当事人双方协商来确定有

---

① 参见王亚新:《证人出庭作证的实证研究》,载王亚新、傅郁林等:《法律程序运作的实证分析》,法律出版社2005年版,第267页。

② 同上书,第281页。

③ 参见1991年《中华人民共和国民事诉讼法》第72条。

鉴定资格的鉴定机构、鉴定人员。① 只有在当事人协商不一致的情况下以及当事人没有就鉴定机构和人员进行协商的情况下,法院才可以主动指定鉴定机构和人员。在这种情形下,如果一方当事人对人民法院委托的鉴定部门作出的鉴定结论有异议申请重新鉴定,其提出证据证明存在下列情形之一的,人民法院应予准许:

① 鉴定机构或者鉴定人员不具备相关的鉴定资格的;
② 鉴定程序严重违法的;
③ 鉴定结论明显依据不足的;
④ 经过质证认定不能作为证据使用的其他情形。

对其他有缺陷的鉴定结论,可以通过补充鉴定、重新质证或者补充质证等方法解决的,不予重新鉴定。② 一方当事人自行委托有关部门作出的鉴定结论,另一方当事人有证据足以反驳并申请重新鉴定的,人民法院应予准许。③

针对诉讼实践中严重对立的双方当事人很难协商确定鉴定机构和人选的情况,2015 年《民诉法解释》补充规定了法院组织当事人协商确定鉴定人的义务,从而在法院的积极组织下能够尽快确定鉴定人选。

虽然中国遵循大陆法系传统,鉴定人作为法院的辅助人而出现,但是如修正后的《德国民事诉讼法典》一样,2012 年《民事诉讼法》第 79 条和 2015 年《民诉法解释》第 122 条也规定了当事人可以聘请专家证人代表当事人对鉴定意见进行质证或者对案件专业问题提出意见的权利,并且将专家证言的地位定位为当事人陈述。

4. 勘验笔录

根据 2015 年《民诉法解释》第 124 条的规定,与德国法规定类似,法官在认为必要时可以根据当事人的申请或者依职权对物证和地点进行实地勘验。但在勘验实施的具体程序上,法律没有保障双方当事人在法院勘验过程中的程序参与权,因此不利于双方当事人对法院勘验结果的接受。

---

① 参见最高人民法院《关于民事诉讼证据的若干规定》第 26 条。
② 参见最高人民法院《关于民事诉讼证据的若干规定》第 27 条。
③ 参见最高人民法院《关于民事诉讼证据的若干规定》第 28 条。

总之，自1978年以后大约40年的时间里，中国司法改革的总体趋势是限制诉讼中法官的权力，提高当事人对程序的控制权。对此种司法改革的实质，有学者明确指出，审判改革的基本方法就是转移司法正义的经济成本和正义得不到发现而发生的风险，把发现案件真实交给当事人。《民事诉讼法》在完全取消法院除程序事项及公益事项外的主动证据收集权的基础上，又规定了严格的证据交换时间的限制，但同时对当事人收集调查证据没有规定充分的程序保障。因此这种改革方式可以被认为，法院已经取消了发现案件真实的目标，由此引发了上访现象更加严重。而在法律条文试图限制法官权力的行使的同时，司法实践中法官的权力却在无序地扩张。对于改革中存在的这些问题，2012年《民事诉讼法》的再次修改以及2015年《民诉法解释》的出台在一定程度上开始重新强调案件事实发现。但这些对中国证据收集制度存在的问题仍然缺乏体系性的规定，因此必须通过进一步的修法来重新构建证据收集调查制度。

第八章 中国证据收集制度之重构

由于中国民事诉讼法学起步较晚,且很长一段时间内与西方先进的法学理论脱节,因此在构建和完善民事诉讼程序乃至具体的制度时,学习和借鉴西方成熟的理论和程序不失为一个实用性的途径。有学者在研究日本法律文化现代化的进程及特点后,感叹于日本吸收和借鉴外来文化的能力,得出以下几点启示:

第一,法律文化的现代化必须以吸收世界其他国家和地区优秀的法律文化为基础。就中国而言,在建立在封建小农经济上的传统法律文化仍然影响着人们的社会生活的同时,又要建立对我们来说是完全陌生的商品经济。因此,在这种巨大的反差面前,我们可能选择的比较有效的捷径,就是吸收、引进外来的先进的法律文化。

第二,法律文化现代化必须继承本民族优秀的法律文化遗产。同时,对中国古代法律文化遗产的继承,应当服从于当前的经济建设总目标。

第三,在建设法律的物质文化的同时,必须加强法律的精神文化建设。在不失时机地大规模开展立法的同时,要在全体国民中进行广泛、深入、持久的法律教育,培养国民的法律观念和法治意识,从而使法律的物质文化和精神文化建设相辅相成。[①]

这种法律借鉴的观点仍然可以指导我们今天的证据收集制度的重构甚至司法改革的进行。具体借鉴的方法很难有完全正确的答案,但通过研究现今成熟的程序制度的共同点,从不同的程序建构中找出相同的规律性的东西从而指导我们的制度设计,应该是一个正确的方法。

通过研究美国、德国、日本等国家和地区的证据收集制度,在纷繁

---

① 参见何勤华:《日本法律文化现代化的特点及其启示》,载《南京社会科学》1993年第1期。

复杂的程序和证据收集的具体方法设置的迷宫中,可以发现以下明显的共通点:

第一,诉讼构造的基本要素仍然是由当事人控制法官裁判的基础,当事人是证据收集的主体。当事人未提出的主要事实,法院不得作为裁判的基础;当事人之间不争执的事实,负有证明责任的当事人对此无须举证,法院也不能为相反的认证。

第二,追求案件真实是所有国家和地区证据收集制度构建的价值取向。在处理案件事实发现和诉讼效率之间的矛盾时,要在追求案件真实的基础上同时兼顾效率和效益。

第三,通过当事人之间以及当事人与法院之间的合作追求案件的事实发现是现今诉讼程序改革的潮流。即使在传统对抗制的美国,学者们也普遍承认,证据开示程序体现了通过当事人之间证据提供上的合作来发现案件事实、提高诉讼效率的理念。无论是美国还是德国,历次对证据开示程序的改革,都是在试图减少证据开示的对抗制成分,从而减少对开示制度的滥用。

第四,德国、日本等国家和地区的民事诉讼程序都通过加强法官的阐明义务,利用法官的积极性来保障当事人在诉讼程序上的实质平等,通过诉讼促进义务来加快程序的高效运行。即使最为推崇法官消极中立的美国,也通过数次改革引入"管理法官""经济诉讼"的理念。

第五,在具体程序配置上,为更有效地发现案件事实、提高诉讼效率,德国、日本等国家和地区都通过改革,引入准备程序以实现审判的集中化,期待在充分审前准备的基础上,能通过一次集中的庭审来解决争议;同时诉答程序的设立体现了对当事人所掌握的证据信息的主动披露。这些改革体现了美国完备的审前准备程序对大陆法系国家和地区的影响力。

第六,在法官控制程序进行的基础上,为防止法官在权力行使中的专横,德国、日本等国家和地区从有关规定推导出的当事人的程序公正请求权和法定听审权,使之参与到诉讼的进程中,通过当事人的权利的行使来制衡法官权力的恣意行使。

第七,上述国家和地区都规定了诉前证据保全程序作为扩充当事人诉前证据收集的手段,从而在保全证据的同时,达到预防和减少诉讼的目的。

第八,德国和中国台湾地区都规定在特定的情况下,为发现案件真实,法官可以主动调查收集证据。

第九,德国、日本等国家和地区都赋予当事人申请法院收集证据的权利。

第十,上述国家和地区在民事诉讼中都为当事人配置了充分的证据收集手段,以保障证据的充分收集。

第十一,无论何种程序设置,都必须根植于自己的法律文化并和已有的诉讼构造相融合。

我们可以借鉴以上共通点来构建自己的证据收集调查制度。

一、确保发现事实之诉讼目的的实现

正如以上所述,不管各个国家和地区的诉讼模式或者程序设计如何不同,其对案件事实发现的追求都是相同的。发现真实作为民事审判或诉讼努力实现的价值之一,具有超越法体系或法文化的普遍意义。①

1982年《民事诉讼法(试行)》确立了追求案件客观真实的诉讼目标,并为此设立了职权主义或者说超职权主义诉讼模式。在这种诉讼目标的指导下,民事诉讼重视当事人实体权利的实现,轻视对当事人程序权利的保障以及诉讼效率及诉讼效益等其他诉讼价值的实现,从而导致案件审理周期过长,诉讼拖延,法官负担过重。同时,由于法官在诉讼中主导案件事实发现的程序,对当事人诉讼参与权保障不够,致使无法通过当事人权利的行使限制法院审判权行使的专横,从而导致当事人尤其是败诉当事人对审判结果公正性的普遍怀疑。随着对强职权主义诉讼模式的批判以及程序公正论的引入,学界激发起一股对诉讼实现案件客观真实目标的怀疑和批判的热潮,在此基础上,"法律真实""形式真实"等概念被引入。

研究不同的关于"法律真实"界说的文章就会发现,法律真实并不是一个具有确定含义的法律术语。大家都在用自己所界定的内涵来

---

① 参见王亚新:《民事诉讼与发现真实》,载中国民商法律网(http://old.civillaw.com.cn/article/default.asp?id=51200),访问日期:2019年3月28日。

使用"法律真实"这个术语。例如关于法律真实的定义,比较多被引用的是樊崇义老师所下的定义:所谓法律真实,是指公、检、法机关在刑事诉讼证明的过程中,运用证据对案件事实的认定应当符合刑事实体法和程序法的规定,应当达到从法律的角度上认为是真实的程度。① 何家弘老师则认为:所谓法律真实,是说司法活动中人们对案件事实的认识符合法律所规定或认可的事实,是法律意义上的事实,是在具体案件中达到法律标准的事实。② 如果认为这就是法律事实,那么持法律事实说的学者所大力批判的"犯罪事实清楚、证据确实充分"也是法律事实,因为这也是达到法律所规定的标准的事实。

通过研究诉讼证明活动的过程就会发现,诉讼证明活动是由证据推出案件事实。因此作出一个正确的判决,必须具备以下两个条件:① 真实的证据,兼具关联性与合法;② 正确地适用法律。由此得出的判决才被认为是一个正确的判决。

证据事实是否与案件具有关联性,由实体法律规范规定。而有关联性的证据事实能否被用来证明案件事实,也就是证据能力问题,由程序法律规范来规定。只有建立在事实真实和程序合法基础上的判决结论,才可能既具有逻辑理性又具有实践理性,既符合实质正义又符合形式正义。

有些法律真实论者将证据的有用性及与案件事实的关联性当成是"真实的"。这是法律真实论者致命的缺陷。"刑事实体法和刑事程序法的规定"只有判断证据是否具有关联性和合法性的功能和作用,而没有判断证据是否真实的功能和作用。实体法律规范和程序法律规范都没有判定一个命题是否真实的功能。对其进行判断的依据只能是经验法则或科学证据。

法律真实论者在论证他与客观真实的不同的时候总是着力强调法官认定的事实主要依靠当事人主张的事实、当事人提供的证据,其依照诉讼程序运用证据规则来进行认定,因此有范围的限制,有证据规则的限制,有时间的限制,导致法官认定的事实很可能不是案件本

---

① 参见樊崇义:《客观真实管见——兼论刑事诉讼证明标准》,载《中国法学》2000 年第 1 期。

② 参见何家弘:《论司法证明的目的和标准——兼论司法证明的基本概念和范畴》,载《法学研究》2001 年第 6 期。

原的事实。

法律规范的实质就是对一定类型的法律事实的价值判断,价值判断只能是判定行为人的行为是好是坏,是合法行为还是违法行为的标准。而证据事实则是对案件的发生、发展基本情况的反映,是典型的事实判断。事实判断才有真和假的区分。价值判断属于价值论范畴,事实判断属于认识论范畴。两者的认识对象是不同的,判定标准也是不同的。绝不能把判断行为是好是坏,是合法行为还是违法行为的标准当作判定证据是真是假的标准。实体法和程序法的规定只有判断证据是否"有用"和"能用"的作用,而不具备判定证据是否真实的作用。

法律真实说的主要贡献在于弥补了传统的客观真实论者在证明标准理论方面过分重视实体真实而轻视程序正义等方面的诸多缺陷。但矫枉不能过正。客观真实并不要求用案件的本原事实作为标准来检验判断正确与否的依据,而是要求裁判者的认识要符合案件的实际情况。

总之,论争进行的轰轰烈烈,但论争的基础并不一致。"法律真实"并不具有唯一确定的含义,大家在各自理解的基础上进行的论证缺乏可比性。因此客观真实论者反驳的靶子也不具有共同性。客观真实论者事实上在和法律真实论者进行争辩的同时,对客观真实说也进行了修正,同时指出法律真实论者对客观真实存在误读,客观真实论者的标准也具有可操作性,同时其也尊重程序公正。

这场论争虽然主要发生在刑事诉讼领域,但对民事诉讼领域也有很多的影响和启发。民事诉讼所针对的民事争议与刑事诉讼的对象有很大的不同。在民事诉讼中,必须尊重当事人的处分权,法官的审理范围受到当事人主张的限制。因此,当事人未主张的案件事实不属于法院调查的范围,从而在客观上也存在裁判者认定的事实与客观发生的纠纷事实发生分离的可能性。但同时,纠纷的参与者对案件的客观情况是清楚的,因此裁判事实也并非脱离客观存在。在民事诉讼中,由于民事案件大多不涉及他人利益、国家利益,因此,法官在当事人自认的情况下,一般应承认当事人自认的效力,从而也可能出现裁判事实与案件事实不一致的情况。这是由民事诉讼所解决的纠纷的特点决定的。但在当事人对案件事实激烈对立的场合,需要法官给出一个符合事实的裁判。因为正如前面所论述的,虽然法官不是案件的亲历者,但当事人是案件的亲历者,因此裁判者认定案件事实是可能的。而如何能够将案件事实进行正确认定正是法学家所研究的任务。法学家和立法者应当在进行价值权衡和平衡各种利益的基础上寻求适当的法律程序与规则,以保障关于案件事实的认识在最大限度上是符合或者接近客观存在的事实。

二、明确当事人和法官的角色分配

吸收、引进外来的先进的法律文化以完善司法制度建设一直是中国进行司法建设和司法改革的重要途径。但是,如何吸收和完善则是见仁见智的事情。有学者面对中国学习借鉴西方国家法学理论和程序构建时这样描述:

"今日中国法学之总体,直为一幅次殖民地风景图:在法哲学方面,留美学成回国者,例有一套 Pound 学说之转播;出身法国者,必对 Dugiut 之学说服膺拳拳;德国回来者,则于新康德派之 Stammler 法哲学五体投地;以中国闭关时代的农业社会背景制理论家,又有其王道、礼治、德治之古说。五颜六色,尽漫然杂居之壮观。然考其本质,无一为自我现实之反映;无一为国家民族利益之代表者;无一能负建国过程中法学理论之应负责任。此种有人无我,有古无今之状况,即为现阶段中国法律思想之特质。"①

现在自《民事证据规定》于 2001 年发布已经过去了 18 年。借鉴西方尤其是美国对抗制理论而制定的改革措施,在司法实践中却遭遇尴尬的局面。面对法官不愿意帮助当事人进行证据收集,当事人又没有足够的方法来收集证据的困境,越来越多的学者开始重新考虑中国司法改革的走向。极端的纠问制诉讼模式被证明是失败的。但是这并不意味着我们可以完全转向彻底的对抗制民事诉讼模式。

那么如何对程序进行设计来保证当事人能够有合适的工具进行证据收集? 正如笔者上面已经分析过的,美国和德国在民事诉讼中的证据收集模式最重要的区别在于对当事人、律师和法官在证据收集过

---

① 蔡枢衡:《中国法理自觉的发展》,清华大学出版社 2005 年版,第 98—99 页。

程中扮演的角色的定位不同。而对律师及法官角色的不同定位是与国家和地区在诉讼中对当事人所负的义务、对各自国家和地区的法官和当事人的特色的认识相联系的,从而发展出对实现案件事实发现而采取的不同的路径选择,并且各自的路径选择也与它们各自整体的民事诉讼程序相配合。因此,对法官、当事人和律师角色定位的分析,对证据收集制度构建模式的选择殊为重要。下面来分析中国当前的法官和当事人的角色。

(一) 法官和当事人在民事诉讼中的角色

1. 法官

在诉讼中,法官既是程序的管理者,又是裁判的决定者,其重要性不言而喻。因此,讨论中国应该适用何种证据收集模式时,必须把法官的素质,包括专业素质和司法职业道德方面的素质作为一个重要的相关因素考虑进去。

中华人民共和国成立后逐渐建立了强职权主义的民事诉讼模式。但是随着20世纪70年代末改革开放的进行,为适应现实需要,自20世纪80年代末期,中国开始了以弱化法院职权为基本特征的民事审判方式改革。在批判职权主义诉讼模式后,应该构建哪种诉讼模式是一个重要的选择题。对此,学界主要有两种主张:一种是采用当事人主义与职权主义相结合的混合式诉讼模式,也就是所谓的德国模式;另一种是采用以美国为代表的对抗制民事诉讼模式。

任何诉讼模式都是由人来运作的。"一种诉讼模式是否比另一种诉讼模式更有利于实现民事诉讼的目的,更具有优越性,除了诉讼模式本身的构造和特点外,还在很大程度上取决于诉讼模式参与者的素质。"[①]在所有的法庭控制案件诉讼程序运行的诉讼模式中,如何保证法官的公正无偏以及工作的效率都是一个极大的挑战。相较于主要由双方当事人及其律师控制民事诉讼程序运行的美国对抗制民事诉讼模式而言,以德国为代表的由法官控制证据收集的范围和程序的辩论主义模式一个不可或缺的支撑点是对包括法官司法品格在内的良

---

① 李浩:《法官素质与民事诉讼模式的选择》,载《法学研究》1998年第3期。

好素质的更高要求。正如李浩所论,如果一些法官缺乏作为司法者应有的道德品格,如果一些法官司法运行的公正性存在疑问,那么德国模式就不仅不能带来人们所希冀的实体公正,而其连实行当事人主义本来能够获得的程序公正也会丧失。① 日本学者谷口安平也认为,日本的诉讼制度之所以能够比较成功地运行,"那就是吸收了大陆法传统自成一个专业系统的日本司法官在社会上享有很高的权威和威信,一般人对法官的职业道德和公正性抱有很强的信任感。法官能够独立地执行其职务,很少受律师以及其他方面的影响"②。同时,在具体程序构建上,德国、日本通过保障当事人在程序中的参与权以及建立合理的法官遴选、评价和晋升机制来进一步促使法官在诉讼实践中能够独立公正地主持诉讼。那么中国的法官情况如何?在中国的民事司法制度中,是否有足够的激励机制来保证法官工作的勤勉,是否有充分的监督机制来保证法官的公正无偏呢?

自20世纪70年代末实行改革开放和法制建设以来,中国法官解决了大量的民事、经济纠纷,为保障改革开放和促进现代化建设作出了重大的贡献。但又不得不承认,特别是在2000年以前,我国法官队伍远远不能适应建设社会主义法治国家对法官素质的要求。

关于法官任职条件的规定主要是《中华人民共和国法官法》(以下简称《法官法》)。对于法官的遴选,1995年《法官法》规定了法官的资格条件。一般来讲,法官必须是高等院校法律专业且工作满两年的。然而那些毕业于高等院校非法律专业工作满两年的人也可以成为法官,只要他们"具有法律专业知识"。如果获得法律专业学士学位,工作经历可以降低为一年。如果获得法律专业硕士学位、法律专业博士学位,可以不受工作年限的限制。③

从1995年《法官法》的上述规定可以看出,即使那些没有毕业于法律专业的人,如果"具备法律专业知识"也可以成为法官。然而如何评判其是否"具备法律专业知识"的标准并不清晰。正如一位高级法院院长所坦言:"在我国,司机可以转业当法官,军队转业干部可以当

---

① 参见李浩:《法官素质与民事诉讼模式的选择》,载《法学研究》1998年第3期。

② 〔日〕谷口安平:《程序的正义与诉讼》,王亚新、刘荣军译,中国政法大学出版社1996年版,第30页及第37页以下。

③ 参见《中华人民共和国法官法》第9条第1款第(六)项。

法官，工人可以转业当法官。一天法律没有读的，跟法律一点都不沾边的，一转呢，都来当法官。不仅可以当法官，还可以当首席法官，还可以当大法官。咱们组织部门有个明文规定，没有经过政法部门锻炼、没有办过案子，没有读过法律专业的人，(学历)包括初中、高中——小学当然太低了，这样的人，可以到法院当院长。当院长之前或之后，送到高级法官培训中心，培训一到三个月，取得合格证，就可以当法官了。"① 这反映出中国法官遴选的现实。如此低的任职条件的规定缘于在 1978 年以前很长的一段时间内，民事纠纷一般通过调解解决，甚至没有正式的民事诉讼法。所以对法官来讲，其并不一定要具备法律知识。对法官而言最重要的是要确定政治上的权利。在那个时候，法学教育在中国并不存在。因此在《法官法》制定时，大多数的法官都是复转军人。而同时，如果一个人想成为律师，他必须通过极其困难的律师考试，获得律师资格。因此，在当时，一般而言，法官的法律水平比律师要低。这一状况受到了很多学者的批评。

随着法学教育的发展，特别是随着法制化的进步，对专业法官的要求越来越高。2001 年对《法官法》进行了修改。2001 年《法官法》最主要的变化体现在法官任职资格上的改变。

第一，相较于 1995 年《法官法》，法官任职条件的要求被提高。要成为法官，必须在高等院校法律专业本科毕业或者高等院校非法律专业本科毕业具有法律专业知识后，从事法律工作满两年。获得法律专业硕士学位、博士学位或者非法律专业硕士学位、博士学位具有法律专业知识，从事法律工作满一年即可。担任高级人民法院、最高人民法院法官的，对其工作年限有更高的要求。② 对于那些虽然不具备前述条件的，仍然可以在一定期限内接受培训从而成为法官。具体办法由最高人民法院制定。③

第二，最令人瞩目的变化是 2002 年国家统一司法考试的引进。自 2002 年以后，初任法官必须从通过国家统一司法考试取得资格，并且具备法官条件的人员中择优提出人选。④

---

① 转引自夏勇主编：《走向权利的时代》，中国政法大学出版社 1995 年版，第 240 页。
② 参见 2001 年《中华人民共和国法官法》第 9 条第 1 款第（六）项。
③ 参见 2001 年《中华人民共和国法官法》第 9 条第 2 款。
④ 参见 2001 年《中华人民共和国法官法》第 12 条第 1 款。

国家统一司法考试引入的主要目的在于提高法官的水平,从而从根本上提高判决的质量。任何人想成为法官、检察官或者执业律师、公证员的话,就必须通过国家统一司法考试获得司法从业人员资格。2002 年 3 月,超过 36 万名大学生或毕业生参加了为期两天的司法考试。

国家统一司法考试在提高法官法律职业水平方面发挥了重要作用。实践中,如果一个法律专业的学生本科毕业后通过了国家统一司法考试,他一般需要在法院作为某一法官的助理协助其工作至少 6 年才能成为法官。他跟随的法官像老师一样指导他从事真正的诉讼实践。这种制度能帮助年轻学生最终成长为一名合格的法官。而法院在聘请法官助理的时候,一般倾向于已经通过国家统一司法考试的人员。那些即使已经成为法官助理很多年的人,如果不能通过国家统一司法考试,绝对不可能成为法官。

然而,严格的法官任职资格条件的规定本身并不足以保证司法的质量。在中国,法院在人员及资金上受制于地方政府是一个重要的问题,这已经明显地阻碍了法院公平高效地处理案件的能力。法院财政资金来源于地方而不是中央政府。法院的正副院长由地方政府任命。因此,法院审判会受到地方政府的影响。

法官本身被分为 12 个等级。① 根据法律的规定,法官等级的确定,以法官所任职务、德才表现、业务水平、审判工作实绩和工作年限为依据。② 对法官的考核内容包括:审判工作实绩,思想品德,审判业务和法学理论水平,工作态度和审判作风。重点考核审判工作实绩。③ 对法官而言,考核结果也非常重要。年度考核结果分为优秀、称职、不称职三个等次。考核结果作为对法官奖惩、培训、免职、辞退以及调整等级和工资的依据。④

尽管级别划分和晋升标准是多样的,但这不是一个非常明确的标准。由于对法官的评价是由同一法院的人进行的⑤,因此领导和同事们的观点非常重要。法官们一般不愿意得罪其领导和同事。

---

① 参见 2001 年《中华人民共和国法官法》第 18 条。
② 参见 2001 年《中华人民共和国法官法》第 19 条。
③ 参见 2001 年《中华人民共和国法官法》第 23 条。
④ 参见 2001 年《中华人民共和国法官法》第 24 条。
⑤ 参见 2001 年《中华人民共和国法官法》第 21 条。

而且在中国,法官的薪水非常低。

经过这些分析可以发现,中国的民事司法体制中没有足够的激励机制以使法官高效率地有效工作。只要对各级人民法院的现状略作观察就可以认识到,当前中国司法制度改革的最大任务还是提高法官以及其他有关人员的职业能力和社会地位。① 这也是为什么在1978年以后的40多年内,司法体制改革的重点放在限制法院在民事诉讼中的权力,提高当事人对程序的控制力的根本原因。

2. 当事人及律师

对抗制的成功有赖于当事人进行诉讼的能力。然而,在中国,当事人一般缺乏依靠自己进行诉讼的能力。原因之一在于,大多数的中国人都对法律知识知之甚少。另外一个更重要的原因是,当事人进行诉讼缺乏律师的帮助。截止到2018年,美国大约有133万名执业律师,大约每250人即有1名律师。② 而中国2018年全国律师人数虽然已达到42.3万人③,但与庞大的人口基数相比,人均能够享受到的律师资源仍非常少。此外,尽管中国经济在这些年有了长足的发展,但很多当事人因经济贫困没有钱聘请律师帮助其进行诉讼,这也是为什么《民事诉讼法》没有规定强制律师代理的原因。

学者们在对偏远的福建省建宁县里心法庭进行实地考察后写道:"许多农民打官司还是姑娘坐轿头一遭,书写诉状和收集证据都有困难。里心法庭收集、编写了八大类、三十余种常见民商事纠纷的起诉状、答辩状的范本,以及申请诉讼保全、调查取证、强制执行等申请书的范文,装订成册,并附目录索引,供当事人参阅。别小看这些范本、范文,在里心法庭,约有1/3的当事人就是参阅它而自书诉状、降低诉

---

① 参见季卫东:《世纪之交日本司法改革的述评》,载《环球法律评论》2002年第1期。

② 参见 American Bar Association, "ABA National Lawyer Population Survey–Lawyer Population by State (Year 2018)", https://www.americanbar.org/content/dam/aba/administrative/market_research/National_Lawyer_Population_by_State_2018.pdf,访问日期:2019年3月27日。

③ 参见《司法部发布:2018年度律师大数据,全国律师已达42.3万+》,载搜狐网(http://www.sohu.com/a/304241793_164794?sec=wd),访问日期:2019年3月28日。

讼成本的。"①

另一位学者通过对同一法庭的考察得出结论："农民兄弟不理解某些正规的法律语言，更不擅长诉状的书写与证据的收集。为了积极应对这样的司法环境，里心法庭的法官们在法定的职责之外，根据农民的实际情况，收集、编写了八大类、30多种常见的民商事案件的法律文书样本，装订成册，并附目录索引，供当事人参阅。"②这位学者分析法官们的行为时这样论述："法官们做这些工作，如果严格按照法律上规定的诉讼结构来说，属于律师们的工作范围。也就是说，告诉当事人如何书写法律文书，并非法官们应为之事，法官们完全可以拒绝提供这样的服务，因为这属于应由当事人自己想办法完成的事项。但是，如果法官们不做这些'分外之事'，只是严格按照法律，'公事公办'地把那些不会撰写法律文书的当事人推给律师，或让他们自己想办法，尽管也没有违背法律的规定，法官们也没有失职之虞。但是，由此产生的实际后果，则是将部分当事人拒于法庭大门之外。"③

对于诉讼标的较小的案件，"里心法庭采用的审判方式如果没有效率或者效率太低，不能满足当事人对于快捷方便地救济自己权利的需要，那么，法庭应当承担的解决纠纷、救济权利的功能将会日渐丧失，社区公众将会远离法庭，法庭将会门庭冷落；法官们将会无事可做，生存空间也会越来越狭窄，甚至会失去存在的理由"④。

因此，面对中国普通民众尤其是偏远地区民众缺乏法律知识、经济贫困、不能获得律师帮助的现实情况，法官必须通过积极行使审判权才能保证当事人接近司法的实现。

人们普遍认为中国人有"厌讼"的传统，但有学者尖锐地指出："事实上，所有人都有维护自己权利的本能和愿望，选择什么样的维权方式，受制于维权主体、被侵害的权利、侵权主体的具体情况……一个农民一年可支配的收入就是几百块钱，怎么打得起官司，怎么请律师？穷人是用不起法律这个奢侈品的。当穷人用不起法律的时候，法就是富人或有权人用来欺负穷人的工具了。不打官司又没有其他方式救

---

① 吕坤良、梅贤明、杨怀荣等：《地偏法不远——福建建宁法院里心法庭调查》，载《人民法院报》2004年6月10日。
② 喻中：《乡土中国的司法图景》，中国法制出版社2007年版，第44页。
③ 同上注。
④ 同上注。

助,一般的情况就只有忍气吞声;实在忍无可忍,穷人才进京城。很多人有理无钱,打得倾家荡产,最后走极端,结果有理打成无理,由维权者变成一个违法者!"①

中国的当事人缺乏法律知识,又很难获得律师的帮助,这一重要原因的存在决定了中国的证据收集制度的程序设计走向。当然还存在其他影响证据收集制度设计的因素。例如,在中国的民事诉讼结构上,我们没有陪审团参与审判,法官同时对案件事实的发现以及法律适用负责。并且在传统上,中国人更倾向于让法官查明案件事实并给出最终的判决,就像他们一直以来做的一样。

总之,中国缺乏适用美国模式的基础。美国的证据发现制度建立在陪审团审判的诉讼结构上。他们依赖有经验的律师来控制整个诉讼程序。他们不信任通过法官的权力来获得正义。这一切都与中国的情形完全不同。总体而言,根据中国当事人普遍法律知识欠缺的现状,国家应该担负起通过法官在诉讼中的积极引导和控制从而实现当事人的实体权利和诉讼权利的义务。因此德国模式是构建中国证据收集制度的理性选择。但在具体程序构建上,笔者认为,我们也不能完全向德国学习,因为中国有自己的国情。

(二) 通过协同主义民事诉讼模式构建法院和当事人之间的角色定位

1. 以德国为代表的大陆法系民事诉讼模式是历史和现实的选择

肇始于清末修律的中国司法制度转型中首要解决的就是在当时并存于世的两大法系中选择哪一个法系作为自己效仿的典范这一棘手的问题,当时以沈家本为首的修律大臣经过对欧洲的实地考察,结合中国的国情,基本倾向于选择模仿大陆法系(即罗马法系)的法律体系构架中国的法律新体系,经过努力,初步形成以六法为主体的法律体系,同时基本确立了近似大陆法系的司法制度结构。②

庞德曾经对中国的司法制度改革发表过这样的意见:"我对于有英国法律制度历史的国家采行英美法律制度,予以赞扬,不后于人。

---

① 李昌平:《贫困源于不合理的体制因素》,载《现代人才》2006年第3期。
② 参见高其才译:《庞德对20世纪中叶中国司法制度改革的意见》,载张卫平主编:《司法改革论评(第二辑)》,中国法制出版社2002年版,第127—128页。

同时我也深信中国之仿行现代罗马法制度的制定法,为一明确的选择。在本世纪,现代罗马法已达到高度有系统的完备程度。自1900年以来所产生的各种法典,贡献了卓越的楷模,而起草中国法律的人士很明确而确当地采为蓝本。如果要在短期间内去仿效英美法来适应中国环境,而复由官方公布出来以便法庭适用,几乎是不可能的。"理由就在于:"这是因为一个国家如果没有英美法的历史背景,没有如英国或美国所训练的法官和律师,要去体会它是困难的。中国循着现代罗马法的道路已有良好发展,如果转而重新建立一种系统,既无使用的法律书籍,同时也不便于法典化,那便是一种浪费……19世纪的改革家想把陪审制度移植到欧洲大陆企求预期的效果,结果失败了,是值得警惕的。英美普通法最不善处理立法的文件,也没有把司法经验予以公布的背景;很多立法都是基于实际需要。英美法制中有普通法和衡平法的双重制度。普通法与立法之间有着严格界限,这些我都不欲介绍进来。中国循着已走的道路向前走去,是最适当不过的。"①

学者在对中国的实际情况进行深入调查后也认为:"如果法官(特别是乡镇法庭的法官)总是坚持严格的坐堂问案的'现代审判方式',坚持'谁主张,谁举证'的诉讼原则,那么首先,很多陷于纠纷中的当事人就不会将案件提交到法庭;即使已经起诉到法庭,也会出现一方当事人在审判过程中的缺席。因为,无论是起诉还是出庭应诉,都是一种有成本的行为。为了数十元或数百元的诉讼标的反复奔走于法庭,会让当事人(特别是原告)不堪重负,甚至得不偿失。其次,严格的原告举证制度,可能导致权利受损的原告因为举证能力不足,而使自己的合法权利处于保护不能的状况。"②因此,在这样的情况下,"法官虽然遵循了法律规定的诉讼程序,表达了对国家正式法律的忠诚,但它产生的法律后果却是:纠纷没有解决,受损的合法权利没有得到救济,社区民众期待的和谐秩序没有得到恢复;法官仅仅维护了一个抽象的法律条文,并未解决现实问题,既没有实现司法的社会功能,也没有履行法官对社会和民众的责任"③。

---

① 参见高其才译:《庞德对20世纪中叶中国司法制度改革的意见》,载张卫平主编:《司法改革论评(第二辑)》,中国法制出版社2002年版,第127—128页。
② 同上注。
③ 喻中:《乡土中国的司法图景》,中国法制出版社2007年版,第224页。

"我作为律师曾经到一些基层法庭走过,在池塘边泥泞的小路上,法官朋友一边驱赶围上来的鸡鸭,一边听取当事人语无伦次的陈述,那份沉稳、那份真诚、那份耐心让人动容。在有些人看来,这确实不够潇洒,甚至危及了法官的尊严,不利于震慑当事人,但是,正是在这些马锡五式的法官身上,让我们看到了公众需要与国家司法供给之间的有效结合。你可以说建国五十多年中国的司法状况还是如此,令人悲哀。但这就是中国的司法现状。在还有数千万中国公民没有解决温饱的情况下,这样的司法模式可能还会存在相当长的时间。"①

从以上描述可以看出,普通民众对法官积极的权力行使是满含期待的。不同地域不同经济水平的当事人很难在诉讼中达至实质平等,人们需要通过法官权力的行使来弥补这种当事人之间的实质不平等的状态。法官权力的积极行使也是当事人程序上的基本权利——法定听审权能够实现的保证。否则当事人接近司法,获得审判保护的权利就无法实现。

英美法系的对抗制民事诉讼模式很难为中国借鉴。英美诉讼模式是由其特定的历史文化传统决定的。陪审团审理是其中一个典型的体现。弗里德曼教授指出,越是深深扎根于某国和地区特殊的政治法律环境的制度,越难嫁接到其他国家和地区去。②

因此,不管是从历史传袭上,还是对法官积极行使权力帮助当事人进行诉讼的需要上,向德国模式学习应该是我们最妥当的选择。

2. 通过加强当事人的权利来限制法官总体素质不高的情形下法官权力行使的恣意

首先可以看到,中国正在逐步采取措施来提高法官的素质。国家统一司法考试的引入正是一个很好的途径。蓬勃发展的法学教育也为法官整体素质的提高提供了基础。

另外,正像有的学者所言,中国在建设法律的物质文化的同时,必须加强法律的精神文化建设。在不失时机地大规模开展立法的同时,

---

① 宫本欣主编:《法学家茶座(第 6 辑)》,山东人民出版社 2004 年,第 157 页。

② 参见〔意〕莫诺·卡佩莱蒂编:《福利国家与接近正义》,刘俊祥等译,法律出版社 2000 年版,第 43 页。

要在全体国民中进行广泛、深入、持久的法律教育,培养国民的法律观念和法治意识,从而使法律的物质文化和精神文化建设相辅相成,使中国法律文化的现代化早日实现。①

但面对现在中国法官的现状,只能通过加强当事人的程序参与权来监督法官权力的行使。通过前面的研究已经得出结论,大陆法系的德国、日本及中国台湾地区都通过相关规定推导出当事人的公正程序请求权和法定听审请求权。为实现当事人的法定听审请求权,法院有义务保障当事人能够在诉讼中以充分和恰如其分的方式陈述他们所持有的看法。这项权利具体包括以下内容:给予当事人提起申请、主张事实和对之提供证据以及及时地获知对方当事人的陈述以便能对之表态的权利。在证据收集程序中,如果法院调查某项事实,则必须将之通知对方当事人并且听审他们。必须能从法院所作出的裁判中看出:法官已经知道程序参与人的陈述并且已经与他们进行过探讨。如果受法院决定影响的当事人没有机会就相关事实和法律提议发表意见,法院就不能以此作为判决的基础。

相应的,法定听审请求权要求法庭就每一个当事人提出的重要的事实或法律的争议进行考虑和说明。没有就当事人提出的重要的事实或法律争议进行说明的判决在宪法和法律上都是有瑕疵的。法定听审请求权通过当事人程序的参与使在法官控制的程序进程中的当事人的权利获得足够的保障。违反法定听审权意味着程序瑕疵,可以通过上诉手段对之主张。

3. 顺应历史潮流,建立协同主义民事诉讼模式

通过以上研究可以发现,不论是美国、德国还是日本及中国台湾地区,在辩论原则的基本要素没有改变的基础上②,都开始追求通过合作来发现案件事实,追求诉讼效率。实际上,古典辩论主义的三原则在一定程度上都得到修正,社会法学所支配的法律原则已经渗透至民

---

① 参见何勤华:《日本法律文化现代化的特点及其启示》,载《南京社会科学》1993 年第 1 期。

② 只有当事人才能够把争议的事项导入程序并判断法院是否有必要对此作出决定。当事人没有提出的主要事实,法院不得作为裁判的基础。当事人之间不争执的事实,法院也不得为相反的认定。

事诉讼中。在作为裁判基础的事实资料由当事人提供方面,对于众所周知的事实和对法院而言显著的事实,即便当事人没有提出也不妨碍法院将其作为判决的基础。对于自认的效力,通过当事人真实义务的引入进行了限制。而禁止法官主动职权调查的原则在大陆法系国家和地区都没有得到遵守。大陆法系国家和地区或多或少都保留了法官职权调查的空间。①

如前所述,针对改革后的《德国民事诉讼法典》,虽然很多学者依然强调德国的民事诉讼基本模式仍然建立在辩论主义上,出现的只是对辩论主义的修正,但也有很多学者开始呼吁要把合作主义修改为德国民事诉讼的基本原则。②而部分学者认为,中国台湾地区的民事诉讼模式是协同主义民事诉讼模式。即使建立在对抗制模式下的美国也开始强调合作,在法官的积极案件管理下,双方当事人通过合作来进行证据开示,尽量消解证据开示程序中的对抗制因素。因此,建立协同主义民事诉讼模式已经成为历史发展的趋势。

所谓协同主义,"是指民事诉讼中法院(法官)运用职权发挥能动作用,与当事人实现充分的相互沟通与合作,从而使法官和当事人在事实发现、程序促进等方面共同推进民事诉讼程序的一种模式"③。协同主义针对传统辩论主义的不足,通过法官积极的阐明,以及当事人之间的合作共同推动案件事实的发现。协同主义主要包括以下要素:法官阐明权(义务);法官为形成心证、发现真实所必要的一些权力;法官有指出要适用的法律的义务;当事人有真实陈述的义务;当事人有诉讼促进的义务等。④

"协同主义作为中国民事诉讼发展的方向,切合中国传统文化的法治理想。"⑤"在以权力为中心的社会价值体系比较发达的中国,与

---

① 参见熊跃敏:《辩论主义:溯源与变迁——民事诉讼中当事人与法院作用分担的再思考》,载《现代法学》2007年第2期。

② 参见〔德〕鲁道夫·瓦塞尔曼:《从辩论主义到合作主义》,载〔德〕米夏埃尔·施蒂尔纳编:《德国民事诉讼法学文萃》,赵秀举译,中国政法大学出版社2005年版,第361页。

③ 肖建华主编:《民事诉讼立法研讨与理论探索》,法律出版社2008年版,第4页。

④ 同上注。

⑤ 同上书,第7页。

其否定职权的作用不如承认审判权的作用并加以明确规范,促进司法者能动地输出正义。"①因此,在中国建立协同主义民事诉讼模式可以成为民事诉讼的理想图景。②

4. 协同主义基本要素在中国民事诉讼中的配置

(1) 法官的阐明义务

法官阐明的目的在于在程序的任何状态都应致力于当事人完整的陈述,促使当事人提出有利的申请,补充不充分的事实陈述,并促使其提出必要的证据。强调法院对诉讼程序的实质的诉讼领导,赋予法官通过公开和及时的信息来引发当事人更丰富和更有针对性的活动的任务。具体体现在以下几个方面:

第一,通过法官的阐明使当事人明了其在法律主张上的错误,并给予当事人改正其错误的机会。

第二,当事人没有主张能够证明其请求权利的基础性的主要事实,或者没有将其事实主张具体到必要的程度,或者其事实主张与其提出的证据材料所显示的证据材料不一致时,法官必须尽阐明义务使当事人有更正或补充的机会。但是,当事人从这些指示中得出结论、相应纠正的陈述,还是他自己的责任范围。

第三,当事人没有提出适当、充分的证据证明其事实上的主张时,法官也应通过阐明使当事人知道此事实并促使其提出必要的证据。当然这并不意味着法官会协助当事人收集证据,也不意味着法官会依职权调查证据。

第四,在收集证据、获取和利用证据手段的时候,为了确认当事人相互对立的主张的正确性,法院在很大程度上不受双方当事人相应申请的拘束,也即可以依职权收集证据。

(2) 当事人真实义务

在辩论主义下,诉讼当事人可以自由地隐藏对其不利的事实及证据,对方当事人如果想获取这些证据,必须由其自己设法获取。真实义务的出现目的在于矫正辩论主义的固有缺陷。

---

① 肖建华主编:《民事诉讼立法研讨与理论探索》,法律出版社 2008 年版,第 3 页。

② 同上书,第 7 页。

根据德国法的规定,所谓"真实义务",是指诉讼当事人在诉讼上不得作出与其主观真实的主张及陈述相反的主张和陈述。但当事人的真实义务并不要求当事人陈述所有客观的真实。因此此义务是从消极方面来禁止当事人陈述明知其虚伪的事实,而不要求其积极主动地陈述所有的事实。

违反真实义务一般通过与法院已经发现的真实与当事人主张的事实相比较后显露出来。对于违反真实义务的,法律并没有规定直接有效的制裁,一般是通过影响法官的心证从而影响判决的结果。

因此,真实义务是作为原则性规定存在的,是对当事人证据收集及主张提供的指引性要求。其虽然很难体现在某项特定的具体的程序中,但在原则上指引证据收集模式的确立和当事人行为的方向。

(3) 诉讼促进义务

诉讼促进义务体现在一系列期间的规定中。《德国民事诉讼法典》在第282条规定了诉讼促进义务。根据其第1款的规定,当事人各方都应该在言词辩论中,按照诉讼的程度和程序上的要求,在为进行诉讼所必要的与适当的时候,提出他的攻击和防御方法,特别是各种主张、否认、异议、抗辩、证据方法和证据抗辩,这意味着不允许任何当事人隐藏依照实体状态和争议状态能明显促进诉讼的实施和裁判的信息。毋宁说双方当事人必须努力向法院和对方当事人无迟延地告知所有适当的事情。《德国民事诉讼法典》第282条第2款则扩大了当事人的诉讼促进义务,其规定对于声明以及攻击和防御方法,如果对方当事人不预先了解就无从对之有所陈述时,应该在言词辩论前,以准备书状的形式通知对方当事人,使对方当事人能得到必要的了解。同时《德国民事诉讼法典》第296条规定了逾期提出攻击和防御方法的后果,法官以其自由心证认为逾时提出或通知足以延迟诉讼的终结并且当事人就其逾期有重大过失时,可以予以驳回。

《民事证据规定》中规定的举证时限,体现了对当事人诉讼促进义务的规定。但是其对失权规定得过于严格,并且司法解释的效力较之于民事诉讼法本身要弱,导致在实践中部分法官并不执行举证时限的规定,同时,举证时限也成为法官权力恣意行使的工具。因此应该通过对《民事诉讼法》的修订规定诉讼促进义务,但要慎重规定失权效果。

三、完善相关程序配置

(一) 严格的诉答程序的规定和主动的证据开示

如前所述,在中国,虽然法律和司法解释规定,原告应当在起诉状中表明诉讼请求及所依据的事实及理由,同时应当附上所依据的证据和其他资料及证人的姓名和地址。然而在实践中,大多数原告没有遵守规定进行这第一次的信息披露。因为法律并没有规定不遵守规定的惩罚措施,同时法院也并不在意。《民事证据规定》规定了被告应当在答辩期届满前提出书面答辩,阐明其对原告诉讼请求及所依据的事实和理由的意见。但是如果被告没有遵守此条规定,仍然没有规定处罚措施。

一个完备的诉答程序对民事诉讼极为重要。《民事诉讼法》应当规定原告在诉状中必须表明原因事实、具体的诉讼请求及所依据的基础事实,并附随相应的证据。收到原告起诉状后的一定时期内,被告必须提交答辩状,也应记载答辩事实、证据,与证据相关应证事实以及对原告所主张之事实、证据的陈述;同时应规定,如果法官认为起诉状和答辩状所记载事项不充足,应对当事人进行释明,并设定期间让当事人补足或提出证据。完备的诉答程序在功能上构成当事人之间第一次主动的信息披露。通过法院的诉讼指挥权或者阐明义务的规定,同时采用适时提出义务,可以催促当事人提出证据并协同收集判决的基础事实。

(二) 完善的审前准备程序

正如笔者所述,为推进诉讼效率,德国、日本及中国台湾地区都通过改革,引入准备程序以实现审判的集中化,期待能通过一次集中的庭审来解决争议。

《民事证据规定》中规定了举证期限和当事人之间的证据交换程序。有的学者据此认为中国已经建立起审前准备程序。的确,证据交换是审前准备程序的核心内容。但中国通过《民事证据规定》设计的证据交换程序首先在范围上不具有普适性,只有当事人申请或者证据

第八章 中国证据收集制度之重构 233

较多或者复杂疑难的案件才会组织当事人进行证据交换。在证据交换的方式上，由审判人员主持虽然可以让当事人面对面交换证据材料，以达到固定争点和证据的目的，但证据交换不一定一次即可完成，并且面对面的证据交换不给双方当事人针对交换的证据留有思考的时间即发表意见，对当事人而言也勉为其难。

中国可以借鉴德国的审前准备程序的设计。通过法官参与的审前准备程序，将证据交换常态化，以达到实现明确争点、固定证据、促进和解的目的。针对不同的案件类型，或者根据当事人的意愿，可以设计两种准备程序：一是庭审前言词辩论准备程序，二是书面准备程序。在准备程序开始之初，法官应事先明确双方当事人需要澄清或补充的问题。为了澄清某些问题，法官可以主动要求当事人提供其引用的书面证据，可以主动进行勘验，传唤证人或者邀请专家提供帮助；在法官认为必要的时候，其可以要求当事人在自己面前说明情况。如果适用庭审前言词辩论准备程序，在法官要求当事人一起到法庭接受询问的时候，如果原告缺席，可以导致诉被驳回；如果被告缺席，可以被判败诉。如果采用书面准备程序，可以通过邮寄或传真证据等方式来交换书面诉状。如果被告没有应法官的要求提交书面答辩的话，可以推定被告没有防御意愿，可以依原告申请不经庭审程序，仅依据起诉材料进行裁判。

通过法官主持的审前准备程序，可以获得美国证据开示程序中通过口头询问、笔录证言以及书面质询等获得的证据信息。在准备程序中，对第三人所占有的证据还可以通过申请法院调查令的方式来获得。并且由于法官的积极参与与阐明，庭审前言词辩论准备程序比美国的这三种程序更高效有序。

在书面准备程序中，双方当事人对争点以及证据达成一致意见的，由法官记录在卷，庭审上即对此不再争辩，可以直接作为判案的基础。实际上，通过研究德国的审前程序可以发现，德国的审前程序在性质上实际就是一种审判活动。通过审前程序，可以确定哪些事实对判决有决定意义，哪些抗辩有显著性，哪些事实和主张仍然存在争议，哪些证据手段已经被提供，哪些法律问题必须回答，从而使庭审可以集中在这些问题上。

关于举证期限问题，《民事证据规定》也规定了当事人提交证据的举证期限。当事人在举证期限内不提交证据,视为放弃举证权利。逾期提交的证据,除非对方当事人同意质证,否则即意味着证据不被法院作为判案的基础。

这一严格的举证期限的规定,甚至没有为当事人逾期提供证据的结果设定法官的自由裁量权。这对中国的当事人而言,负担过重,会危及实质公正的实现。因此可以借鉴德国的做法,只有在法院依其心证认为逾期提出或通知足以延迟诉讼的终结并且当事人就其逾期有重大过失的,才予以驳回。

四、完善证据收集的具体方法

(一) 诉前证据收集

德国、日本及中国台湾地区都规定了极具特色的诉前证据保全制度,期望通过诉前证据保全,扩充当事人证据收集手段,鼓励当事人在诉前达成和解从而减少诉讼。中国的证据保全程序规定非常简单且不成体系,因此有必要借鉴它们的诉前证据保全程序来建立中国的诉前证据保全制度。

日本的诉前证据收集更多地借鉴了美国证据开示程序,通过提诉预告通知开启诉前证据保全程序,并设置了诉前当事人照会制度,当事人通过照会的形式可以自己进行证据信息的收集,同时也可以申请法官通过发布证据调查令的方式帮助其获取证据。

而德国将证据保全规定为一个独立的证据程序,将诉前证据收集的范围规定得比较窄,仅仅适用于对书面鉴定的保全,且限定了进行诉前证据保全的三种特定情形。但德国证据保全程序的特点在于,依证据保全程序收集的证据可以在以后进行的诉讼程序中作为已证实的证据采用。而中国台湾地区的诉前证据收集程序规定得非常详尽及成体系,其将诉前证据收集分为三种情况,规定了不同的证据保全范围和方法。

对于中国大陆的诉前保全程序,笔者倾向于借鉴中国台湾地区的诉前证据保全程序,尤其是区分三种情况分别规定证据保全程序。

(1) 证据有灭失或者有难以使用的危险时,当事人可以向法院申

请进行证据保全

在具体程序设置上,应该赋予被申请方陈述意见的机会,并对其进行预先通知以保障其听审请求权及在场见证权等程序主体权。在通过诉前证据保全程序进行证据保全时,可以利用法律规定的各种调查方法。法院在进行调查时,应该受申请人申请的证据保全范围的拘束,但其对证据保全的方式、方法有采用自己认为适当的方法的自由裁量权。

(2) 经对方当事人同意时的证据保全

此种证据保全只需当事人的合意,不需要有证据灭失或以后难以使用的危险为要件。在这种情况下,证据保全的主要目的不在于保存证据之现状或维持其效用,而在于在诉前即确定事实关系,从而无须等起诉后再进行证据调查。

对于事实关系的纷争,如果双方当事人能够合意进行诉讼保全,可以有助于自力解决纷争、促成和解,从而减轻法院的负担。因此,此种诉前证据保全程序能够发挥回避诉讼、预防诉讼的功能。

(3) 就确定事、物之现状有法律上利益并有必要时之证据保全

中国台湾地区相关规定就确定事、物之现状有法律上利益并有必要时的证据保全很有新意。例如在医疗纠纷中,医院的病历表、人身伤害的程度、占有人使用的物的范围及状况等虽然通常没有灭失或不存在难以使用的危险,但为了避免事、物的现状遭到篡改,从而确定事实状态,有申请证据保全的必要。通过对现状的确定,有利于主张权利的当事人在诉讼前即收集相关证据从而为诉讼做好准备,进而明确事实和诉讼请求。同时通过诉前的证据收集和确定,可以促使当事人和解、调解和仲裁,从而扩大诉讼外纷争解决制度的功能。

由于诉前证据保全发生在当事人提起诉讼之前,为避免对相关人员在诉讼发生之前的过分影响,在借鉴中国台湾地区区分不同的情况规定不同的诉前证据保全措施的基础上应将此类证据保全的范围限定为鉴定、勘验和书证三种。不能将人证和对当事人本人询问包括进去。

对诉前证据保全中申请法院收集的证据,一经当事人采用,其效力应该与直接在受诉法院面前调查证据者相同,在以后进行的诉讼中具有已经获得证明的效力。对争议双方在诉前就事实、证据或其他事项达成协议的,法官应将其协议内容记入笔录。如果就诉讼标的达成

协议,法院应将协议中明确的法律关系以及争议情形记入笔录。如果协议具有为一定能够给付的内容,可以作为执行依据。

(二) 法院主动的证据收集

通过对德国、日本及中国台湾地区的证据收集主体进行研究就会发现,上述国家和地区的规定中都存在法官依职权收集证据的空间。与它们相比,《民事证据规定》及2015年《民诉法解释》中将法官的主动证据收集权限定在公益案件、他人利益案件以及重要的程序事项上,范围过于狭窄,不利于发现案件真实目标的实现。借鉴上述国家和地区的法官主动进行证据收集的制度,可以作出如下设定:

① 法官可以依职权进行鉴定、勘验。这是由鉴定人作为法官的辅助人的角色决定的,在法官认为自己在专业知识方面能力有所欠缺时,可以依职权进行鉴定。而基于勘验在特定情况下对认定案情的便利性和直观性,法官也应该在自己认为适当的时候依职权主动进行。

② 法官通过职权采用各种准备措施。例如法官可以在当事人指定的范围内传唤证人,命令当事人提交书证等证据材料,委托其他法院、机关代为调查,必要的时候命令当事人到庭陈述等。法官主动的职权行使可以保证审前准备程序的顺利进行。

③ 法官为了查明案件情况,可以不经申请即对当事人进行询问。

④ 在法官不能依当事人提供的证据获得心证时,其可以依职权调查证据。这种例外情况下的主动证据调查申请在德国和中国台湾地区的相关规定中都有规定,但是日本在修法时将其去除。对此例外情况的规定,体现了对案件事实真相的追求。但是应该对其适用设定严格的限制条件,同时要给予当事人进行陈述和补充提供证据的机会,以避免诉讼突袭的发生。

(三) 对书证、物证、视听资料申请法院收集程序

对当事人而言,其在面对书证、物证、视听资料时,申请法院收集证据是最有效的收集证据的方法。因此我们应该通过完善的程序设置,保障当事人能够在必要的时候通过申请法院帮助而收集证据。根据《民事诉讼法》的规定,由于法官在对什么是因"客观原因"无法收集证据的解释上拥有巨大的司法裁量权,因此,一方面,这种权力的运

用必须赋予当事人在申请被拒绝时的救济手段,例如当事人可以因申请被法院拒绝而向上一级法院提起上诉。另一方面,转变法官因申请而收集证据的方式也是一个提高法院对当事人证据收集热情的方法。为此可以借鉴中国台湾地区的文书提出命令制度制定中国大陆的证据调查令制度,并将其适用范围扩展,将书证、物证、视听资料都纳入文书提交命令。可以通过规定法院针对申请发布证据调查令的方式命令相关个人和单位以及有关机关提交由他们占有的与案件相关的证据材料,同时对拒绝遵守证据调查令的单位和个人规定相应的惩罚措施,而不是由法院亲自调查收集证据。采用这种方法,由法院直接进行证据收集而可能存在的偏私便不复存在,法院也不再有理由因为会浪费司法资源而拒绝当事人的证据收集申请。

中国台湾地区的文书提出命令制度主要针对证据为对方当事人或案外第三人所持有时的证据收集问题,这也是中国大陆当事人在证据收集时面对的最困难的问题。在这种情况下,如何通过简易、低廉的程序获得他方或第三方持有的证据对立法者而言是一个重要的课题。

如果能强制持有证据的对方当事人及案外第三人将其证据提交给法院,当然有利于保障当事人的证明权,促进案件的审理,从而实现案件的公正判决。但是证据也和持有或利用该证据的对方当事人及第三人的个人隐私、商业秘密以及其他业务上的秘密的利益攸关。因此如何平衡两者利益也是设计制度时不得不考虑的问题。

德国和中国台湾地区修正相关规定的方向一致,都将文书提出义务的范围扩大,使之成为一种一般义务。如此修改的目的主要是为了贯彻当事人武器平等原则,发现案件真实。并且针对现代社会出现的公害案件、产品制造人责任以及医疗事故赔偿案件等所具有的证据偏在一方的现象,都要求对方当事人的配合,通过合作来发现案件真实。因此趋势是将其作为一般义务,而不再设置适用范围上的限制条件。

在证据被第三人持有时,情况又较被对方当事人持有更为复杂。对此,德国虽然规定第三人持有的证据只要与案件有关联性就必须提交,但是为取得第三人持有证据规定了两种程序:一是针对第三人起诉,二是申请法院命令提交。而中国台湾地区则不区分对方当事人和第三人,全部规定为负担一般性文书提出义务。

当事人申请法院发布命令时,应当在申请书上表明该文书及内容从而使文书特定化。但是由于文书被对方当事人或第三人所持有，因而要求申请文书提交时明确所申请文书的内容显有困难。当然在程序上可以通过法院的阐明、证人的询问而获得，但由法律明确规定对方当事人或第三人的文书特定协助义务可以更直接地解决此问题。因此经法院认为适当时，可以命令对方当事人或第三人进行必要的协助。

因此，在申请人表明文书的名称、内容有明显困难时，持有文书的对方当事人或第三人应该提供该文书的相关信息或者其他协助事项，从而体现出通过协作协同发现案件事实、促进诉讼的目的。

但如果对方当事人不履行文书提出协助义务时，是否可以对其规定制裁措施，不同的国家和地区有不同的规定。日本和中国台湾地区都没有明确规定相应的制裁措施。但为了确保文书提出协助义务的履行，对于对方当事人，可以考虑采用证明妨碍法理及违反诉讼促进义务等原则，在当事人不遵守法院命令时，由法官裁量可以发生拟制真实的效果。对于证据偏在一方的诉讼，法院可以通过自由心证认定该举证人关于文书的内容、性质及文书成立的主张为真实，或者认为该举证人依该文书应证的事实为真实。

由于法院对制裁措施有很大的自由裁量权，因此必须要求法院就其有关真实之拟制向当事人开示心证，从而保障当事人对此有辩论的机会，以防止审判突袭，确保当事人的辩论权、证明权。

而对于第三人无理由不服从文书提出命令的，德国和日本都没有规定对第三人的强制措施。但中国台湾地区明确规定，对第三人无理由不服从文书提出命令的，除了提高制裁的罚金外，法院在必要的时候，可以裁定命令强制处分，该命令可以抗告，但不停止执行。

中国台湾地区有关规定在扩大第三人的文书提出义务范围的同时，也加强了对文书提出拒绝权的程序保障，规定第三人有陈述的机会。如果第三人提出部分文书即可证明，则法院不必命令其提出全部。对无正当理由拒不提出者，则可以交由法院强制执行或由受诉法院径为强制执行。

与德国、日本的无制裁规定相比，中国台湾地区有关规定表现出扩大文书收集的强烈需求。鉴于中国台湾地区的文书提出命令制度在证据收集上的强大功能，能够解决一直困扰当事人难以从对方当事人及第三人处收集证据问题，因此可以借鉴其程序设计，并将之扩大到物证和视听资料的收集上。因为物证和视听资料作为证据类型,在收集上与书证相比并无本质不同。

(四) 证人证言的收集

正如上面所讨论的,在中国,只要知道案件相关信息的单位和个人都有作证的义务,并且法律明确规定所有的证人都必须出庭作证。在规定了普遍的作证义务的基础上,令人尴尬的是,司法实践中让证人出庭作证却极其困难。即使现代技术被引入法庭以保证证人出庭作证,但根据学者在某中级人民法院所做的实证调查,证人出庭作证率仍然只有5%左右。① 尽管在特定的情形下,如果法庭允许,证人可以提交书面证言,但是由于书面证言没有经过法庭的交叉询问,其效力经常被质疑。

根据学者的研究,证人出庭作证率低存在其原因。例如中国并没有强制证人出庭的法律规定,不能有效地保护出庭作证的人免受报复,证人一般意识不到他有出庭作证的义务,个人之间特殊的人际关系使当事人不愿意出庭作证从而得罪别人;等等。②

因此,如何保证双方当事人收集有效的证人证言便成为一个重要问题。

仅仅通过强制手段迫使证人出庭作证不是解决此问题的有效途径。强制措施的实施首先需要提供难以负担的大量的司法资源。因此在特定情况下,应该设计一种特别的制度来解决这个问题。正像《德国民事诉讼法典》第375条所规定的一样,在德国,法官会亲自到证人的住所进行证据的收集。这是一种非常值得借鉴的收集证人证言的方式。对大部分中国人而言,或许一生都不会进入法庭一次,因此他们很害怕到法庭作证。如果法官能到证人住所或其同意的地方取证,证人会更愿意提供证言。当然,在这种情形下,为防止法官在收集证据上的偏私,当事人也应该参与到此种证据收集的过程之中。

另外无论是德国、日本还是中国台湾地区,都在一定条件下承认证人的书面证言的效力。尤其是中国台湾地区规定的证人之书状陈

---

① 参见王亚新:《证人出庭作证的实证研究》,载王亚新、傅郁林等:《法律程序运作的实证分析》,法律出版社2005年版,第267页。

② 同上书,第281页。

述方式,不失为一种很好的证人证言收集程序。

中国台湾地区的证人之书状陈述程序规定在证人须依据文书、资料的内容进行陈述,或者根据事件的性质或者证人的具体情况,如果法院认为符合进行书状陈述的条件的,可以命令证人在法院外通过书面证言作证;如果双方当事人同意,证人也可以在法庭外进行书面作证。

通过证人的书状陈述,能使当事人双方确定案件的争点和待证事项,从而确定是否进一步询问证人。这是借鉴英美民事诉讼法上的口头质询即陈述书制度而创设的制度。证人以书状陈述后,法院如果认为其书面证言不够清楚,可以让证人加以补充说明;如果当事人仍然申请证人出庭作证,在法院认为有必要保障当事人的质询权时,斟酌具体情形,仍可以通知证人到场陈述。

总之,法院在特定情形下允许证人在法庭外准备书面证言,可以节省法院、当事人及证人的时间、劳力及费用,从而使诉讼得以迅速进行。同时也可以实现确定争点、促进诉讼的目的。但为了保证书面证言的真实性以及当事人的在场见证权,必须限定双方当事人会同证人于公证人前作成陈述书状。

在当事人同意的基础上进行的书状陈述是中国台湾地区的独特发明。只要当事人双方同意,证人就可以在法院外通过书面形式来提供证言。实际上这属于证据契约的一种形式。证人以书状陈述使用范围较广,据此,便利当事人整理争点,从而使法院决定是否继续审理。

在双方当事人同意的情形下,证人的书状陈述更可以发挥证据开示的功能,在程序上也简单易行。经双方当事人同意,证人的书状陈述可以使当事人据以收集与案件相关的事实信息,并发挥证据重要性与否的甄别功能。如果通过证人的书状陈述发现重要的证据信息,不通过出庭作证将会导致证据的效力不足时,法律又明确规定:若有重要资讯仍须其加以说明或对之有必要发问的,亦可进而通知其到场陈述。

中国台湾地区的证人书状陈述程序的规定,在法院认为适当的场合,是基于案件的实际情况和证人证言的内容为标准来进行界定;而在当事人双方合意的场合,是尊重当事人的证据处分权。并且中国台湾地区在程序上亦规定,法官如果认为有重要的信息需要证人出庭作证时,仍然可以传唤证人出庭作证。这也弥补了在特定情况下书面证言效力较低的问题。

当然,如果某一证人证言是解决案件争议的决定性证据,仍然要强迫证人出庭作证。如果证人在法庭传唤其出庭时没有出庭作证,可以向他施以罚金等制裁措施。

中国没有规定证人的免证特权。这反映了在追求社会公共利益的时候对个人权利的忽视。随着中国人权利意识的觉醒,这种做法应该被改变。我们应该学习德国的免证特权体系以对抗法庭权力对个人隐私的侵害。

(五) 鉴定意见的产生

中国的鉴定程序中鉴定是由法官主动启动的。鉴定人的地位与德国、日本等国的规定相同,都属于法官的辅助人,同时也是一种证据方法。由于学者们对法院主动启动鉴定及聘请专家会有损法官的独立性和中立性的担心,《民事证据规定》规定当事人双方协商确定有鉴定资格的鉴定机构和鉴定人员。只有当事人协商不成的,才由人民法院指定鉴定机构和鉴定人员。对于一方当事人自行委托有关部门作出的鉴定意见,另一方当事人有证据足以反驳并申请重新鉴定的,人民法院应予准许。

在法律实践中,主要的趋势是使法官远离对专家的提名。北京市高级人民法院通过发布鉴定人名录的方式帮助当事人选择鉴定人,以及在双方当事人合意不成时,鉴定人应该从当事人建议的6名候选人中随机产生的程序设计有一定的合理性。

在德国,鉴定人作为法官辅助人的地位根深蒂固,鉴定程序由法院启动。当事人当然也可以申请鉴定,但法院可以根据自己的判断拒绝当事人的鉴定申请。鉴定人的选任也尊重当事人的合意,如果当事人不能够达成合意,则由法院指定。而在日本,由于受美国的影响,法院不能主动启动鉴定程序,只有当事人申请启动的时候才能启动。而中国台湾地区"民事诉讼法"既规定法院可以主动启动鉴定程序,也规定在法官选择鉴定人的时候,应该让当事人有发表意见的机会,同时也肯定当事人合意选定鉴定人。

对中国而言,由于法官整体素质不高,因此在鉴定人选任上侧重当事人合意选择,当合意无法达成时,法官才可以指定鉴定人,这是符合现实需要的。

在程序上,我们应该充实的是鉴定资料收集程序,解决在资料收集时,资料占有人是否有协助义务以及鉴定的程序保障等问题。就此,由于中国台湾地区就鉴定程序规定的系统性,我们可以借鉴其规定。

关于鉴定人如何收集鉴定资料,中国台湾地区规定的是,当鉴定资料在法院的,鉴定人当然可以利用。赋予鉴定人求问权及发问权以调取物证或询问当事人证人。"民事诉讼法"为解决鉴定所需资料不在法院,而当事人或第三人又不愿提供,以致无法或难以实施鉴定的问题,增加了"法院于必要时,得依职权或依声请命证人或当事人提供鉴定所需资料"(第337条第1项后段),使法院能够强制证人或当事人提供鉴定所需资料。因此可以借鉴中国台湾地区的相关规定,明确当事人或第三人负有鉴定协助义务,如果当事人或第三人拒不服从提供鉴定所需资料的命令,法院可以根据情况分别处以拟制真实或科处罚金、强制处分等制裁。

在程序保障方面,中国台湾地区有关规定增订当事人可以合意指定鉴定人,法院原则上应尊重当事人的合意,选定其指定人为鉴定人。选任双方当事人所共同信赖者作为鉴定人,既有助于贯彻保障程序选择权之精神,提高当事人对鉴定结论的信服程度,同时也可以减轻法院的负担。

鉴定人有时需要勘验物品或场所,收集、阅览文书,诊断人体或人体状态。在此情况下,当事人可以提供意见,从而确保当事人参与鉴定程序之机会。鉴定人为专门性事实调查,违反上述当事人公开原则的,其调查事实之认定无效。

由以上所述可以看出,"民事诉讼法"强调鉴定人与当事人间的协同关系,一方面加重当事人的鉴定协力义务,使得法院能够通过职权或者根据当事人的申请命令当事人提供鉴定所需资料(第337条第1项);另一方面又加强当事人的程序参与权,使当事人能够监督鉴定人实施鉴定,并参与鉴定意见的形成。这些都值得中国大陆进行借鉴,从而构建自己的鉴定程序。

(六) 勘验记录

勘验是人民法院审判人员在诉讼过程中,为了查明一定的事实,对与案件争议有关的现场、物品或物体亲自进行或指定有关人员进行查验、拍照、测量的行为。①

勘验对于特定形态的案件的事实发现具有重大意义。司法实践中经常会遇到与案件有关的物证或现场由于本身的不可移动性或不易移动性,很难拿到或不能拿到法庭的情况,此时就必须进行勘验。有些时候甚至对人身伤害情况进行亲自勘验比通过各种诊断证明来描述更直接和简单。在这种情况下,如果审判人员进行实地的现场勘查,通过法官对物品及场所的直接感受,很容易了解具体的情况,并将勘验情况制作成笔录,成为重要的一种证据类型。感受不仅仅限于视觉感受,根据《德国民事诉讼法典》的规定,法官可以通过视觉、听觉、味觉和触觉来进行观察。

2012年修订的《民事诉讼法》和2015年发布的《民诉法解释》规定除当事人主动申请以外,法官如果认为必要,也可以主动进行勘验,改变了之前勘验的进行只能由当事人申请启动的状况。这一点与德国和中国台湾地区的规定相同。在德国,法官可以根据澄清案情的需要主动进行勘验,发挥法官能动的查明案件的功能。因此,中国现在明确规定法官可以主动进行勘验,能够更好地发现案件事实。

对勘验而言,也存在需勘验的物品由当事人或第三人占有的情形。各国和地区对此都规定了勘验协助义务,作为应负的公法上的义务。法院通过命令让当事人和第三人提供或者允许对物品和房产进行勘验时,双方当事人和第三人都担负提供或允许对物品和房产进行勘验的义务。如果当事人或第三人不履行勘验协助义务,德国区分负有举证责任的当事人、不负举证责任的当事人以及案外第三人不同的法律后果。对负有举证责任的当事人而言,如果不履行勘验协助义务,一般情况下,法院也不能强制勘验,只能从拒绝履行中得出证据法上的后果。如果勘验证据因为负有举证责任的当事人拒绝而失败,则该证据手段无法使用并且该当事人因此承担由此产生的后果。如果不负举证责任的当事人拒绝勘验,法庭可就此推断应勘验证据对拒绝勘验方不利。

任何一方当事人如果认为自己拥有独立的权利能够接近被第三

---

① 参见常怡主编:《民事诉讼法学》(修订版),中国政法大学出版社2002年版,第198页。

人控制的某一地方、某人或物品,可以单独对该第三人提起诉讼来获得勘验的权利。当事人也可以选择申请法院命令的方式进行。根据《德国民事诉讼法典》第144条的规定,法院作出的针对第三人的命令可如同强制证人作证一样,即通过罚金或拘役进行强制;只有第三人依照第385—387条的规定享有拒绝作证权或者提交勘验对象或者忍受勘验是苛求时,第三人才可以拒绝遵从该命令;同样,第三人可以拒绝法官或者法院委托的人进入自己的住宅。根据《德国民事诉讼法典》第144条、第387条的规定第三人的拒绝是否合法,由法院在听审当事人之后通过中间判决裁判,该判决所涉及的人(当事人或第三人)可以以即时抗告的形式对该判决声明不服。

如果是为了证明血缘关系所必须,每个人都有义务接受身体检查,特别是抽血测试。但是这种检查应当是无害的并且遵循科学原则,足以证明事实真相。① 这种检查是强制的,如果当事人两次拒绝检查,法庭可以强制其接受检查并处以拘留处罚。②

(七) 当事人陈述

在中国,立法中明确规定当事人陈述作为一种法定的证据类型,具体指当事人就有关案件的事实情况向人民法院所作的口头表述。③

有学者指出,中国的当事人陈述在立法中是一组混乱、含糊的术语,既有当事人关于案件事实情况的陈述,也有当事人对诉讼请求以及案件处理意见的说明;还有当事人就各个证据的分析、判断的推理说明,以及对法律适用的意见等;有关陈述的时间,立法和司法解释中既有在审前程序中当事人陈述的规定,也有在法庭调查中的当事人陈述的规定,甚至还包括法院在庭外调查时获得的当事人陈述的笔录等。④ 因此,在上述活动中,到底哪些属于证明活动,哪些属于阐明事实主张都是需要进行研究界定的。

---

① 参见《德国民事诉讼法典》第372条第1款。
② 参见《德国民事诉讼法典》第372条第2款。
③ 参见常怡主编:《民事诉讼法学》(修订版),中国政法大学出版社2002年版,第194页。
④ 参见王福华:《当事人陈述的制度化处理》,载《当代法学》2004年第2期。

第八章 中国证据收集制度之重构

作为证据的当事人陈述,根据证据所应具有的特点,应该是当事人或法定代理人在庭审这一特定的场合对有关案件事实的陈述才能成为证据材料。根据中国言词辩论原则的规定,应以口头陈述为主,以书面陈述为例外。

在德国,当事人陈述只能是一种补充性、辅助性的证据形式。当事人与案件的直接利益关系使当事人不具备普通证人出庭作证的资格,因此当事人不可以被强迫作证。但是,在很多情况下,对案情具有决定性作用的事实只有一方或另一方当事人知道。甚至在存在第三方证人的情况下,当事人双方也经常对相关事实存在最广泛和直接的认知。因此,法庭适当地允许当事人陈述作为证言,其产生的效果对案件事实的决定也至关重要。

在中国,虽然当事人陈述被作为一种法定的证据形式,但《民事诉讼法》第75条又规定:"人民法院对当事人陈述,应当结合案件的其他证据,审查确定能否作为认定案件事实的根据;当事人拒绝陈述的,不影响人民法院根据证据认定案件事实。"因此,当事人并不像证人一样负有陈述义务,法院也不能强制当事人作证。

中国关于当事人陈述在语义运用上的混乱以及证据运用上的非制度化,是由于职权主义诉讼模式强调当事人陈述在认定案件事实上的重要性,而没有注意到其与当事人诉讼角色的冲突。因此我们应该重新构建当事人陈述作为证据的使用,区分听审当事人以及当事人陈述作为证据的不同。

在程序上,我们可以借鉴德国法的规定,如果一方当事人自愿出庭作证而对方当事人又同意的,法庭可以允许其出庭作证。承担证明责任的一方当事人可以申请对方当事人出庭作证,如果法官在听审完其他所有证据后,仍然对事实情况有所疑问,可以同意当事人的申请,要求对方当事人出庭提供证言。对某一争议事实,法官在听审完其他证据后仍然有疑问的,其自身也可以主动要求双方当事人或一方当事人出庭作证。如果被要求出庭的当事人拒绝作证或拒绝回答问题,在此情况下,法官可以在考量全部案情,尤其是当事人拒绝作证或者拒绝就特定问题作证的理由后,对争议事实作出自己的推论。

基于当事人由于自我利益的影响而使证言存在本质上的不可靠性的理念,当事人作证被看作最后的求证手段。在作出命令询问当事人的裁定后,如果当事人就应证事实已提出新的证据方法,则法院可以中止裁定的执行。

总之,在民事诉讼中,当事人负担举证责任,并承担举证不能而导致的不利后果的同时,《民事诉讼法》却没有为当事人设置充足的证据收集手段,而一些法院在限制职权主义的借口下也不协助当事人收集证据,从而导致当事人的权利不能得到充分保护。

代表英美法系传统的美国通过证据开示程序为当事人设置了最为充分的证据收集手段,而代表大陆法系的德国则通过与美国十分相异的路径解决证据收集问题。这两个国家的证据收集制度不同的程序设置背后根源于两国不同的法律文化对法官和当事人角色的定义,同时与整个诉讼构造相匹配。但建立在对抗制基础上的美国通过证据开示程序的设置,试图削弱在证据收集上的对抗制成分,通过当事人之间的合作来收集充分的证据信息,从而保障案件事实的发现。而建立在辩论制基础上的德国则通过法官职权的行使保障当事人在诉讼中的实质平等的实现以及充分的证据收集,通过对当事人的真实完全义务以及诉讼促进义务的规定也体现出通过当事人之间以及当事人与法院之间的合作发现案件事实的理念。二者在保留巨大差异的同时,也在互相影响的过程中出现一定程度融合的趋势。美国通过对证据开示程序一系列的改革加强法官对程序的管理,而德国则通过设置多元化的审前准备程序以保障集中审理的实现。

日本作为继受德国法的传统又深受美国法影响的国家,建立了处于美国和德国中间的独具特色的证据收集制度。通过对日本证据收集制度的研究,发现日本在学习美国证据开示程序,通过当事人照会等手段助力于当事人自主证据收集的同时,仍然保留了法官通过阐明权保障当事人权利的行使。其在创设一系列证据收集方法的同时,却没有附随罚则以保障当事人自主收集权的实现,体现出日本对美国的证据开示程序跃跃欲试却又小心谨慎的态度。

中国台湾地区传统上吸收德国和日本的民事诉讼法理,通过自1999年开始的修正又加上自己的东西,从而创设出系统、完整而又体现自己特色的证据收集制度。通过对其制度及手段的研究,可以发现中国台湾地区在加重法官职权保证证据收集的同时,也加强了当事人的程序参与以限制法官权力行使的恣意,在程序配置上也通过多元化的审前程序,通过法官的职权指挥,配以适当的失权效果来保障证据的充分和适度收集,以实现案件事实的发现。

通过对上述国家和地区的证据收集制度的研究,通过寻求共性以资中国证据收集制度重构的借鉴,笔者给出了证据收集制度重构的建议:协同主义民事诉讼模式是历史和现实的选择,通过法官阐明义务的行使,保障双方当事人通过合作来进行充分的证据收集;针对法官素质不高的现实,通过加强当事人的程序参与权来限制法官权力行使的恣意;通过法官指挥的完备的审前准备程序的进行,保障庭审的集中进行,在追求案件事实发现的基础上保障诉讼效率。